Ayer, hoy y mañana

Ayer, hoy y mañana
Mis memorias

Sophia Loren

Traducción del italiano de
Ana Ciurans Ferrándiz

Lumen
narrativa

Papel certificado por el Forest Stewardship Council®

Título original: *Ieri, oggi, domani*

Primera edición con esta encuadernación: abril de 2025

© 2014, RCS Libri S. p. A., Milán
© 2016-2017, Rizzoli Libri S.p.A./Rizzoli, Milán
© 2018, Mondadori Libri S.p.A., Milán, publicado por primera vez por Rizzoli, Milán
© 2014, 2025, Penguin Random House Grupo Editorial, S. A. U.
Travessera de Gràcia, 47-49. 08021 Barcelona
© 2014, Ana Ciurans Ferrándiz, por la traducción

Penguin Random House Grupo Editorial apoya la protección de la propiedad intelectual. La propiedad intelectual estimula la creatividad, defiende la diversidad en el ámbito de las ideas y el conocimiento, promueve la libre expresión y favorece una cultura viva. Gracias por comprar una edición autorizada de este libro y por respetar las leyes de propiedad intelectual al no reproducir ni distribuir ninguna parte de esta obra por ningún medio sin permiso. Al hacerlo está respaldando a los autores y permitiendo que PRHGE continúe publicando libros para todos los lectores. De conformidad con lo dispuesto en el artículo 67.3 del Real Decreto Ley 24/2021, de 2 de noviembre, PRHGE se reserva expresamente los derechos de reproducción y de uso de esta obra y de todos sus elementos mediante medios de lectura mecánica y otros medios adecuados a tal fin. Diríjase a CEDRO (Centro Español de Derechos Reprográficos, http://www.cedro.org) si necesita reproducir algún fragmento de esta obra.
En caso de necesidad, contacte con: seguridadproductos@penguinrandomhouse.com

Printed in Spain – Impreso en España

ISBN: 978-84-264-3268-1
Depósito legal: B-2679-2025

Compuesto en M. I. Maquetación, S. L.
Impreso en Liber Digital, S. L., Casarrubuelos (Madrid)

H 4 3 2 6 8 1

*A mis cuatro nietos,
el gran milagro de mi vida*

Prólogo

Mientras acabo de amasar los últimos *struffoli*, el timbre continúa sonando. Me apresuro a abrir la puerta con las manos sucias de harina, al tiempo que intento limpiármelas de cualquier manera en el delantal. El florista, oculto tras una gigantesca flor de Pascua, esboza una sonrisa. «Es para usted, señora Loren. ¿Me firma un autógrafo?» La etiqueta en el gran lazo rojo me recuerda Italia. Apoyo la planta sobre un mueble y leo la tarjeta. Una demostración de afecto y de alegría.

Los gritos de los niños, recién llegados de Estados Unidos para pasar las navidades, llenan la casa de un dulce alboroto. Mañana es Nochebuena y por fin estaremos todos juntos, pero la pura verdad es que no estoy lista. ¿Tendrá éxito mi cena? ¿Me dará tiempo de freír todos esos *struffoli*?

El mundo da vueltas a mi alrededor como un torbellino y no puedo pararlo. Estoy aturdida y tengo la sensación de que todo se me escapa de las manos. Vuelvo a la cocina y me pregunto por dónde empezar. Acto seguido me dirijo al comedor, con la esperanza de aclararme las ideas. ¡La mesa! Sí, hay que empezar por la mesa de mañana. Quiero que sea espléndida, una apoteosis de luz y de color. Presa del frenesí, saco las copas de cristal, coloco los platos y los cubiertos, doblo las servilletas, pienso en cómo nos sentaremos.

Soy Virgo y el orden es para mí una obsesión. Soy tan perfeccionista que a veces incluso me canso de mí misma, pero hoy no, hoy tengo la impresión de que reina el desorden. Vuelvo a empezar, debo reprimir mis emociones. Vamos a ver, dos, cuatro, ocho y cinco, trece, y cuatro diecisiete... no, ¡diecisiete no! Tengo que volver a hacerlo todo desde el principio.

Carlo, con esa sonrisa tan suya, me mira desde la foto del aparador, tomada el día de nuestra boda. Nunca olvidaré la primera vez que nuestras miradas se cruzaron, hace muchos años, en un restaurante que daba al Coliseo. Yo todavía era casi una niña y él un productor famoso. El camarero se acerca y me entrega una tarjeta suya en la que me dice que se ha fijado en mí. Después, el paseo por el jardín, las rosas, el aroma de las acacias, el verano que toca a su fin. El comienzo de mi aventura.

Acaricio la butaca verde donde dormía la siesta con el periódico sobre el regazo. Siento un escalofrío, mañana tengo que acordarme de que enciendan la chimenea. Afortunadamente, llega Beatrice y me rescata de la nostalgia.

—¡Abuela Sofia! ¡Abuela!

Es mi nieta más pequeña, muy rubita y vivaracha. Le sigue toda la tribu de apaches. Es la hora de prepararse para ir a la cama, pero ellos no tienen la más mínima intención de hacerlo. Los miro, me sonríen, llegamos a un acuerdo.

—¿Por qué no vemos una película?

Nos sentamos todos juntos en el sofá grande, delante del televisor. Entre gritos de entusiasmo estalla la guerra para elegir qué película de dibujos animados ver. Al final, gana *Cars 2: Una aventura de espías,* su preferida en este momento.

—Abuela, ¿haces de mamá Topolino?

—«Ahora mismo te preparo una cosa al vuelo» —digo interpretando mi papel mientras hago muecas divertidas.

—¡Otra vez! ¡Otra vez! ¡Por favor, abuela, dilo otra vez!

Les entusiasma oír un coche hablar con mi voz. ¡Quién lo hubiera dicho! ¡No las tenía todas conmigo cuando acepté ese estrambótico doblaje! Poco a poco, Vittorio, Lucia, Leo y Beatrice se quedan hipnotizados frente a la pantalla y, antes de que la película acabe, ya se han quedado dormidos. Los tapo con una manta, miro la hora y pienso en mañana. Fuera ha empezado a nevar y con este jaleo ni siquiera me había dado cuenta. Las llegadas y las despedidas son momentos especiales que avivan la memoria, el carrusel de los recuerdos.

Si pienso en mi vida, me parece casi imposible que haya ocurrido en realidad. Una mañana de estas, me digo, me despertaré y descubriré que lo he soñado todo. Para ser sincera, no siempre ha sido fácil, pero sin duda ha sido maravilloso, ha valido la pena. El éxito tiene un precio y hay que aprender a convivir con él.

Nadie te enseña cómo, tienes que aprenderlo por tu cuenta.

De puntillas, vuelvo a mi habitación. Es agradable quedarse un rato a solas. Sé que cuando me paro recupero el ritmo que dicta el latido sereno de mi corazón.

Al entrar en mi dormitorio me doy cuenta de que todavía llevo puesto el delantal. Lo desato, me quito los zapatos y me echo en la cama. Sobre las sábanas todavía hay una revista abierta, tal y como la dejé esta mañana. Durante estas últimas noches, la emoción por volver a ver a mi familia me ha desvelado y cuando no duermo me siento perdida. El sueño es el motor que me impulsa a seguir hacia delante.

—¡Que descanse! —dice Ninni—. ¡Intente dormir!

Ninni. Ninni... hace casi cincuenta años que vive con nosotros. Cuidó a Carlo Jr. y a Edoardo de pequeños, y todavía sigue cuidando de mí. Cuando la tribu de los pequeños apaches vuelve a casa, se dedica a ellos con el mismo entusiasmo de siempre. A veces me pregunto de dónde saca la paciencia para aguantarnos.

—Ya estoy durmiendo —miento para tranquilizarla. Nada de eso. Con los ojos muy abiertos, miro fijamente el techo.

Mientras intento relajarme, dejo fluir los pensamientos. Espero que a los niños les gusten mis *struffoli*. Cuando vivíamos en Pozzuoli los hacia la tía Rachelina y le quedaban mucho más buenos que a mí. No hay nada que hacer, los sabores de la infancia son inimitables.

Estoy inquieta, como cuando abandonas poco a poco la realidad y te sumerges en un mundo hecho de sueños o de recuerdos. No puedo estar sin hacer nada, así que me pongo la bata y voy al despacho, al fondo del pasillo; ni siquiera sé por qué lo hago. Miro fijamente las estanterías, cambio de lugar los libros, aparto objetos, fotos... Es como si buscase algo, y empiezo a ponerme nerviosa cuando en el fondo de una estantería entreveo una caja de madera oscura. La reconozco enseguida. En un instante desfilan ante mis ojos cartas, telegramas, tarjetas y fotografías. Esa era la llamada que sentía, el hilo conductor que guiaba mis pasos en esta mágica noche de invierno.

Es mi baúl de los recuerdos, me ha cogido por sorpresa, el corazón me ha dado un vuelco. Tengo la tentación de no abrirlo.

Ha pasado ya mucho tiempo, han sido muchas emociones. Pero después hago acopio de valor: la cojo y regreso despacio a mi dormitorio.

Es el regalo de Navidad que quizá me estaba esperando. Y tengo que abrirlo yo.

1
El Palillo

Abuela-mamá y mamá-mamaíta

Abro un sobre donde está escrita la palabra «Abuela» y vuelvo a verme delgada como un palillo. Tengo una expresión de sorpresa, la boca demasiado grande y los ojos color avellana. No logro contener una sonrisa al ver mi caligrafía infantil y en un instante vuelvo a Pozzuoli, a mi niñez cuesta arriba. Hay cosas que ni queriendo pueden olvidarse.

En la carta agradezco a la abuela Sofia las trescientas liras que me envió de parte de su hijo, Riccardo Scicolone. Mi padre lograba zafarse hasta por correo. La abuela Sofia era una mujer fría y despegada a la que había visto solamente una vez en toda mi vida. A pesar de ello, en la carta le contaba que mi primera comunión y mi confirmación habían sido muy bonitas y que mi mejor amiga me había regalado una pulserita de oro. Y también que había aprobado el curso «con la nota máxima y pasaba a quinto de primaria». Bueno, le contaba lo que cualquier abuela quiere oír de su nieta, haciéndome la ilusión de que le interesara y de que me quisiese. Llegaba incluso a pedirle que diera las gracias a mi padre por el detalle.

Quién sabe lo que me empujó a escribirle. Quizá fuera la abuela Luisa, que incluso en las situaciones más delicadas insistía en mantener las formas. Luisa era la abuela que me había recogido en su casa con mi madre a los pocos meses de nacer, la que más me había querido, con un cariño puro, cálido, colmado de atenciones. O quizá me convenció mi madre, que aprovechaba cualquier excusa y recurría a cualquier subterfugio para acercarse a mi padre, con la esperanza de volver a conquistarlo. En el fondo solo era una chica a la que habían privado de su juventud. Ahora que lo pienso, no fue casualidad que yo llamara al abuelo Domenico «papá» y a la abuela Luisa «mamá», mientras que mi madre era simplemente «mamaíta».

De joven, mi madre, Romilda Villani, rebosaba encanto y talento. No era buena estudiante, pero tocaba muy bien el piano y había conseguido entrar en el Conservatorio de Nápoles San Pietro a Majella gracias a una beca. En el examen había interpretado *La campanella* de Liszt, diplomándose con matrícula de honor. A pesar de sus escasos recursos, los abuelos le habían comprado un piano de media cola que dominaba imponente el pequeño salón de su casa. Pero sus sueños volaban más alto, cómplices quizá de su inquieta belleza.

Se hizo ilusiones cuando la gran productora norteamericana Metro-Goldwyn-Mayer organizó un concurso para buscar por toda Italia una doble de Greta Garbo, la reina de las estrellas. Romilda, que solo tenía diecisiete años, no perdió el tiempo; a escondidas de sus padres, se presentó ante el jurado, segura de su victoria. Razón no le faltaba, pues como en un cuento de hadas conquistó el primer lugar y un pasaje para Hollywood. Pero papá y mamá no atendieron a razones: nada de viajes. Además, Estados Unidos estaba en la otra punta del mundo.

Se cuenta que los de la Metro-Goldwyn-Mayer llegaron incluso a presentarse en su casa para tratar de convencerlos y que se marcharon cabizbajos, incrédulos y desilusionados. Adjudicaron el premio a la segunda clasificada y Romilda no se lo perdonó jamás a sus padres. En cuanto pudo los abandonó para perseguir su sueño: Roma y Cinecittà. Recuperaría lo que le correspondía a costa de lo que fuese.

Pero la joven Garbo de Pozzuoli no había contado con el hecho de que el amor es imprevisible. El encuentro fatídico con Riccardo Scicolone Murillo se produjo en la calle, en via Cola di Rienzo para ser exactos, durante un atardecer del otoño de 1933. Él era guapo, alto, elegante, un seductor. Aquella espléndida muchacha en busca de fama lo deslumbró desde el primer momento, y para conquistarla no se le ocurrió otra cosa que animarla, inventándose ciertos amigos influyentes en el cine que, por supuesto, no existían. Romilda, que ya había tenido ocasión de conocer las largas colas de las aspirantes a extra, no podía creer que hubiera encontrado por fin a su príncipe azul.

Riccardo tenía veinte años, cierto desahogo económico y orígenes aristocráticos. Ingeniero frustrado, trabajaba como técnico en la Red Nacional de Ferrocarriles Italianos, en el tramo Roma-Viterbo, si bien era un empleo precario. Al poco de conocerse, la pasión los arrastró hasta un hotelito del centro, donde compartieron largas noches de amor. Pero entonces llegué yo y les agüé la fiesta. Cuando Riccardo supo que Romilda estaba embarazada se desanimó y poco a poco se fue distanciando. Yo no formaba parte de sus planes, como tampoco lo haría nunca mi madre.

Mamá apareció en Roma para defender a su hija y exigir una boda reparadora. Y parece ser que cuando Riccardo estaba a punto de ceder, surgió un detalle sin importancia aparente: no había recibido la confirmación y remediarlo entonces no era tan sencillo. La boda no se celebró, pero mi padre, quisiera o no, me dio su apellido y una gota de sangre azul. Resulta paradójico constatar que nunca he tenido un verdadero padre pero que, en compensación, soy vizcondesa de Pozzuoli, noble de Caserta, por parte de la familia Hohenstaufen, y marquesa de Licata Scicolone Murillo.

Un baúl de sabiduría y pobreza

Nací el 20 de septiembre de 1934, grácil y más bien fea, en la maternidad para madres solteras de la clínica Santa Margherita de Roma. Como suelo decir, mi ajuar consistió en un baúl de sabiduría y de pobreza. Mamaíta insistía en que me pusieran la pulsera identificativa, pues le daba terror que pudiesen equivocarse de cuna.

Hubo un momento en que Riccardo, sin perspectivas y sin certezas, tuvo la esperanza de que Sofia, su madre, nos amparase. Romilda había intentado congraciarse con ella poniéndome su nombre, pero una vez más se equivocaban. Así que tuvieron que alquilar una habitación en una pensión en la que vivimos durante unas semanas juntos como si fuéramos una familia normal.

Por desgracia, sin dinero y sin cimientos faltaba todo. Papá era demasiado engreído para aceptar cualquier trabajo, pero no tenía lo que hacía falta para los empleos que ambicionaba. Mamaíta se había quedado sin leche y empezaba a preocuparse seriamente por mi salud. Su temor se convirtió en realidad el día en que salió de casa dejándome al cuidado de la dueña de la pensión para ir en busca de trabajo. Cuando volvió me encontró al borde de la muerte: la señora, se supone que con buena intención, me había dado una cucharadita de lentejas que casi me llevan al otro mundo. Y Riccardo, naturalmente, había desaparecido.

Romilda hizo entonces lo único que podía hacer. Se las arregló para comprar un billete de tren a Pozzuoli y volvió a casa. Su situación no era envidiable: sin dinero, sin marido, con una recién nacida moribunda entre los brazos y una culpa a cuestas: el haber comprometido la reputación de su familia. ¿Cómo nos recibiría la familia Villani? Presa de la desesperación, Romilda temía que también ellos renegasen de nosotras. Mamá apareció en la entrada. Bastó una mirada para que nos abriese la puerta de par en par, nos abrazase y acogiese a su hija como si nunca se hubiera ido de casa. Mamá sacó el licor, las copas buenas y después de un emocionado brindis se ocupó inmediatamente de mí.

«Esta criatura necesita leche», sentenció sin perder tiempo. Llamaron a la nodriza Zaranella, famosa en toda Campania. Y a cambio de mi salvación, toda la familia ofreció a san Gennaro el sacrificio de no comer carne durante meses. Se la dieron a Zaranella, que la transformó en leche rica y nutritiva.

Nadie se quejó; ni papá Domenico, al que llamaban Mimì, ni los tíos, Guido, Mario y Dora. «La unión hace la fuerza» ha sido siempre el lema de nuestra familia.

Pero la leche de Zaranella no bastó para que recobrase la salud. «Esta niña no está bien —diagnosticó el médico al auscultarme el pecho, siempre atormentado por la tos convulsiva—. Necesitaría aire de montaña...»

Y mamá Luisa preparó la mudanza. La familia Villani dejó el

pisito del paseo marítimo para trasladarse más arriba, a via Solfatara. Pronto se reveló como la decisión más adecuada, ya que cuentan que después de que diera el primer paseo al aire fresco del atardecer, mi cara demacrada se iluminó con una sonrisa. «¡Está mucho mejor!», se dijo mamá. Y finalmente, más tranquila, pudo volver a sus preocupaciones cotidianas.

Papá Mimì, un hombre pequeño y achaparrado, era capataz en la fábrica de municiones Ansaldo, que pocos años después convertiría Pozzuoli en el blanco de terribles bombardeos. Trabajaba demasiado para su edad y por las noches volvía a casa agotado. Todo lo que quería era tener a mano su periódico y disfrutar de un poco de tranquilidad. Sin embargo, lo esperaba el barullo de una familia numerosa que mamá intentaba sacar adelante como podía, con mucha fuerza de voluntad e imaginación. Los dos hijos trabajaban esporádicamente en la misma fábrica y la tía Dora era dactilógrafa. Los sueldos de todos no bastaban para poner la comida en la mesa cada noche.

En efecto, más que el pan, y quizá más que el amor, el principal ingrediente de la cocina de mamá era la imaginación. Recuerdo su pasta con judías, que hervía con alegría en nuestra pequeña cocina y desprendía el aroma del sofrito con tocino triturado, cuando lo había. Era el olor a hogar, el olor a familia, un olor que nos protegía y nos defendía de las bombas, de la muerte y de la violencia. Al cabo de todos estos años, cuando lo huelo aún me echo a llorar. También me acuerdo de las farinetas, de la pasta con calabaza, de la *panzanella*, de las castañas pilongas cocidas... Una cocina de pobres, elaborada a partir de la escasez. Sin embargo, comparada con el hambre que implicaría la guerra, era manjar de reyes, sobre todo a finales de mes, cuando más de la mitad del sueldo de Mimì acababa en el ragú de Luisa. Una exquisitez imposible de olvidar.

La entrada del piso de via Solfatara era de una tonalidad preciosa de mármol rojo que no tenía nada que envidiar a las villas de Hollywood que vería más adelante. Un rojo cálido, anaranjado, muy napolitano. Cuando volví a verlo años después, se me antojó diferente, con tristes matices morados. Quién sabe si por el tiempo, las heridas de la guerra o simplemente a causa de mi vista más nublada.

El piso era pequeño, pero parecía abrirse como un acordeón para acoger a toda la familia, que seguía aumentando. Para ganarse la vida, mi madre tocaba en los cafés y en las *trattorias* de Pozzuoli y de Nápoles. A veces iba hasta Roma, donde se encontraba de nuevo con Riccardo. Así fue como un buen día se presentó en casa temblorosa y anunció a sus padres que estaba embarazada otra vez.

«A perro flaco todo se vuelven pulgas», respondió Mimì, resignándose al poco juicio de aquella hija testaruda e indomable. Y esta vez el joven Scicolone no cayó en la trampa del chantaje; no quiso saber nada de nosotras. Mi hermana Maria, que nació en 1938, recibió el apellido Villani, que llevaría durante mucho tiempo.

Volví a ver a mi padre hacia los cinco años. Para convencerlo de que viniera, mamaíta le mandó un telegrama diciéndole que yo estaba muy enferma. Llegó sin prisa y me regaló un magnífico cochecito de pedales azul cielo con las ruedas rojas. En uno de los laterales podía leerse mi apodo, Lella. Estaba tan emocionada de verlo que ni siquiera le miré a la cara, aunque para mí Mimì era mi padre y nadie podía usurpar su lugar. A veces me pregunto si se lo tomó mal. El hecho es que no he olvidado ese cochecito que todavía permanece intacto en mi corazón.

En otra ocasión me regaló unos patines de ruedas, con los que cruzaba el portal como una flecha. Mi hermana me atormentaba continuamente para que se los prestase y yo, como una sádica hermana mayor, se los prestaba cuando acababa de ponerles aceite. ¡Cuántos porrazos se pegó la pobre Maria!

Mientras tanto me las arreglaba para salir adelante ocultándome tras un velo de timidez fino pero firme. Nadie lo diría, pero era muy tímida, quizá a causa de nuestra condición. Mi padre no estaba, mi madre era demasiado rubia, alta, desenvuelta, y sobre todo soltera. Me avergonzaba de su belleza excéntrica y fuera de tono. Me hubiera gustado tener una madre normal, que me diese seguridad, morena y con el delantal sucio, con las manos estropeadas y los ojos cansados; como mamá o como la Antonietta que interpretaría cuarenta años después en *Una jornada particular*.

Le pedía a Dios que mamaíta no viniese a buscarme al colegio de las monjas porque me avergonzaba de ella delante de mis compañeras. Yo siempre entraba en clase la primera o la última si las demás ya estaban sentadas. Temía que se rieran de mí. Los niños, ya se sabe, pueden ser muy crueles. Ordenada y diligente, cumplía con mi deber como un soldadito, pero me sentía incómoda en compañía de la gente. Era muy morena y muy flaca, por eso me llamaban el Palillo.

Solo tenía una amiga, pero lo era de verdad. He mantenido el contacto con ella toda la vida. Ahora ya no está. Al marcharse se llevó consigo mi infancia y todas las cosas bonitas y tristes de las que estaba hecha. Se llamaba Adele y vivía en el mismo rellano que yo. En cuanto nos despertábamos nos encontrábamos en la escalera y pasábamos juntas todo el día. Al acabar la primaria seguimos caminos distintos: ella fue a formación profesional y yo a magisterio. Pero lo cierto es que nada pudo separarnos nunca.

Su familia era algo menos pobre —o quizá algo menos numerosa— que la nuestra. Por su cumpleaños siempre le regalaban una muñeca, que compartía conmigo. A mí, por el contrario, la abuela me ponía carbón por Reyes, y riendo sostenía que me lo merecía. Pero lo decía con dulzura, dándome a entender que no podían regalarme otra cosa.

Al estallar la guerra, el hambre se convirtió en una tortura; a menudo no podía resistir el aroma que desprendía la cocina de Adele y me acercaba esperanzada. Y algunas veces, no muchas, su madre me invitaba a comer.

Cuando volví a Pozzuoli muchos años después para rodar un reportaje, la invité. A partir de entonces no volvimos a separarnos hasta el día en que no me contestó al teléfono. Era mi cumpleaños, uno de los más tristes que recuerdo. A Adele le había dado una embolia y estaba en silla de ruedas. Lloraba en silencio cuando sus hijas le hablaban de mí, de nosotras, de nuestra vida cuando éramos niñas.

En el colegio me llamaban la atención las huérfanas, que las monjas hacían sentar en las últimas filas para subrayar su desdicha. Yo me colocaba justo delante de ellas como si me sintiese a mitad de camino entre la desgracia y una normalidad de la que no formaba parte. Me hubiera gustado visitar el orfanato contiguo al convento, pero la larguísima escalinata que los separaba nos estaba tajantemente prohibida.

Las monjas eran muy severas y yo las temía, aunque me trataban con más miramientos que a las demás. Castigaban a las niñas dándoles con la vara sobre las manos extendidas; a mí nunca me rozaron.

Aunque era tímida me gustaba ir contracorriente. Cuando le anuncié solemnemente a la abuela Sofía que iba a hacer la primera comunión, en realidad ya la había hecho sola un poco antes, en secreto. Fui a la iglesia, me puse en fila, me arrodillé ante el cura y, bajando la mirada respondí «Amén». Al volver a casa se lo conté a mamá, convencida de que se pondría muy contenta por tener una nieta tan pía.

«¡Qué has hecho! ¡Qué has hecho!», respondió, gritando desesperada al conocer mi secreto, que era solo mi manera de buscar a Dios. Todavía sigo buscándolo y a veces lo encuentro en los lugares más inesperados.

Aquellas noches en el túnel

Tenía seis años cuando estalló la guerra y once al finalizar, pero mi mente ya estaba llena de imágenes que no podré olvidar nunca. El sonido de las bombas, el de las sirenas antiaéreas y el vacío del hambre forman parte de mis primeros recuerdos. También el frío y la oscuridad más densa. A veces, de repente, el miedo vuelve a aparecer y, aunque parezca mentira, todavía duermo con la luz encendida.

Los primeros que llegaron fueron los alemanes, que al principio eran nuestros aliados. Cuando marchaban bajo nuestra ventana por las mañanas, altos, rubios y con los ojos azules, los observaba extasiada con una mezcla de miedo y excitación. A mí, que era una niña, no me parecían malos ni peligrosos; pero su imagen cambiaba radicalmente cuando oía sin querer las conversaciones de los abuelos, que hablaban de judíos, deportaciones, torturas y uñas arrancadas, represalias y traiciones. Sin embargo, era inútil preguntarles sobre ese tema, ya que los abuelos negaban haber hablado de eso. «No pasa nada», respondían, impasibles.

La verdad era que estábamos en el ojo del huracán y muy pronto nos dimos cuenta. Poco a poco todo se detuvo: la escuela, el teatro cine Sacchini, los conciertos de la banda en la plaza. Todo menos las bombas.

Nápoles era un objetivo clave para los Aliados, uno de los puertos más importantes del Mediterráneo, la encrucijada de las rutas hacia el norte de África. Además, junto con Taranto y La Spezia, acogía una buena parte de nuestra flota. La importante concentración industrial que rodeaba la ciudad convertía la región en un punto estratégico: Baia Domizia, Castellammare di Stabia, Torre Annunziata, Pomigliano, Poggioreale, Bagnoli y, por último, la no menos importante Pozzuoli. Al principio de la guerra las bombas tenían objetivos militares, pero hubo un momento a partir del cual empezaron a caer sistemáticamente sobre la ciudad y la costa. Me costó bastante entender que el rastro que dejaban en el cielo las bombas al caer no tenía nada que ver con los fuegos artificiales de la fiesta de la Virgen del Rosario de Pompeya. Atacaron casas, escuelas, iglesias, hospitales y mercados. Lo recuerdo como si fuese ayer.

En cuanto sonaba la sirena corríamos a refugiarnos en el túnel del tren del tramo Pozzuoli-Nápoles. El tren era un objetivo de primer orden, como todas las vías de comunicación, pero los túneles representaban para nosotros un lugar donde refugiarse. Extendíamos los colchones sobre los guijarros, al lado de las vías, y nos agolpábamos en el centro del túnel —era peligroso quedarse cerca de las salidas—, listos para afrontar la noche, que podía ser húmeda y fría o bochornosa y sin un soplo de viento, pero siempre plagada de ratas y escarabajos, del estruendo de los aviones y del miedo a no salir vivos de allí.

En el túnel se compartía lo poco que se tenía, las personas se daban ánimos las unas a las otras y lloraban e intentaban dormir. A veces se peleaban o incluso daban a luz. Amontonados, voceando y consolándose, todos esperábamos a que la pesadilla acabase. Al amanecer, alrededor de las cuatro y media, abandonábamos el túnel corriendo para que el primer tren no nos arrollase.

Los bombardeos llegaban muchas veces sin previo aviso —en ocasiones la sirena no funcionaba—, y recuerdo que me asustaba tanto que en lugar de vestirme me desnudaba. En efecto, los primeros aviones me sorprendieron desnuda en casa en más de una ocasión... La abuela me cogía y corríamos a más no poder hacia el refugio, pero una noche la metralla me alcanzó en la barbilla. Llegué al túnel sangrando, aterrorizada; no era nada grave, si bien me dejó una cicatriz gracias a la cual, unos meses después, recibimos comida de regalo inesperada.

Mi infancia estuvo marcada por el hambre.

A veces, al salir del refugio, mamaíta nos llevaba al campo, a poca distancia de Pozzuoli, donde estaban las cuevas de los pastores. Un amigo de mi tío nos daba un vaso de leche fresca, conocida como *'a rennetura*, ordeñada inmediatamente después de que el ternero mamase. Era amarilla y densa como la mantequilla y compensaba varios días de ayuno. Desgraciadamente, la guerra continuaba, y cuanto más se intensificaban los bombardeos más escaseaban la comida y el agua. El racionamiento era insuficiente, los transportes estaban bloqueados y las bombas destruían a menudo los conductos del agua. La gente estaba al límite de sus fuerzas.

Como el dinero se nos acababa hacia el día 3 del mes, mamá me mandaba a hacer la compra a la tienda de la señora Sticchione, que nos fiaba. Anotaba lo que le debíamos en el papel marrón con el que envolvía el pan. «Ya estamos otra vez...», refunfuñaba, ácidamente.

Por otra parte, todos estábamos más o menos en las mismas condiciones. Compraba ocho granos de café, que cabían en una cucharita, un *cuppettiello*, que la abuela molía y mezclaba con la cebada para disimular su sabor. También teníamos derecho a llevarnos una barra de pan y un panecillo, *'a jonta*, que nunca llegaba a casa porque me lo comía por el camino. La abuela me preguntaba siempre dónde lo había puesto, pero luego prefería no ensañarse y lo dejaba correr. Me quería muchísimo y sufría viéndome pasar hambre.

Con el tiempo, la compra, el dinero y las provisiones también desaparecieron. Había días en que no teníamos ni una miga de pan que llevarnos a la boca. En la película *Cuatro días de Nápoles*, de Nanni Loy, hay una secuencia en la que uno de los protagonistas, un niño, se abalanza sobre un panecillo con una voracidad desesperada en la que aún hoy reconozco a la niña que fui. Esos cuatro días de finales de septiembre de 1943 en los que Nápoles se sublevó contra los alemanes fueron la culminación de una época terrible y marcaron los albores de un nuevo principio.

Unos meses antes, cuando los bombardeos sobre Pozzuoli habían alcanzado una intensidad insostenible, nos habían ordenado evacuar. Al no tener muchas opciones, nos refugiamos en Nápoles, en casa de la familia Mattia, que eran parientes de mamá. Mis tíos Guido y Mario, que habían conseguido no ir al frente, salieron de su escondrijo y se unieron a nosotros, pero en el tren las pasaron moradas. Los alemanes subieron a nuestro vagón a mitad del trayecto y faltó poco para que los descubrieran. Si no hubiera sido por las monjas que iban en nuestro compartimiento y que los escondieron bajo sus túnicas, los habrían capturado. Ese episodio, que se convirtió en una anécdota, casi en un chiste que se contaba una y otra vez en nuestra familia, entonces no nos hizo ninguna gracia. Siempre recordamos con gratitud a aquellas dos mujeres que arriesgaron sus vidas para salvar a unos desconocidos.

Lamentablemente, la familia Mattia no fue tan generosa como ellas. No tuvieron valor para echarnos, pero nos abrieron la puerta a regañadientes. Yo estaba en los huesos y mi hermana Maria enfermó de tifus, una epidemia que se había extendido por toda la ciudad.

Mi madre salía a mendigar algo para nosotras, pero a veces regresaba con las manos vacías. Otras aparecía con una patata, un puñado de arroz o un mendrugo de pan negro, que tenía una corteza durísima y se rompía al cortarlo porque dentro estaba húmedo. Mi hermana y yo nos quedábamos siempre en casa para no abandonar la posición, pues temíamos que los Mattia no nos volvieran a abrir la puerta. Pasábamos el día modelando muñequitos de pasta de pan, que dejábamos secar en el alféizar de la ventana y que nos comíamos a la mañana siguiente, muertas de hambre.

Una tarde Romilda estaba asomada a la ventana y vio pasar a una mujer empujando un carrito y con un capazo de la compra. Se lanzó hacia la escalera y, confiando en la solidaridad materna, le rogó que le diera un pedazo de pan mientras señalaba hacia arriba para que viese nuestras caras desnutridas. Esa madre tuvo piedad de ella y compartió su pan con nosotras.

El 8 de septiembre los alemanes se convirtieron en invasores y estrecharon el cerco alrededor de la ciudad. Se olían la derrota y descargaban su rabia con la población de manera cruel e indiscriminada. Los napolitanos, extenuados por el hambre, las enfermedades y las bombas, reaccionaron. Recuerdo muy bien el día en que arrestaron a un joven marinero cuyo delito había sido alegrarse de la noticia del armisticio, con la esperanza de que llegara la paz. Lo fusilaron ante la escalinata de la universidad frente a una muchedumbre a la que obligaron a aplaudir.

La insurrección de la ciudad fue espontánea: se propagó de casa en casa, de barrio en barrio. Napolitanos de todas las edades y clases sociales se echaron a la calle. Cuando los alemanes llamaron a los trabajos forzados a treinta mil hombres entre los dieciocho y los treinta y cinco años, solo se presentaron ciento cincuenta. Era una guerra abierta. Los *scugnizzi*, los niños de la calle, desempeñaron un papel decisivo y se convirtieron en los héroes de la insurrección. Cuatro días después, los alemanes tuvieron que avenirse a las reivindicaciones de los napolitanos y abandonaron la ciudad. El 1 de octubre de 1943 el general Clark entraba en la ciudad a la cabeza de las tropas aliadas.

El primer soldado que vi llevaba falda; pertenecía a las tropas escocesas que desfilaban por las calles de la ciudad, entre las risas y las burlas de los niños. Los estadounidenses distribuyeron inmediatamente caramelos, galletas y chicles. Un soldado me tiró una chocolatina, pero como no tenía ni idea de qué era no me atreví a probarla. Volví a casa con una lata de café concentrado que le di a mamá Luisa. Le costó bastante comprender que solo había que añadir agua caliente para obtener una bebida de la que ya no recordábamos ni su sabor.

«Pino solitario...»

Volvimos a pie a nuestra casa de Pozzuoli. El tío Mario llevaba sobre los hombros a Maria, que todavía estaba enferma. Nuestro edificio se encontraba en pésimas condiciones, pero seguía en pie. Había que volver a empezar, con los cartones en las ventanas y las colas en el mercado negro. Al hambre y a la sed se le sumaban ahora los piojos, que nos torturaron durante meses hasta que un gran invento estadounidense, el DDT, pudo con ellos. Su desaparición fue para mí la señal de que la guerra había acabado realmente.

Los Aliados distribuyeron comida de verdad —incluido el pan blanco que para nosotros era un lujo— y poco a poco los campesinos volvieron a labrar la tierra. Todavía quedaba un frío tan intenso que nos quitaba el aliento. Mientras tanto, con la llegada de un primo, pasamos a ser nueve. Casi no cabíamos en la cocina, que era la habitación más caldeada de la casa. Fuera, el mundo todavía daba miedo.

Una unidad de soldados marroquíes, capitaneados por un oficial francés, ocupó la entrada de nuestro edificio. No tenían el menor respeto, se comportaban como si estuvieran en su casa y armaban jaleo de día y de noche. Ceñudos y ruidosos, su presencia nos intranquilizaba. A menudo llamaban a la puerta y nos despertaban mientras dormíamos. Su recuerdo afloraría algunos años después, en el plató de *Dos mujeres*, y me ayudaría a interpretar con realismo ese papel tan intenso y difícil. Por las mañanas, cuando bajaba para ir al colegio, la entrada estaba llena de condones. Como no sabía qué eran, un día cogí uno convencida de que se trataba de un globo. Exactamente como el día que hice la comunión por mi cuenta, me presenté a mamá con el trofeo en la mano. Y comprendí que había vuelto a equivocarme de manera clamorosa; de hecho, no me dejó bajar sola nunca más. «Se acabaron los globos», sentenció. Después le dijo un par de cosas al oficial francés, que a partir de ese día intentó mantener a sus hombres a raya.

Mi madre volvió a tocar en una *trattoria* situada enfrente de casa que tenía las paredes pintadas de color azul cielo. Mi hermana la acompañaba a menudo. «Pino solitario ascolta questo addio che il vento porterà...», cantaban. Maria no era más que una niña, pero parecía una artista consagrada. Yo la miraba con admiración, y como siempre con vergüenza, mientras los soldados estadounidenses se entusiasmaban con ella y se sentían como en casa. Así nació la idea de organizar en nuestro pequeño salón una especie de café-cantante doméstico los domingos por la tarde, para arañar algo de dinero extra. Mamá les ofrecía un licor artesanal que ella misma elaboraba añadiendo licor Strega de cereza al alcohol, comprado en el mercado negro. Mamaíta tocaba canciones de Frank Sinatra o Ella Fitzgerald, que los soldados entonaban, y yo iba y venía con las botellas para hacer el mejunje y aprendía a bailar el boogie-woogie.

Uno de ellos vio la cicatriz que tenía en la barbilla y me llevó a su campamento, donde un médico la hizo desaparecer como por arte de magia. Por si eso no fuera bastante, nos acompañó de nuevo a casa en un jeep rebosante de provisiones. Había hasta *stortarielli*, una pasta corta elaborada con harina blanca. Creímos estar soñando.

En aquella época, mamaíta intentaba enseñarme a tocar el piano, que me entusiasmaba, pero cuando me equivocaba se enfadaba muchísimo. Me propinaba unos cogotazos tan fuertes que me daba dolor de cabeza y tuvimos que dejarlo. Me consolaba con el cine, en el teatro Sacchini.

Cuando acabó la guerra, las películas estadounidenses invadieron las salas y me harté de ver *Sangre y arena*, enamorándome perdidamente de Tyrone Power y de la melena cobriza de Rita Hayworth. Después le tocó el turno a *Duelo al sol*, que me causó un efecto idéntico. Como era una chica solitaria, me perdía en las miradas lánguidas de Jennifer Jones y Gregory Peck y soñaba con llegar a ser como ellos. No me deslumbraban sus vidas, sino su talento para expresar lo que sentían.

Me gustaba estudiar, pero con el paso del tiempo mi interés fue disminuyendo y en el último año mis notas dejaron mucho que desear. Esperaba a que la tía Dora, la literata de la familia, volviese a casa para que me ayudara a hacer los deberes. A menudo estaba tan cansada que se dormía entre la traducción del latín y las conjugaciones. «¡Tía, *scetate*, despierta!», susurraba, sintiéndome culpable.

La profesora de química me adoraba, y la de francés también. Siempre se me han dado bien los idiomas, lo cual me ha resultado muy útil en mi carrera. No imaginaba aún qué sería de mayor, y mis planes eran convertirme en maestra, como quería mi padre. Al menos, eso creo.

Sin embargo, muchos años después, al volver a Pozzuoli encontré por casualidad uno de mis cuadernos de esa época en el que había escrito: «Sofia Scicolone un día será actriz». Quién sabe si por alguna razón inexplicable había intuido cuál sería mi futuro. Lo raro es que cuando jugábamos a preparar espectáculos en la cocina, y mamá Luisa, que era modista, nos ayudaba a recortar y a coser los disfraces de papel, la que se exhibía ante todos, familiares y vecinos, era mi hermana, mientras yo me quedaba mirando en un rincón, avergonzándome incluso de mirarla.

Pero las cosas empezaron a cambiar. Estaba creciendo y el patito feo se convertía poco a poco en cisne y, sobre todo, crecían dentro de mí las ganas, la necesidad casi física de exteriorizar mis emociones, de traducir en gestos y palabras todas las sensaciones que se agolpaban en mi interior y que aún no lograba interpretar. Deseaba zambullirme en mar abierto, a pesar de no saber nadar.

2
El taller de los cuentos de hadas

Princesas en la carroza

El paso de patito feo a cisne está inmortalizado en la portada de una revista llamada *Sogno*. Se asoma amarilleada por el paso del tiempo trayéndome recuerdos del pasado. Es de 1951 y en ella se puede leer un nombre —Sofia Lazzaro— antiguo y casi olvidado. La guerra ha acabado. Italia ha vuelto a la vida cotidiana y la gente ha recuperado las ganas de soñar. Tras esa mirada lánguida de heroína de fotonovela, no me resulta fácil reconocer a la Palillo que había dejado de ser hacía muy poco. La verdad es que en poco tiempo cambiaron mis formas, mi rostro y mi nombre. Y también cambié de ciudad.

Fue una revolución, y como tal llegó sin avisar. A veces, de repente, el tiempo fluye más deprisa y los viejos miedos dejan paso a nuevos desafíos. Todo cambia y adquiere otro aspecto al enfilar caminos desconocidos e inesperados.

Mi adolescencia floreció con retraso, más tarde que la de mis compañeras, cuando ya no la esperaba. A los quince años amanecí con un cuerpo exuberante y generoso, lleno de vida y de promesas. Cuando caminaba por las calles de Pozzuoli los chicos se volvían al verme pasar y silbaban con admiración.

El primero en darse cuenta fue mi profesor de educación física. Era un joven guapo y apuesto que pensaba que la vida era tan fácil como la gimnasia. Un día de primavera se presentó en mi casa con la mirada seria. Se quitó el sombrero y pidió mi mano.

—Señora Romilda, alimento un sentimiento sincero por su hija. Tengo casa y un trabajo seguro. Si usted está de acuerdo podríamos casarnos en septiembre.

—Querido profesor, lo siento mucho pero no hay nada que hacer. Sofia es demasiado joven para casarse.

Mamaíta lo despidió con amabilidad, sin la menor vacilación. Aunque le daba pena aquel chico tan educado, aún tenía otros planes para mí. Observé la escena desde cierta distancia, como si no fuese conmigo, pero en realidad me sentí aliviada. Todavía no sabía quién era, de modo que ni se me ocurría pensar en casarme.

Sin embargo, había un chico que me había llamado la atención. Se llamaba Manlio y vivía en La Pietra, a unas cuantas paradas de tren de Pozzuoli. Nos habíamos visto por la calle y nos gustábamos. Una tarde me atreví a cruzar los confines de mi mundo para ir a verlo. Solo me acuerdo de sus ojos enrojecidos y de un ímpetu para el que aún no estaba preparada. Quizá había bebido o tal vez se trataba simplemente del ardor de la juventud, pero me asustó. No me lo esperaba y salí corriendo sin mirar atrás. Aunque por fuera era una mujer, por dentro seguía siendo una niña tímida e introvertida. Sentía que debía lanzarme, pero no sabía ni cómo ni dónde. Y quizá ni siquiera por qué.

El Circolo de la Stampa de Nápoles me brindó el trampolín. Nunca habría llegado por mí misma, pero mamaíta, desafiando la timidez y la pobreza, me llevó como una especie de hada madrina que acompaña a Cenicienta al baile. No hay nada más que decir, aquellos años de mi vida tienen el sabor de un sueño hecho realidad.

Un día de otoño de 1949 vino a visitarnos un vecino con un recorte de periódico en la mano. Era el anuncio de un concurso de belleza patrocinado por *Il Corriere di Napoli*, el periódico de la tarde, en el que se elegiría a la Reina del Mar y a sus princesas. Las ganadoras desfilarían subidas en una carroza por las calles del centro, transformando por arte de magia los escombros de la guerra en un reino encantado.

A Romilda empezaron a brillarle los ojos y me lanzó una mirada de complicidad. Había llegado nuestra oportunidad, el momento que ella llevaba esperando toda la vida. Le respondí con mi acostumbrada resignación. «Si no hay más remedio...» El dinero apenas nos llegaba para comer, pero mamaíta no permitiría esta vez que se le escapase esa oportunidad. Sus padres la habían obligado a renunciar a la suya y ella no lo había olvidado. Ahora haría todo lo que estuviera en sus manos para tomarse la revancha. Todavía no tenía la edad mínima requerida para participar, pero ella me recogió el pelo para que pareciese más mayor y se entregó en cuerpo y alma a la empresa. Ni siquiera mamá tuvo valor para oponerse esta vez y, a su pesar, participó como pudo.

No hay baile que merezca tal nombre sin un vestido y unos zapatos adecuados. Así que mamá Luisa se puso manos a la obra; empezó arrancando las cortinas de tafetán rosa de la salita, convirtiéndolas en un abrir y cerrar de ojos en un vestido de noche que, si bien no resultaba precisamente elegante, al menos era digno. En cuanto a los zapatos, transformó el único par que tenía, negro y gastado, con tinte blanco y los dejó como nuevos. «Virgen santa, de rodillas te lo pido, haz que no llueva», suplicaban temblorosas mis hadas madrinas.

De esa guisa, mamaíta y yo nos subimos a un vagón de tercera clase del tren con destino a Nápoles. Hacía frío y encima del vestido llevaba el abrigo de cada día, el único que tenía. Todo el mundo me miraba porque parecía disfrazada para el carnaval. Habría bastado un soplo de viento, una gota de agua, un minuto de retraso, para convertir mi carroza en una calabaza, y hacer añicos mi sueño.

El concurso se celebraba en el Cinerama, el teatro cine de via Chiaia, y se clausuraba en el Circolo della Stampa, dentro de la Villa Comunale, un palacio espléndido que hoy día se encuentra abandonado. Entonces era la joya de la ciudad, deseosa de reconstruir todo lo que la guerra había destruido. Yo iba al encuentro de mi destino como un cordero al altar del sacrificio, pero en cuanto entré me di cuenta de que se fijaban en mí. Tal vez les llamó la atención mi actitud reservada, muy diferente de la del resto de las chicas, quizá más afortunadas que yo, que al estar en grupo parecían cotorras. Respiré profundamente y me lancé. Ante los miembros del jurado, con el golfo de Nápoles brillando como telón de fondo, aparqué mi proverbial timidez para dejar paso a la alegría.

Me sucede siempre. Antes de cualquier espectáculo o aparición pública el miedo me paraliza; pero en cuanto se encienden las luces me dejo llevar y logro, no sé cómo, mostrar lo mejor de mí.

Después de esperar un tiempo que se me antojó una eternidad, el jurado emitió su veredicto. Todavía recuerdo la alegría que sentí cuando oí que pronunciaban mi nombre entre los de las demás princesas. No fue más que una victoria a medias, yo no era la reina, pero no me importaba. No encajaba a la perfección en los cánones de belleza, lo cual lo hacía todo más difícil. Sin embargo, esa diferencia, juzgada por ojos expertos, sería en el futuro la clave de mi éxito. Por ahora lo importante era tener confianza.

Me aturdieron con aplausos, fotos y entrevistas. Incluso me regalaron un ramo de flores. Mi primera salida al mundo había sido un éxito, lo cual me animó muchísimo. Con la reina sola en su carroza dorada abriendo paso a la comitiva, y nosotras detrás, recorrimos las calles del centro acompañadas por la banda mientras la gente nos lanzaba flores. Via Caracciolo, via Partenope, piazza Municipio, via Depretis, corso Umberto, y de piazza Nicola Amore hacia arriba por via Duomo, piazza Cavour, después hacia abajo por via Roma (que hoy se llama via Toledo) y de nuevo hacia el mar. ¡Al recordarlo en la distancia me parece haber vivido una película de De Sica! Estaba en el séptimo cielo, ni siquiera me importaba la lluvia, que lo envolvía todo con un halo más romántico e irreal. Las crónicas de la época refieren que Tina Pica, Sergio Bruni y el mismísimo Claudio Villa estaban allí celebrando la fiesta con las chicas más guapas de Nápoles.

En aquel momento no fui consciente de que ese día cambiaría el curso de mi vida. Como habría hecho cualquier otra chica de mi edad, me concentré en el premio, que me pareció demasiado bueno para ser verdad: papel pintado con grandes hojas verdes, que hizo las delicias de mamá, un mantel con doce servilletas, y la respetable cantidad de veintitrés mil liras, cifra que no había visto en mi vida. Pero lo más importante era un billete de tren para Roma, que en su momento no me hizo ilusión. Mamaíta, por el contrario, temblaba de emoción: teníamos en las manos el pasaporte para Cinecittà.

Lo primero que hizo fue apuntarme en una escuela de arte

dramático de Nápoles, que pagaba con las clases de piano que daba de nuevo. En realidad, no era una escuela de arte dramático propiamente dicha, sino más bien el resultado del arte de buscarse la vida que caracteriza la ciudad. El Actor's Studio a la sombra del Vesubio donde di mis primeros pasos como actriz se apoyaban exclusivamente en la experiencia de un solo maestro, el napolitano de pura cepa Pino Serpe, que presumía de convertir en actores a las piedras. Su método consistía en enseñarnos a hacer muecas. Educaba todos y cada uno de nuestros músculos faciales para llevar a cabo la complicada tarea de expresar la más amplia gama de sentimientos humanos: horror, alegría, desesperación, tristeza, sorpresa, arrogancia, esperanza. El protagonismo absoluto le correspondía a las cejas. Puede parecer una broma, pero ese juego de mímica, que me había obligado a salir de mí misma y exponerme al juicio de los demás, me ayudó muchísimo a enfrentarme con el mundo de la fotonovela que conocería al cabo de poco tiempo.

Algunos años después, cuando ya había conseguido llegar a Hollywood, recibí una carta: «Soy D'Amore, íbamos juntos a las clases de Serpe, ¿te acuerdas?», decía. Me emocionó el hecho de que mi compañero se acordase de mí a pesar de haberme convertido en otra persona: había cambiado mi aspecto y mi nombre. Me acordaba de él, era del campo y tenía posibilidades económicas, comía. Pagaba al profesor con pan, salami y huevos.

El maestro Serpe me ayudó a presentarme a algunas pruebas fotográficas que me abrieron las puertas a un pequeño papel en *Cuori sul mare*, de Giorgio Bianchi, e *Il voto*, de Mario Bonnard. Pero sobre todo fue él quien me informó de que la Metro-Goldwyn-Mayer buscaba extras en Roma para una superproducción ambientada en la antigua Roma. Mamaíta demostró una vez más tener las ideas muy claras y, contra la voluntad de los abuelos, decidió que nos mudaríamos allí. Maria, que todavía era pequeña y estaba delicada de salud, se quedó con ellos, mientras que nosotras dos, llenas de ilusión y de temor, nos lanzamos a la búsqueda de nuestro sueño común.

«Quo vadis?»

Roma nos acogió con los brazos abiertos, o al menos eso quisimos creer. No puedo decir lo mismo de mi padre. Romilda lo llamó en cuanto salimos de la estación. Era tan torpe que no supo hacerlo desde un teléfono público de fichas y tuvo que ir a un bar. Riccardo se mostró tan evasivo como siempre y accedió de mala gana a vernos en casa de su madre, sin disimular lo mucho que le molestaba nuestra repentina aparición.

La abuela Sofia me ofreció un vaso de leche, y sin mediar preguntas o gestos de afecto nos abandonó en el salón mientras esperábamos a mi padre. Al entrar, mi padre me lanzó de reojo una mirada llena de rencor. No le sorprendió en absoluto verme tan mayor y prefirió emplear toda su energía en intentar convencernos de que abandonáramos nuestro plan. Según él, debíamos volver a Pozzuoli inmediatamente y dejarlo vivir en paz con su nueva familia, pues mientras tanto se había casado con otra mujer con la que tuvo otros dos hijos, Giuliano y Giuseppe.

Todavía me acuerdo del día que vino a Pozzuoli para comunicarle a mi madre que se casaba. Hasta aquel momento no había comprendido el enorme sufrimiento que flotaba alrededor de los dos, pues al tomar esa decisión nos repudiaba una vez más. Cuando mi hermana Maria entró en la habitación, él preguntó con desprecio: «¿Y esa quién es?». Demasiado bien lo sabía.

Pero en el salón de la abuela Sofia, mamaíta no se dejó vencer por la frialdad de su primer y único amor, y no tomó en consideración la opción de volver atrás ni siquiera por un momento. Les pidió cobijo a unos primos lejanos, que también intentaron convencernos para que volviéramos a casa pero que nos prestaron su sofá al ver que no lograban persuadirnos. No hicieron que nos sintiéramos como en casa, pero nada podía apartarnos de nuestro destino. La mañana de nuestro segundo día en Roma nos dirigimos hacia el «Taller de los cuentos de hadas» de via Tuscolana, vestidas de negro para aparentar elegancia.

La Historia con mayúscula tampoco había perdonado a Cinecittà, pues durante la guerra quedó reducida a escombros como el resto del país. En noviembre de 1943 todas las cámaras fueron trasladadas al norte y los grandes edificios se convirtieron en depósitos de material bélico alemán. Además, las bombas aliadas destruyeron siete estudios importantes. Sucesivamente, con la liberación de la ciudad, la zona se transformó en un campo de refugiados y la sede de los estudios Pisorno, en Tirrenia, pasó a ser una base logística de las fuerzas estadounidenses. Los operarios, técnicos, directores y actores que no se dejaron engañar por Saló, sacaron de su escondite las pocas cámaras que habían logrado ocultar y se pusieron a rodar de nuevo, a la espera de la liberación de toda Italia. *Roma, ciudad abierta* se empezó a rodar en enero de 1945 y se estrenó en septiembre, pocos meses después de finalizar la guerra.

Para los directores italianos también había llegado el momento de volver a empezar de cero, con escasos recursos y mucha creatividad. Había mucho que contar, cosas hermosas y cosas atroces. La vida retomaba su curso. Eran los albores del neorrealismo, que cambiaría para siempre la historia del cine. Mientras Rossellini, De Sica y Visconti se echaban a la calle para documentar la realidad con gestos, rostros y objetos cotidianos, las tropas estadounidenses inundaban Italia con películas hollywoodienses que intentaban imponer la otra cara del sueño, un sueño hecho de libertad y de victoria.

En la guerra abierta entre los directores y los productores italianos y las grandes productoras estadounidenses participó asimismo el diputado Giulio Andreotti, que en 1947 era el joven subsecretario de la Presidencia del Consejo. Andreotti luchó para que Cinecittà renaciese mediante una ley que retenía en Italia los beneficios de las películas estadounidenses, concentrando en Roma dinero y trabajo. Cuando la Metro-Goldwyn-Mayer desembarcó en Roma para rodar la superproducción *Quo vadis?* fue como si Hollywood se hubiera mudado al Tíber. Y marcó el verdadero principio de mi historia.

Aquella mañana de mayo de 1950 mamaíta y yo subimos en la estación de Roma Termini al tranvía azul cuya última parada era Cinecittà. Al llegar, mis ojos de muchacha se toparon con un ejército de romanos acampados a sus puertas, en busca de trabajo y a disposición de quien los necesitara. Mi campo visual encuadraba también una inmensa cola de personas, que esperaban ser contratadas como extras o directamente con un papel más definido y reconocido. Allí fuimos a parar con nuestro bagaje de esperanzas.

En cuanto llegó, Mervyn LeRoy, el director de *Quo vadis?*, nos alineó y pasó revista para elegir los rostros que consideraba más prometedores. Mi madre me había advertido de que respondiese siempre «sí» a todas las preguntas que me hiciera. Pero no tuvo en cuenta que él hablaba en inglés y yo no.

Me preparé como pude para la secuencia, ignorando el cariz cómico que tomaría.

Cuando me llamó, di un paso adelante y lucí mi mejor sonrisa.

—*Do you speak english?*
—*Yes.*
—*Is it your first time in Cinecittà?*
—*Yes.*
—*Have you read* Quo vadis?
—*Yes.*
—*What's your name?*
—*Yes.*
—*How old are you?*
—*Yes!*

LeRoy soltó una carcajada, y quizá enternecido por mi ingenuidad me dio un papel de figurante en el que no tenía que decir ni una palabra. Interpretaría a una esclava que arrojaba flores al triunfante Marco Vinicio, interpretado por un guapísimo Robert Taylor. Por su parte, mamaíta tuvo que pasar el día entero con una gran ánfora de bronce en la cabeza y por la noche tenía un terrible dolor en la nuca. Más tarde descubrimos que las otras extras, con más experiencia que ella, se habían echado atrás en el último momento dejando a la novata ese papel tan duro.

Recuerdo como si fuera ayer el barullo, los gritos, el calor asfixiante. Cientos de personas de pie durante horas desplazadas de un extremo al otro del plató como si fueran paquetes postales. Los extras no tenían ni voz ni voto y no siempre los trataban bien, sobre todo si estropeaban, involuntariamente claro está, una secuencia y por su culpa había que volver a rodarla. Cuando estaba en primera fila, delante de las cámaras, me hacía la ilusión de que me encuadraban, si bien en realidad estaba desenfocada, no era más que un detalle en un entorno majestuoso. Pero aunque el cine hacía que me sintiera insignificante, tenía la certeza de que me encontraba en el sitio adecuado y dentro de mí alimentaba la creencia de que, con paciencia y tenacidad, un día ocuparía el centro de la escena.

Entonces no podíamos saberlo, pero entre los extras se encontraba el joven Carlo Pedersoli, el futuro Bud Spencer, que en aquella época era campeón italiano de natación. Gracias a su constitución atlética había conseguido un destacado papel de legionario. En el reparto, con un papel secundario, también figuraba una jovencísima Elizabeth Taylor, que a pesar de ser muy poco mayor que yo ya había conquistado la fama mundial con *Lassie vuelve a casa*.

Miraba embobada a Robert Taylor y a Deborah Kerr, a quienes tantas veces había admirado en el teatro cine Sacchini. El solo hecho de respirar el mismo aire que ellos me parecía un sueño.

Pero como no hay rosas sin espinas, lo peor todavía estaba por llegar. Superada la criba del director, llamaban a los extras por el altavoz para apuntarlos en el registro de salario. Primero llamaron a «Villani» y acto seguido a «Scicolone». Cuál sería mi sorpresa cuando frente a la mesa de producción nos presentamos dos personas. Una era yo y la otra la mujer de mi padre. No recuerdo con exactitud cómo fueron las cosas, pero lo que no podré olvidar nunca es la profunda humillación que sentí en ese momento. Era una chiquilla y las intrigas de los mayores no me interesaban en absoluto. ¿De qué me servía su apellido sin el afecto del hombre que me lo había dado? Había crecido sin padre y nada en el mundo podría devolvérmelo.

Como una fiera, la mujer de mi padre me puso de vuelta y media delante de todos. Mi madre me defendió como pudo. Como siempre, el verdadero culpable no estaba presente. Permanecí en silencio, sin saber qué cara poner. Al final, el empleado de producción me salvó: «Scicolone... Sofia», dijo.

Fue sin duda una situación difícil para las dos, mejor dicho, para las tres. Afortunadamente, no volvió a pasar. Con una vez había sido suficiente. En cualquier caso, ganamos cincuenta mil liras con las que comimos dos semanas. Después, cuando el dinero se acabó, la esperanza de Romilda empezó a debilitarse. Hasta que un día, mirándome a los ojos, me dijo: «Sofí, creo que ha llegado la hora de volver a casa...». Pero, aunque era una chiquilla y comprendía que no le faltaba razón, no me dejé convencer. «Mamaíta, ¿qué dices? Tenemos que quedarnos aquí y perseverar. Antes o después...»

Y quizá la luz que había en mi mirada la convenció de que así era... Y sin duda le confirmó que compartíamos el mismo sueño.

Mientras tanto recibimos la noticia de que Maria había enfermado de nuevo y mamaíta volvió apresuradamente a Pozzuoli, dejándome sola algunos días en casa de los primos. Me sentía tan apurada que intenté ser aún más invisible. Tal y como me había educado mamá, procuraba no molestar, me iba a la cama la última, me levantaba al amanecer y recogía ordenadamente mis cosas para que no estuvieran por en medio. Antes de irse mi madre me puso en guardia, insistiendo sobre los peligros de la ciudad, que ella conocía muy bien. Pero yo había nacido juiciosa. Tenía la cabeza en su sitio y una misión que cumplir, no corría el peligro de caer en una trampa. Además, mientras tanto, había ocurrido algo que me daba ánimos: el director de la revista *Sogno* se había fijado en mí e iba a introducirme en el mágico mundo de la fotonovela.

No puedo quererte

—¿Qué te pasa? ¿Por qué no dices nada?
—Es el hijo del hombre que mató a mi padre. No puedo, no debo enamorarme de él.
—A partir de ahora solo viviré para vengarme. Y mi venganza será terrible. Mira mi corazón, mamá, mira cómo sangra, cómo duele...
—No, Greg, no...

Cuando vuelvo a leer los diálogos de las fotonovelas tengo la impresión de viajar a otro planeta, un planeta que ya entonces me hacía sonreír. Sin embargo, las fotonovelas fueron el boom editorial de la posguerra porque encarnaban las ganas de los italianos —de las italianas, sobre todo— de volver a reír y a llorar sin ataduras, de evadirse de una realidad que todavía era muy cruel, de sufrir por las penas de amor de los demás en lugar de afligirse por las bombas y el hambre. Bodas imposibles, terribles sufrimientos, pecados inconfesables, confusión de identidades, celos e infidelidades desencadenaban las emociones de lectores y lectoras sencillos, sin pretensiones ni gran formación intelectual.

Los comunistas las llamaban el opio del pueblo; los católicos, un instrumento de perdición; los intelectuales —muchos de los cuales estaban entre quienes las creaban y las escribían—, subproductos. Quizá la verdad sea que, al menos al principio, la fotonovela tenía un componente transgresor, joven y moderno que resultaba arriesgado. La fuerza de la fotografía, la brevedad de los mensajes contenidos en los bocadillos, los cuerpos jóvenes y bellos, los temas, audaces a menudo, contribuyeron a cambiar las reglas del juego y a expresar la urgencia que tenían las mujeres de la posguerra, endurecidas por la experiencia, de encontrar un lugar bajo el sol. Cualquiera que sea el punto de vista, la fotonovela enseñó a muchos italianos a leer y a escribir y contribuyó a unificar el país de norte a sur, del campo a la ciudad. Con el tiempo hasta el Partido Comunista y la Iglesia tuvieron que admitirlo, pues el primero llegó a servirse de ella en sus campañas electorales, y la segunda, cautivó a sus fieles con las vidas de los santos, entre los que santa Rita da Cascia era la estrella absoluta.

El primer paso hacia la fotonovela nació cuando los hermanos Del Duca, de la editorial milanesa Universo, tuvieron la idea de unir la novela romántica y la historieta. Universo también publicaba *L'intrepido*, un tebeo para niños, y vendía puerta a puerta novelas de amor por entregas. De su imaginación nació asimismo *Grand Hotel*, cuyas viñetas, ilustradas por dos grandes dibujantes, Walter Molino y Giulio Bertoletti, contaban pasiones atormentadas y relaciones imposibles. En 1957 Molino me dibujó como protagonista de una novela gráfica, *La peccatrice*, en la que no solo logró plasmar perfectamente mis facciones, sino también mis expresiones. *Grand Hotel*, con sus «almas encadenadas» y sus «lágrimas de oro», llegó a los quioscos en 1946. Me encantaban los dibujos y recuerdo que en Pozzuoli cada inquilino compraba una y después se las pasaban unos a otros. Seguramente no fueron los únicos que tuvieron esa idea porque el primer número tuvo catorce ediciones en una semana.

Al año siguiente llegaron las versiones romanas: *Bolero* e *Il mio sogno*, que enseguida pasó a ser simplemente *Sogno*. Ambas apostaron por la fotografía, más inmediata y rápida. Así fue como nació la fotonovela tal y como la conocemos ahora. *Grand Hotel* se adaptó a los tiempos. La primera portada de *Il mio sogno* llevaba el rostro de Gina Lollobrigida y muchas de las que le siguieron llevaron el mío.

La fotonovela era casi una etapa obligatoria para las chicas que querían llegar a ser actrices, pues no solo servía para darse a conocer sino también para a aprender a estar delante del objetivo, ejecutar las órdenes de un director, superar los recelos personales y, como bien dice el crítico cinematográfico Vincenzo Mollica, rendir cuentas a la propia expresividad. Para mí fue así y al final tuve la ocasión de exhibir las muecas y los gestos que el maestro Serpe me había enseñado con tanta paciencia. Por las noches practicaba durante horas delante del espejo; con asombrosa facilidad pasaba de la desesperación a la melancolía, del odio más profundo al amor más empalagoso, del desprecio a la preocupación, abriendo mucho los ojos o poniendo morritos.

Las sesiones fotográficas no se hacían en un plató en sentido estricto —eran los albores de lo que muy pronto se convertiría en una industria—, sino en un local destartalado con luces y un par de muebles de escenografía. Leíamos el guión y reproducíamos las expresiones adecuadas como si fuésemos máquinas humanas. Era un trabajo duro y yo me lo tomaba muy en serio. Se hacían varias fotografías de cada pose, unas veinte viñetas por entrega que correspondían al trabajo de tres o cuatro días por semana, a cambio de un caché muy inferior al del cine, pero muy gratificante para mí, que venía de la nada. Unas veces era la «prisionera de un sueño», otras una «adorable intrusa» o una «princesa en el exilio» y, como el gran Alberto Sordi en *El jeque blanco*, merodeaba por el «jardín de Alá» entre arena, luciendo grandes pendientes y tocados exóticos.

La fotonovela me dio la posibilidad de quedarme en Roma y de ganarme la vida, de conocer el ambiente y a las personas apropiadas, de aprender y de divertirme. Y Dios sabe cómo lo necesitaba después de los años difíciles de Pozzuoli. Me convertí en la reina del género, con Vera Palumbo y Anna Vita. Y comprendí que lo lograría.

Lógicamente, la fotonovela se alimentaba de los argumentos y de las intrigas del cine de Hollywood, pero también se inspiraba en el folletín y en la novela de aventuras, siguiendo la tradición de Liala y de Carolina Invernizio. *Grand Hotel*, por ejemplo, estaba ambientado en el mundo de la *jet set*, mientras que *Bolero* era más exótico y *Sogno* era un poco de todo. Éramos estrellas de andar por casa. Cuando hojeo las páginas de esas revistas a veces leo con sorpresa las cartas que nos mandaban los lectores, y sobre todo nuestras respuestas cómplices. No tengo ni idea de quién escribía ambas cosas.

Para Benito, de Caserta:

> La próxima vez, en la segunda fase de tu amor platónico, podrás tutearme. Como ves soy atrevida y he empezado a tutearte la primera.
>
> Sofia Lazzaro

Sí, porque en esa época, Stefano Reda, el director de *Sogno*, me había cambiado el apellido argumentando que era tan guapa que mi belleza podía resucitar a un muerto.

Mientras encarnaba a princesas estáticas y a seductoras exiliadas rumanas, a camareras orgullosas y a heroínas gitanas, seguía frecuentando las producciones cinematográficas. Obtuve pequeños papeles en varias películas, algunas de directores importantes. Por ejemplo, *Luces de varieté*, dirigida por un joven Federico Fellini y por Alberto Lattuada. Tenía un papel secundario en un teatro con Carla del Poggio, la mujer de Lattuada. En los intermedios, mientras los tramoyistas cambiaban las luces y los bastidores, mamaíta, que había vuelto a Roma con Maria y me acompañaba al trabajo, tocaba el piano que formaba parte del decorado, para deleite de Federico. Pasaba del plató de *Le sei mogli di Barbablù* al de *Tototarzan*, de *Io sono il Capataz* a *Lebbra bianca*, observando, comprendiendo, aprendiendo el oficio.

Poco a poco lograba que se fijaran en mí. Las productoras me llamaban a casa para proponerme papeles secundarios y mis fotos empezaban a aparecer en la prensa. Al año siguiente, en 1952, obtuve los primeros papeles como protagonista. Gracias a mi trabajo, y también a las fotonovelas, me estaba convirtiendo en una actriz profesional.

La fotonovela fue un aprendizaje duro pero divertido, me enseñó mucho y me dio seguridad. Gracias a ella comprendí que al público le gustaba. Pero, como todo en esta vida, un día tocó a su fin.

En la portada del 5 de abril de 1953 de *Sogno* miro al horizonte con un poco de nostalgia. Debajo, una nota sencilla, emocionada:

> El cine nos roba a Sofia Lazzaro, la inolvidable intérprete de muchas de nuestras fotonovelas. Pero ella no olvida a los lectores y las lectoras de *Sogno* y les manda un afectuoso saludo.

3
El hombre ideal

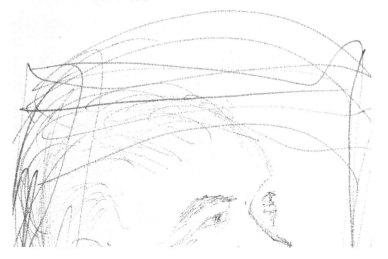

El jardín de las rosas

Mire lo que mire, los ojos de mis hijos, las fotos diseminadas por toda la casa, los miles de recuerdos acumulados en el curso de nuestras vidas, me lo encuentro delante, sonriente y seguro de sí. Ahora que ya no está, sigue viviendo en mi pensamiento e inspira mis proyectos. Mi historia —personal, profesional y sobre todo familiar— gira alrededor de mi encuentro con Carlo. A partir de ese momento todo ha sido como un largo, larguísimo primer día que hemos vivido juntos, sin separarnos jamás.

Era una noche de septiembre de 1951. En un restaurante que se asomaba al Coliseo, en Colle Oppio, se celebraba el enésimo concurso de belleza. No me acuerdo si Miss Lacio o Miss Roma. Soplaba un suave viento de poniente y el aire era dulce y todavía olía a verano. Me había convertido en una asidua de ese tipo de acontecimientos, con una pronunciada querencia por el segundo puesto. Pero esa noche no me apetecía pensar en todo eso. Había ido para divertirme y para bailar, lo cual se me daba bastante bien. Estaba con una amiga napolitana un poco más mayor que yo, que también había venido a Roma en busca de fortuna, y dos chicos que nos acompañaban porque en aquella época las muchachas decentes no salían solas.

El último concurso en el que había participado, el año anterior, había sido Miss Italia. No había ganado el precedente, Miss Cervia, pero allí me seleccionaron para el gran concurso nacional. Armadas de paciencia, mamaíta y yo viajamos al norte para intentar conquistar la victoria que el destino parecía negarme. Dejarse ver, conocer a la gente apropiada y llamar la atención de los fotógrafos era agotador, pero importante e inevitable si quería llegar a alguna parte. Librar mi propia batalla, por mi familia y por mí misma, para cumplir el sueño que Romilda no había podido vivir en primera persona.

De aquella lejana velada en Salsomaggiore recuerdo la piscina, en torno a la cual desfilamos en traje de baño. El corazón me latía muy deprisa, estábamos en boca de media Italia. No era como el concurso de la Reina del Mar que, a pesar de todo, no dejaba de ser un acontecimiento de provincias. De aquello había pasado solo un año que a mí se me antojaba una vida entera.

Las madrinas eran Gianna Maria Canale y Gina Lollobrigida, segunda y tercera clasificada respectivamente en 1947. La ganadora había sido Lucia Bosé, que durante mucho tiempo fue un modelo para mí. Llevaba el pelo corto para parecerme a ella y, en efecto, un aire sí que tenía. Lucia también era la protagonista de un cuento de hadas porque de dependienta de la famosa pastelería Galli de Milán había pasado a convertirse en una actriz que trabajaba con los directores más importantes de la época. Un cuento que pertenecía a todas las chicas de mi generación y que hablaba de renacimiento, de gloria y de felicidad.

El momento clave sería el baile de gala durante el cual desfilaríamos ante el público que había pagado la entrada. Y de nuevo surgió el dilema: «¿Qué me pongo?». Dino Villani, el organizador, conmovido quizá por mi ingenuidad y mis escasos recursos, me puso en las manos de una amiga suya dueña de una boutique maravillosa. Era una señora encantadora, acostumbrada a tratar con las damas de la alta sociedad, pero también con Cenicientas como yo que no siempre acababan participando en el baile.

—Pruébate este, querida, creo que te quedará bien… —dijo con su acento de Emilia-Romaña ofreciéndome un vestido blanco, largo y ribeteado, que eligió con seguridad entre otros muchos.

Cuando lo vi me brillaron los ojos y ni siquiera me atreví a tocarlo.

—Pero, señora, yo… —intenté justificarme mientras me ayudaba a ponérmelo, casi a la fuerza.

—No te preocupes, niña, te queda de maravilla. Ahora piensa solo en esta noche y mañana, cuando todo acabe, me lo devuelves.

Le di las gracias de todo corazón y volví al hotel, aliviada.

Su gesto, generoso y desinteresado, lo significó todo para mí en aquel momento. Las cosas que hacemos o que dejamos de hacer por los demás pueden tener repercusiones mucho más importantes de lo que creemos.

El vestido me favorecía mucho, pero desgraciadamente no fue suficiente. También esta vez el jurado, presidido por el gran periodista Orio Vergani, juzgó con perplejidad mi belleza anómala. No acababan de convencerles mis angulosidades —«demasiado alta, demasiado delgada, sin el porte justo»—, pero tampoco pasaba inadvertida. Así que le dieron el título a Anna Maria Bugliari y para mí otorgaron una categoría especial, una especie de premio de la crítica o fuera de concurso. Subí al podio luciendo una banda en la que se leía: «Miss Elegancia». Una paradoja teniendo en cuenta que mi atuendo era fruto de la casualidad.

En 1950 la coronación de las ganadoras se retransmitió por primera vez en directo por la radio. Las fotos que me hicieron Federico Patellani y Fedele Toscani, padre del famoso Oliviero y primer reportero gráfico de *Il Corriere della Sera*, llegaron a manos de los productores de cine y de fotonovelas, y aquella mención suscitó curiosidad por mi persona.

Justo doce meses después estaba sentada a la mesa de aquel restaurante de Colle Oppio bajo el palco del jurado. De repente, un camarero me entregó una tarjeta: «Me gustaría que usted también participase en el desfile».

«¿Pero este qué quiere? ¿Quién es? De ninguna manera, hoy no estoy de humor», pensé.

Pero mis amigos insistían: «Es gente del cine, ¡podría ser tu oportunidad!».

Cuando la invitación volvió por segunda vez, firmada Carlo Ponti, cedí. No es necesario aclarar que quedé la segunda. Aunque con una diferencia, pequeña pero fundamental: había logrado llamar la atención del gran productor.

Carlo tenía treinta y nueve años, veintidós más que yo, y era un hombre famoso, en la cúspide de una carrera fulgurante. Como se apresuró a decirme cuando vino a presentarse al final del concurso, había descubierto a grandes estrellas como Gina Lollobrigida, Sylva Koscina y mi adorada Lucia Bosé.

—¿Damos un paseo por el jardín? Es un lugar encantador. Lo llaman el «jardín de las rosas». Ya verá qué perfume... —dijo mientras me ayudaba a levantarme, poniéndome sobre los hombros el chal de organza.

«Ya estamos», pensé mientras me preparaba para rechazar las propuestas de rigor.

Sin embargo, Carlo fue muy profesional y se ganó mi confianza inmediatamente. Me preguntó qué películas estaba rodando, qué planes tenía, cuáles eran mis aspiraciones...

—¿De dónde es usted, señorita?

—De Pozzuoli.

—¡Ah, Pozzuoli! Si no me equivoco, hay un anfiteatro romano maravilloso... Estuve allí hace unos años.

—Está justo enfrente de mi casa, lo vemos desde la ventana —respondí aliviada al ver que habíamos encontrado un tema en común.

Desde el primer momento, Carlo me transmitió una sensación de seguridad y de familiaridad, como si nos conociésemos de toda la vida. Tuve la extraña impresión de que me comprendía, de que adivinaba el carácter reservado que se ocultaba tras mi aspecto exuberante, mi pasado difícil, mis ganas de convertirme en una profesional, mi seriedad y mi pasión. En resumen, que el cine no era un pasatiempo para mí.

Sí, Carlo lo intuyó y fue al grano.

—¿Ha hecho una audición alguna vez? —preguntó a quemarropa cuando nuestro paseo parecía haber llegado a su fin.

—Pues...

—Tiene un rostro muy interesante —prosiguió con una seguridad a la que era difícil resistirse—. Venga a verme al despacho. Descubriremos si es fotogénica en la pantalla.

Me dio su dirección y se despidió tan amablemente que incluso pareció demasiado formal. Puede que, acostumbrado a las mujeres hermosas, lo hubiera intimidado con mi actitud diferente, de chica que aun queriendo la luna no olvidaba los férreos principios de una educación de provincias y no aceptaba compromisos.

Carlo era de Magenta, una pequeña ciudad cercana a Milán de la cual su abuelo había sido alcalde. Le hubiera gustado estudiar arquitectura, pero al final se había decidido por el derecho, aun siendo un apasionado del arte y la literatura. Empezó a trabajar en el cine por casualidad, ocupándose de contratos. En 1940, cuando era aún muy joven, fundó la productora ATA, Artistas Técnicos Asociados, en Milán, desafiando el monopolio romano. Su primera película importante, dirigida por Mario Soldati en 1941, fue *Pequeño mundo antiguo*, que lanzó a la baronesa Von Altenburger, cuyo nombre artístico era Alida Valli. Esa película le costó a Carlo una condena de unos meses de prisión por presunto antifascismo.

Al finalizar la guerra, Carlo contrajo matrimonio con la abogada Giuliana Fiastri, hija de un general, y tuvieron dos hijos, Guendalina y Alex. Después se mudó a Roma para trabajar con Riccardo Gualino, fundador de la mítica productora Lux. Si bien sentía respeto y admiración por él, Carlo era demasiado independiente y lanzado para permanecer en segundo plano; de modo que en 1949 creó su propia productora con Dino De Laurentiis, otro hombre de Lux, que podía presumir de contar con nombres como De Sica, Lattuada, Zampa, Rossellini, Blasetti, Camerini y Visconti. No sé si entonces era plenamente consciente de eso. Es difícil saberlo.

Lo cierto es que mi instinto me empujó a aceptar de inmediato la invitación que había recibido en el romántico jardín de las rosas. No recuerdo si acudí al día siguiente o si dejé pasar un tiempo. El hecho es que no veía la hora de descubrir si su interés por mí era sincero y fundamentado como me había parecido. Mi madre se dispuso a acompañarme, como siempre, pero esa vez la detuve.

«Mamaíta, esta vez es mejor que vaya sola.»

Romilda me miró, ofendida y preocupada, y trató de insistir. Pero yo ya lo había decidido y nada me haría cambiar de idea.

Acudí, muy nerviosa, a la dirección que Ponti me había dado y me topé con una comisaría de policía. Se me cayó el alma a los pies. La desconfianza instintiva que mi madre me había transmitido hizo que pensase que me había gastado una broma.

«Lo sabía. Me ha tomado el pelo. ¡Si ese es productor, yo soy bailarina! —Una mezcla de rabia y humillación crecía dentro de mí—. Pero ¡cómo he podido creérmelo! ¡Tonta, no soy más que una tonta!» Pensé inmediatamente en mi padre y en las artimañas que había usado para atrapar en su red a Romilda.

Pero, gracias a Dios, no todo se repite para mal y mi historia con Carlo no estaba escrita todavía. «Si busca la productora Ponti-De Laurentiis es la puerta de al lado», me aclaró un joven carabinero. Me sentí tonta e infantil. Le di las gracias con una amplia sonrisa y me dispuse a entrar en el corazón del cine italiano. Estaba a punto de cumplir diecisiete años.

La favorita

Carlo me recibió al cabo de una media hora. Nunca había visto un despacho tan imponente y lujoso. Me quedé de piedra al ver un gran número de teléfonos alineados sobre su escritorio. «Son para las líneas intercontinentales», dijo con su irresistible sonrisa. No hablé mucho porque no sabía qué decir, pero me sentía extrañamente cómoda, como si no fuera la primera vez que iba allí. Su experiencia y mi frescura se cruzaron a mitad de camino y empezaron a conocerse.

Detrás del escritorio, Carlo tenía un baúl procedente de una película que acababa de rodar la Lollo, *Corazones sin fronteras*. Lo abrió y sacó un vestido precioso, de un tono rosa oscuro ahumado.

—Puede servirle para hacerse fotos —dijo con cortesía.

—Sí, podría ser..., no sé... —respondí con timidez. Al final lo acepté sin ni siquiera probármelo. Por otra parte, aunque hubiera querido hacerlo, no habría sabido dónde. Solo de pensarlo me ruboricé.

Aprovechando que había un plató preparado al lado de su despacho, Ponti me condujo al estudio y me hizo una audición. No fue ni fácil ni divertido y me salió fatal.

—Póngase esto —dijo el técnico con brusquedad, dándome un bañador. Me dejó sin palabras.

Nadie diría que me acompañaba el productor en persona.

«Cómo me tratarían si hubiera venido sola», pensé con horror. Me cambié detrás del biombo y me presenté ante ellos. Me sentía desnuda y la timidez me quemaba como una herida abierta. Los operadores de cámara, indiferentes, me dieron un cigarrillo. Después me dijeron que lo encendiera y que caminase a un lado y otro mirando el objetivo. No había fumado en mi vida y nunca había estado sola delante de una cámara. Tenía la impresión de estar completamente fuera de lugar y el operador parecía estar de acuerdo.

—Don Carlo, es imposible hacerle fotos. Tiene la cara demasiado corta, la boca demasiado grande, la nariz demasiado larga...

Como siempre, mi aspecto era «demasiado». Pero era lo que había. No tenía la culpa de ser como era.

Al primer intento le siguieron otros, con resultados igualmente desastrosos. Procuraba no desanimarme, pero estaba perdiendo la esperanza. A ello contribuía la rudeza de los cámaras, que no se daban cuenta de que no era más que una muchacha y de que sus palabras tenían el poder de destruirme. Por último, un maquillador con un poco más de sensibilidad o quizá más mayor acudió en mi ayuda. Puede que tuviera una hija o una hermana menor y sintiese compasión por mí.

—Don Carlo, estos no dicen más que idioteces. ¡Basta con cambiar las luces y la sombra de la nariz se acorta!

Sus palabras, tan espontáneas y verdaderas, me hicieron reaccionar. Cuando, tiempo después, Carlo me insinuó que un retoque me favorecería no le dejé siquiera acabar la frase.

—Sofia, ¿qué te parece si suavizáramos un poco ese perfil tan... importante?

—Carlo, si estás intentando decirme que para ser actriz tengo que cortarme la nariz, yo me vuelvo a Pozzuoli porque mi nariz es mía y la quiero tal como está.

—No, Sofia, pero qué dices...

—Lo he entendido, ¿eh? Pero ¿qué te crees? No soy tonta. Y no se hable más. Punto. Si te cambias la nariz, te cambia la cara y yo no quiero cambiar.

No. Yo no quería una nariz respingona. Sabía que mi belleza era el resultado de un conjunto de singularidades reunidas en una sola cara, la mía. Ganaría o perdería, pero en cualquier caso en la versión original.

Era muy joven y estaba frente a un hombre poderoso, más

mayor y con más experiencia que yo, al que le estaba tomando cariño y en cuyas manos estaban los hilos de mi destino..., ¿de dónde sacaba el valor para permanecer firme en mis convicciones? Quizá era la audacia de la juventud o una voz dentro de mí, que me aconsejaba no ceder en lo que consideraba fundamental. Creo que a Carlo también le sorprendió la firmeza que se ocultaba tras mi apariencia tímida y frágil. Siempre decía que lo primero que vio en mí fue a la artista antes que a la actriz, una luz que brillaba en mi interior. No sé qué quería decir exactamente, pero lo he tomado como un halago del que siempre me he sentido orgullosa.

En aquella época trabajaba mucho. Saltaba de un plató a otro, de una fotonovela a otra. Buscaba mi camino, aunque no era fácil. En la primera mitad del año ya había interpretado un papel secundario en *Milano miliardaria* y *Era lui... Sì! Sì!*, donde me obligaron a rodar algunas secuencias con el pecho al descubierto para el mercado francés. En el primero era una camarera y en el otro tenía un doble papel de modelo de vestidos de novia y de odalisca. Ambos estaban dirigidos por Vittorio Metz y Marcello Marchesi y aun no siendo extraordinarios había podido ver de cerca cómo trabajaban actores de la talla de Isa Barzizza, Tino Scotti y Walter Chiari. «¡Experiencia acumulada!», me decía con la sensatez que hacía de mí una mujer adulta a pesar de mi edad.

En *Ana*, de Alberto Lattuada, con Silvana Mangano y Vittorio Gassman, llegué incluso a pronunciar un par de frases. Lattuada, a quien ya había conocido un año antes durante el rodaje de *Luces de varieté*, donde interpretaba un pequeño papel, me miraba con una atención especial y me tranquilizó desde el primer momento, asegurándome que haría carrera. Aunque parezca algo sin importancia, para una joven actriz que hace sus primeros pinitos una frase así sirve de aliciente para seguir adelante varios meses.

En *Ana* y después en la película *Ha llegado el afinador de pianos* me acreditaron por primera vez como Sofia Lazzaro. Ganaba cincuenta mil liras al día, una fortuna con respecto a lo que estaba acostumbrada a cobrar.

Otro de mis primeros papeles secundarios llegó al año siguiente, durante la primavera de 1952: *Esclavas blancas*, de Comencini, con Silvana Pampanini y Eleonora Rossi Drago, ambas ex Miss Italia, y Marc Lawrence como protagonista masculino. Gracias a unas pocas horas de rodaje en exteriores cerca de Génova aparecí en el cartel de presentación de la película en Estados Unidos. «Beware! Girls marked danger!», decía. Éramos las jóvenes bellezas italianas, decididas a conquistar el mundo.

Durante esa primavera de 1952 llegó también mi verdadero debut como actriz protagonista en *La favorita*, la versión cinematográfica de la obra de Donizetti dirigida por Cesare Barlacchi. Siempre he adorado la música, la he respirado en casa desde pequeña, por eso me sentí tan a gusto en un papel tan melodramático. Trabajé mucho para prepararlo y recibí numerosos cumplidos por él. Casi me atrevería a decir que a partir de ese momento me tomaron en serio, aunque la película no fue taquillera. En las secuencias de las arias me doblaba Palmira Vitali Marini. Fue una experiencia que me sirvió muchísimo, o puede que incluso una llave maestra, cuando poco después, interpretando *Aida*, tuve que enfrentarme nada menos que con la voz de Renata Tebaldi. Más tarde tendría ocasión de encontrarme con ella un par de veces, a pesar de estar siempre ocupada en sus giras mundiales. Era una persona maravillosa; prestar mi figura a su voz fue para mí un gran orgullo.

Shantung blanco

Los tiempos de la lucha por la supervivencia parecían haber quedado atrás. Con mis primeras ganancias, acumuladas debajo del colchón, mamaíta, Maria y yo nos mudamos a una habitación amueblada, primero en via Cosenza y después en via Severano, cerca de la piazza Bologna. Estábamos un poco apretadas, pero felices de vivir juntas.

Maria, que había llegado de Pozzuoli con mamaíta, era la que estaba menos a gusto y la gran ciudad la cohibía. Era una muchacha frágil, había estado muy enferma y cuando nosotras nos trasladamos a Roma nos echó mucho de menos, a pesar del afecto y los cuidados de mamá Luisa. Su problema principal era que papá no la había reconocido nunca. Por ese motivo se avergonzaba de ir al colegio, donde todos se habrían enterado. Mientras mamaíta y yo pasábamos el día fuera, trabajando o buscando nuevos contratos, Maria, que todavía era pequeña, se quedaba sola en casa. Ahora pienso con dolor en lo que debía de sufrir, en lo abandonada e invisible que debía de sentirse. Entonces no nos quedaba otro remedio, pero sabía que era un problema que teníamos que resolver lo antes posible. Desgraciadamente, nuestro padre seguía sorprendiéndonos, y no solo por su ausencia.

Una mañana llamaron a la puerta muy temprano. Extrañadas por la hora, al abrir nos encontramos delante a la policía.

—¿Romilda Villani? ¿Sofia Scicolone? Acompáñennos.

—¿Por qué? ¿Qué hemos hecho? ¡Esto es un abuso!

Ni siquiera dejaron que nos vistiéramos y no se tomaron la molestia de responder a nuestras preguntas. Nos arrastraron hasta la comisaría, donde nos exigieron que justificásemos de dónde provenían nuestros ingresos. Alguien nos había denunciado e insinuaba que habíamos transformado nuestro piso en una casa de citas, quebrantando la ley y la moral.

—¿Una denuncia? ¿Una casa de citas? —dijo mi madre—. ¿Nosotras? ¿Quién ha sido? ¿Quién puede odiarnos hasta el extremo de urdir una difamación semejante?

Al llegar a este punto, incluso los policías estaban abochornados. Se dieron cuenta de que alguien los había involucrado en un asunto familiar que no tenía que ver con la justicia. Ese alguien era nada menos que el mismísimo Riccardo Scicolone, padre de la una y marido frustrado de la otra. No tengo palabras para expresar el huracán de emociones que nos arrolló. Sorpresa, desaliento, rabia y vergüenza se arremolinaban en nuestro interior. Recuperamos la sangre fría, logramos probar sin problema de dónde provenían nuestros ingresos y regresamos a casa. Pero la herida que nos había infligido mi padre era muy profunda y, por lo que a mí respecta, nunca podría cicatrizar.

En la habitación de via Severano, mi madre cocinaba a menudo con un hornillo en el baño, a pesar de que la dueña de la casa nos lo había prohibido. Esperábamos a que acabase de comer y se echara la siesta para preparar una salsa sencilla, con la esperanza de que el olor no nos delatase.

Es una costumbre que siempre he conservado, incluso cuando siendo una actriz ya consagrada la vida me ha llevado a viajar al extranjero y alojarme en las habitaciones de los grandes y pequeños hoteles. Si estoy fuera y siento nostalgia de casa o estoy demasiado cansada para salir, echo mano de mi hornillo. ¡Es tan fácil cocinar un plato de pasta!

De la habitación nos mudamos a un piso pequeño en la misma via Severano y empezamos a vivir como una familia de verdad. Por fin tomaba las riendas de mi vida, de nuestra vida. Mamaíta me acompañaba a todas partes, con su entusiasmo siempre enturbiado por una tendencia al pesimismo. Maria, por su parte, todavía no había alzado el vuelo, pero su momento estaba a punto de llegar. Sin embargo, en el papel de cabeza de familia seguía sujeta a las reglas de la casa Villani. Cuando volvía tarde tenía que entrar de puntillas para evitar la bronca de mamaíta.

«¿Estas son horas? ¿Con quién estabas? ¿Tú y él solos? Pero ¿quién te crees que eres? Sofia, Sofia…, no has aprendido nada de mi experiencia.

A esas alturas, cuando salía lo hacía con Carlo. Cierto, él estaba casado y debíamos tener cuidado, aunque entre nosotros todavía no hubiera nada y solo más tarde nuestro afecto se convirtiera en amor; pero entonces ya sería demasiado tarde para dar marcha atrás. Por el momento disfrutaba de la suerte que suponía tener a mi lado una persona que me entendía, que me escuchaba y me aconsejaba a la hora de elegir mis papeles, lo cual es fundamental para cualquier actor, sobre todo al principio. Yo intentaba ganar terreno evitando los pasos en falso y saber que Carlo me apoyaba era una gran ayuda. En cierto sentido, su presencia compensaba el vacío que dejó el padre que nunca tuve. Era como un ancla, como una raíz que te mantiene aferrada a la tierra mientras el resto del mundo sigue girando, inquietante, excitante y vertiginoso.

Ese hombre estaba entrando en mi vida poco a poco, sin que me diese cuenta. O quizá me daba cuenta y no quería admitirlo. Tenía mucho que enseñarme y yo quería aprender.

En 1950 había intentado entrar, sin éxito, en el Centro Experimental de Cinematografía, pero me dijeron que no cumplía con los requisitos. El sitio me gustaba mucho, había unos bonitos jardines y una gran cristalera, lo recuerdo muy bien. Era una escuela seria, quizá demasiado para mí. Mi lugar ya estaba en el plató. De hecho, fue allí donde aprendí, desde que solo era una extra y observaba con atención, intentando asimilar todo lo posible, liberándome de los lastres. Trabajaba duro día tras día, acumulando encuentros y experiencias. Carlo me ayudó a perder el acento napolitano y me enseñó a afinar la dicción. Me hacía leer en voz alta buenos libros y lo grababa para que pudiese oír mis errores, me enseñaba a dar las respuestas apropiadas en las entrevistas e incluso cómo debía vestirme.

Un día, no recuerdo con qué ocasión, se presentó con un paquete enorme cuyo envoltorio llevaba la marca de una de las boutiques más elegantes de la ciudad. Lo abrí con manos temblorosas, contenta de recibir sus atenciones. Dentro había un maravilloso traje de chaqueta de shantung blanco.

—Gracias… —murmuré emocionada.

—Deberías ponerte siempre un traje de chaqueta —respondió—. Y siempre blanco.

Yo fingí darle la razón pero sabía que no era verdad. En aquella época podía ponerme cualquier cosa, todo me favorecía.

Una de las primeras noches que salimos juntos fuimos a cenar. No estaba acostumbrada a comer en los restaurantes y mi proverbial sensatez me aconsejó pedir algo blando que no me pusiera a prueba con los cubiertos. Pedí una tortilla, y cuando estaba a punto de cortar el primer pedacito, Carlo me fulminó con la mirada. «No, con el cuchillo no…, la tortilla no se corta», susurró, escandalizado. A partir de ese día me avergonzaba tanto que ya no pedía tortilla.

Era un desafío continuo. Mi vida era como un campo minado y yo, lentamente, película tras película, cena tras cena, era cada vez más parecida a la mujer que siempre había soñado ser.

Como un pez

No sé si fue Carlo quien llamo a Goffredo Lombardo o si fue él quien se fijó en mí. El hecho es que cuando el productor napolitano me llamó en el verano de 1952 para ofrecerme el papel protagonista de *África bajo el mar*, dirigido por Giovanni Roccardi, me sentía lista para responder «sí», tal y como había hecho con Mervyn LeRoy. Sin embargo, esta vez me jugaba mucho más y corría un peligro mayor.

La película cuenta la historia de un rico empresario que costea una expedición científica al mar Rojo a bordo de su yate. Aprovecha para llevarse a su hija, mimada, siempre aburrida y rebelde, que acaba apasionándose por el submarinismo... y por el capitán. La cuestión es que gran parte de la historia se desarrolla en el agua o bajo ella.

—Señorita, usted que es de cerca de Nápoles, sabe nadar, ¿verdad? —me preguntó Lombardo.

—Por supuesto, don Goffredo —mentí sin darme cuenta del lío en que me metía—. ¡Como un pez!

No era ni la primera ni la última napolitana que no sabía nadar, pero seguramente era la única que había firmado un contrato para rodar en alta mar.

A propósito del agua, Lombardo fue el responsable de mi bautismo artístico. Lazzaro no le gustaba y Scicolone aún menos. Necesitaba un apellido corto, fácil de pronunciar y con cierta clase. Mirando fijamente un cartel que tenía colgado detrás de su escritorio de la bella actriz sueca Märta Torén, pasó revista al alfabeto hasta que se paró en la «L».: «Soren, Toren, Loren... ¡Sí, Sofia Loren!». Y ya puestos, sustituyó la «f» por «ph» y me convertí en Sophia Loren, un nombre de estrella internacional. Lástima que en Pozzuoli me llamarían «Sopia» para siempre, sin entender el motivo de ese cambio inútil.

El drama de *África bajo el mar* estalló en las costas de Ponza. Yo de pie en la borda de una lancha, las cámaras listas para rodar y el director que grita en el megáfono: «¡Tírese al agua!».

No esperé a sentir miedo, fingí hasta las últimas consecuencias y me tiré.

Una vez en el agua me sujetaron los fuertes brazos del cámara responsable de las tomas acuáticas, el hombre que en pocos días me enseñaría a nadar. Mi salvador estaba muy enfadado porque habían hecho que me tirara demasiado cerca de las hélices, poniendo mi vida en peligro. Viva de milagro, las botellas de oxígeno, los tubos de respiración, las aletas, los trajes de buceo y los cinturones de lastre no tuvieron más secretos para mí. Cuando acabamos el rodaje me había convertido en un pez y había superado otro de mis miedos.

Celeste Aida

Mi primera gran ocasión —aunque cada ocasión lo es, sobre todo al principio— llegó volando con la música celestial de Verdi. Mientras trabajábamos juntas, creo que en *Il voto*, la estupenda actriz Doris Duranti me dijo que en uno de los estudios cinematográficos más famosos de Roma, la Scalera, Clemente Fracassi había empezado a rodar *Aida*. «Ve a preguntar», me aconsejó. Tenía a mi favor *La favorita*, donde había demostrado una buena habilidad como doble de cantante de ópera. Los productores habían traído de Estados Unidos a una actriz de color, pero no estaban convencidos del todo. Así obtuve el papel. Quizá gracias también a Renzo Rossellini, hermano de Roberto y asesor musical de la película, que intervino a mi favor. No había mucho tiempo para aprender el guión, lo cual era un problema al tener que estar perfectamente sincronizada con la cantante. Pasé dos meses encerrada en el despacho de los estudios de la productora, sin calefacción en pleno invierno. Hacía tanto frío que antes de rodar me daban hielo para amortizar el efecto del vaho que formaba mi aliento. Para obviarlo, uno de los técnicos me seguía con un secador en la mano, intentando esconderlo.

Pasaba cuatro largas horas diarias en la sesión de maquillaje para transformarme en Aida, negra de pies a cabeza. Me ponían el maquillaje más oscuro en la raíz del pelo y en la frente para camuflar el tul de la peluca. Pero tengo que admitir que valió la pena. Dar cuerpo a la voz de la Tebaldi fue una emoción especial, difícilmente repetible. Al final parecíamos una sola persona. Hay que puntualizar que yo estaba entre los pocos actores del elenco que interpretaba pero no cantaba, lo que hacía aún más difícil mi papel. No debía notarse que un disco guiaba mis labios. Hasta Carlo se sorprendió. Creo que en ese momento empezó a creer en mí de verdad.

Yo también empecé a creer, y con el dinero que gané —un millón de liras—, mi madre, Maria y yo nos mudamos a un piso más grande en via Balzani. Con ese dinero también compré el honor de mi hermana. Mi padre había desparecido definitivamente de nuestras vidas y ya no intentaba quererlo. Por eso no me costó nada enviarle el caché de *Aida* a cambio de su apellido, que para mí era un cascarón vacío y para mi hermana la salvación. Maria Villani se convirtió en Maria Scicolone y por fin pudo pasar página, volver al colegio y empezar a vivir.

Es inútil seguir hablando de este triste asunto. Yo estaba en paz. Con mis medios, como pude, reviví la historia de nuestra familia para intentar comprender lo que de niña me pareció demasiado difícil de afrontar, y saqué mis conclusiones. No todos los hombres eran como Riccardo Scicolone y la historia no tenía por qué repetirse a la fuerza. Quería a mi lado a una persona diferente que me hiciese feliz. Entonces todavía no estaba segura, pero la vida me demostraría muy pronto que ya había encontrado a mi hombre ideal.

4
«¿Quién es esa zagalilla?»

El banco

«Sofia, Sofí, cuando tenías quince años me dijiste que sí.»
¿Cómo habría podido decirle que no? Sin De Sica nunca me habría convertido en quien soy ni habría encontrado mi identidad. Su talento y su confianza han sido uno de los grandes regalos que me ha hecho la vida y por ello vivirá para siempre en mi recuerdo.

Aquel día en Cinecittà —en verdad tenía diecinueve años, no quince— merodeaba de plató en plató sin buscar nada en concreto. Me gustaba el barullo, el vocerío de los extras, los decorados de cartón piedra que abrían nuevos mundos. Me pasaba los días allí porque adoraba ese ambiente, había trabajo y cada rincón ocultaba un consejo, un detalle, la ocasión de toparse con alguien importante. Como pronto aprendería, cada encuentro podía ser una oportunidad única que no había que dejar escapar.

Cinecittà era el País de las Maravillas, un escenario de sueños en construcción que se mezclaban entre sí edificando un castillo de naipes. Antiguos romanos que tomaban el café con jóvenes coristas, grandes condotieros que charlaban con bailarinas de fila, plebeyas que se comían un bocadillo en compañía de caballeros vestidos con frac. Mientras los chanchulleros de tres al cuarto iban por ahí chapuceando, los directores más apasionados discutían con los técnicos y los cámaras o pasaban revista a los extras.

Era un universo de fantasía en el que me sentía libre, persiguiendo mi destino como si fuese un espejismo. Corría y fantaseaba, a pesar de no ser una soñadora. Tenía los pies en la tierra, lista para dar el gran el salto. Era seria, puntual y fiable. Tenía muchas ganas de trabajar y estaba a dispuesta a jugármelo todo para alcanzar mi meta.

Un día, mientras cruzaba la calle, vi a dos hombres fumando sentados en un banco al sol y noté que me observaban. Uno era Peppino Annunziata, que se convertiría en mi inolvidable primer maquillador, una especie de guardaespaldas que Carlo puso a mi disposición para ayudarme en cualquier cosa. El otro era él, Vittorio de Sica, el padre del neorrealismo, el director italiano que ha sabido plasmar como ninguno la realidad. Los oí tramar algo y me di cuenta de que hablaban de mí. Su deje napolitano me transportó a casa y, mirándolos de reojo, esbocé una sonrisa.

«Sophia, Sophia, acérquese, quiero presentarle a...», dijo Peppino, al que ya conocía desde hacía algún tiempo.

Con su hermosa voz, melodiosa y amable, Vittorio se dirigió a mí y, después de hacerme varios cumplidos, soltó una de esas frases condescendientes que en aquella época los hombres solían decir a las chicas guapas.

«Este mundo es una jungla, ¡abra bien los ojos! —concluyó en tono paternal—. Pero si tiene pasión, y creo comprender que la tiene de sobras, siga su instinto y ya verá cómo todo sale bien.»

No podía creérmelo, era demasiado maravilloso para ser verdad: ¡De Sica estaba hablando conmigo!

Había empezado su gran carrera cinematográfica como actor y no fue director hasta la época de la guerra. De Sica supo captar el espíritu de la época, la llamada de la calle a la que se había lanzado con entusiasmo buscando en los rostros de la gente corriente las señales del nuevo mundo que renacía de los escombros. Dio voz a los niños y a los viejos, a los limpiabotas y a los mendigos, a las mujeres de la calle y a los jubilados. Ajeno a la retórica, Vittorio denunciaba las injusticias y se emocionaba con sus personajes.

Su experiencia como actor y su visión de director hacían de él un maestro completo que con su instinto infalible obtenía lo que quería de quien tenía delante, a veces sin necesidad de hablar. ¡Cuántas veces había hecho llorar adrede a los niños para robar sus emociones y plasmarlas en una escena! Tanto los maravillosos chiquillos de *El limpiabotas* como los mendigos de *Milagro en Milán*, los grandes actores o los que aspiraban a serlo, respondían a su llamada dando lo mejor de sí mismos.

Al cabo de un tiempo volví a verlo en las oficinas de la Ponti-De Laurentiis. Planeaba rodar *El oro de Nápoles* y Carlo, pensando que encajaba en el papel de pizzera, le había propuesto mi nombre. Él no se acordaba de mí, mientras que yo no había podido quitarme de la cabeza aquel banco donde lo había visto por primera vez. Charlamos un rato y me hizo algunas preguntas, de dónde era, qué hacía… Le hablé de Pozzuoli, de mi debut en *Sogno*, de *La favorita*, de *África bajo el mar*, de *Aida*, y le confesé el terror que sentía por las audiciones.

«Interesante», decía fingiendo escucharme. En realidad me estudiaba con su tercer ojo, el que había ejercitado para leer la mente de los actores más allá de su aspecto, con el que descubría el talento natural que se ocultaba detrás de la superficialidad de un currículo redactado con diligencia. Mientras me esforzaba por quedar bien, él no se comprometía, permanecía imperturbable, observándome. Aunque su atención me halagaba, me di cuenta de que no llegaríamos a ninguna parte. «Hay que tener los pies en el suelo, Sofí, los sueños no sirven para nada», dijo. Sin embargo, a esas alturas yo ya debería haber sabido que si no se tienen sueños nada puede cumplirse.

De repente, cuando ya me estaba resignando, Vittorio, como un prestidigitador, cortó la baraja descubriendo su as en la manga. Tuteándome por sorpresa dijo: «Mañana parto para Nápoles. Voy a rodar una serie de seis episodios inspirada en una colección de cuentos del escritor napolitano Giuseppe Marotta. El reparto es de lo mejor que hay. —Yo lo miraba embobada como un niño delante del escaparate de una juguetería—. La protagonista de uno de los episodios es una chica llamada Sofia —prosiguió con una misteriosa tranquilidad—. Eres idéntica a ella y no hace falta una audición para darse cuenta. Haré que te envíen un billete de tren a casa.»

¿Qué otra cosa podía responder? ¡Sí!

La fiebre del oro

Partí con los ojos cerrados para ir al encuentro de mi cuento de hadas.

Mamaíta, siempre desconfiada, intentó retenerme:

—Pero ¿te has vuelto loca? ¿Adónde vas con esa gente? Ni siquiera sabes quiénes son. ¿Y si no tienen buenas intenciones?

Pero yo estaba muy segura de mí misma.

—¡Qué va! —la tranquilizaba—. Todo irá bien.

En realidad estaba contenta de que me hubieran elegido, pero la ansiedad la traicionaba y se ahogaba en un vaso de agua. Se obsesionaba por tonterías.

—¿Y qué te vas a poner?

Yo ni siquiera sabía cuál sería mi papel y en realidad no me hacía ninguna falta. Todo el mundo sabe que las pizzeras de Nápoles se visten con cualquier cosa.

Con mamaíta interpretaba el papel de la hija mayor y aparentaba una seguridad que no tenía, pero por dentro estaba aterrorizada y emocionada a la vez.

«¿Sabré hacerlo? —me preguntaba—. ¿Y si De Sica se equivoca creyendo que soy una gran actriz? ¡Virgen santa! ¿Ahora qué hago?»

Recuerdo el primer día de rodaje. Era febrero de 1954 y además de hacer un frío tremendo creo que no había podido pegar ojo. Me temblaban las piernas delante del maestro y apenas me salía un hilo de voz, era muy joven. No volvía a Nápoles desde los tiempos de la Reina del Mar, donde no había sido más que una marioneta en un espectáculo ya concebido, una figurita que paseaban en la carroza. Sin embargo, ahora era la protagonista de algo que todavía tenía que suceder, allí, delante de nosotros, algo que de alguna manera dependía de mí. Los callejones de Nápoles me esperaban.

Vittorio sabía lo que quería y me enseñó el camino.

«Sofí, todo lo que necesitas está en tu interior. ¡Da rienda suelta a tus emociones! Búscalas en lo que has visto y vivido. Vuelve a via Solfatara. La clave está allí. —Había intuido que mi aspecto, tímido y despampanante a la vez, ocultaba un pozo de recuerdos intensos, una sensibilidad cuyo origen radicaba en una infancia difícil que ahora buscaba una salida para expresarse en forma de arte—. Declama con todo el cuerpo, incluso con los dedos de los pies y de las manos, pues son tan importantes como la voz, los ojos y la cara», no se cansaba de decir. Cierto, exageraba, pero esas palabras ocultaban una gran verdad. Cuando se actúa todo tu ser participa, de los sentidos a la razón, de la piel a las entrañas, de la memoria al corazón. Este es el único secreto para ser actor.

Aquella mañana estaba tan nerviosa y tenía tanto frío que bebí un traguito de coñac para darme ánimos. Después el día pasó tan deprisa que ni siquiera me di cuenta. Tras doce horas de trabajo, cuando cenamos todos juntos, yo era otra persona. Era como si Vittorio y yo hubiésemos jugado, yo delante y él detrás de la cámara, cada uno interpretando nuestros papeles, y sobre todo nos habíamos divertido. Con su tacto especial me había librado de mis aprensiones. Ambos habíamos vuelto a ser como dos napolitanos desenfrenados que improvisan con una alegría sincera. Como solía decir, «los napolitanos, como los niños, son telegénicos».

Rodamos durante veinte días que fueron veinte días de fiesta. Para los habitantes del barrio de Materdei también supuso un acontecimiento; se agolpaban en los callejones para vernos rodar, para participar de la magia de su ciudad iluminada por los reflectores del plató. Una multitud de chavalillos de la calle y holgazanes organizó tal barullo que tuvieron que llamar a los bomberos. Incendiábamos la ciudad de una alegría y una vitalidad que sentaba bien a todo el mundo. Con el transcurso de los días me sentía cada vez más segura y empecé a caminar como la pizzera: la cabeza alta, el pecho fuera y la vida por delante.

Me parece estar viendo a Vittorio detrás de la cámara, marcando las reacciones, los gestos, toda mi alma, lo que pretende de mí.

«¡Bien, sigue así!», decía por el megáfono. Yo lo miraba, incapaz de creer que me estuviese sucediendo eso. Me condujo más allá de mis límites, me ayudó a saltar por encima del muro que encerraba mis emociones más profundas. Años después haría mucho más: me llevaría de su mano al ámbito de la tragedia.

Pero entonces, aunque si lo pensamos no es tan distinto ahora, estábamos en el mundo de la frivolidad y de la simulación, donde el ritmo es una delgada línea que separa la comedia de la parodia o la vulgaridad.

La Sofia de *Pizza a crédito* regenta una modesta freiduría con su marido Rosario —interpretado por Giacomo Furia, al que un afecto fraternal me ha unido toda la vida— a la que acuden, más por su belleza que para comer su pizza, guardias nocturnos, abogados, cocheros, curas, empleados y chiquillos. Hasta el hermano pequeño del actor Giacomo Rondinella, Luciano, me hace la corte cantando sentado en su carro, haciendo las delicias de actores y público.

«Comed ahora y pagad dentro de ocho días», es el estribillo que vociferan marido y mujer para atraer a la clientela, el mismo que puede leerse en el cartel colocado bajo el rótulo de la pizzería.

«¡Venid! ¡Venid a probar la pizza de doña Sofia!»

El daño irreparable se produce una mañana, mientras todos están en misa. Mientras abraza a su fogoso amante, Sofia pierde el anillo con la esmeralda que le regaló su marido —por amor y para lucirse—, «el mejor del barrio Stella», el anillo en el que se había gastado todos sus ahorros. Su «escándalo» se convierte en la desgracia de todos y el coro popular, que no escatima comentarios, sigue a los protagonistas en la búsqueda del anillo a través de una Nápoles invernal y lluviosa.

Nunca olvidaré a Paolo Stoppa en el papel de don Peppino, el viudo inconsolable que quiere saltar desde la terraza porque lo ha perdido todo, pero que al final se consuela con un plato de espaguetis. Era un gran actor, serio y riguroso, que se divertía observando, distante pero afectuoso, mis primeros y felices pasos como actriz.

Recorrimos mucho camino, de casa en casa y de historia en historia, rodeados por un mundo que también estaba en movimiento, un mundo hecho de ironía, de tópicos, de supersticiones, de chismes, de humanidad y de murmuraciones. El mundo real, el de cada día, el que busca la manera de superar, a la napolitana, los obstáculos y librarse del yugo de los poderosos, de exorcizar la muerte —siempre acechante tras la esquina o entre las laderas del Vesubio—, de disfrutar de una *jurnata 'e sole*, como dice la canción.

En cada episodio de la serie, los protagonistas —actores magníficos todos ellos— llevan un peso a cuestas: a Totò se le ha instalado un chulo en su casa desde hace diez años; la Mangano tiene un pasado de prostituta del que espera librarse gracias a una boda reparadora; De Sica —que para interpretar volvió temporalmente entre los actores—, el vicio del juego, que por desgracia también tenía en la vida real; Eduardo De Filippo, en el episodio *El profesor*, da una lección a un viejo duque soberbio que pretende que le abran paso cuando circula con su automóvil por la calle. Enseña a la gente a protestar ridiculizándolo... ¡haciéndole una pedorreta! Pero, ojo, no se trata de una vulgar pedorreta que cualquiera sabe hacer y no tiene profundidad. La pedorreta napolitana, única en el mundo, dice el profesor, posee la fuerza de humillar al poderoso y de liberar al humillado. Ya se sabe, en Nápoles todo se mezcla, miseria y nobleza van de la mano. Intelectuales como Vittorio y Totò, Eduardo y Peppino vivían entre la gente, la conocían profundamente y la interpretaban tal cual. Y la gente lo entendía y lo agradecía.

Mi desfile triunfal por los callejones, con el anillo puesto, el escote generoso y la sonrisa descarada me consagró como actriz. Me convenció, a mí misma antes que a nadie, de que lo era. Y me puse en las manos de Vittorio, que a partir de ese momento se convirtió en un punto de referencia en mi vida. Durante veinte años y trece películas no me separaría de él. Me enseñaría todo lo que sé, me apoyaría y me guiaría, a menudo con la ayuda de Cesare Zavattini, hacia personajes adecuados a mi personalidad. Interpretaría desde el drama borrascoso hasta la comedia más ligera pero llena de insidias, porque el peligro de caer en el exceso está al acecho y es muy fácil acabar sobreactuando. Nos queríamos como padre e hija, yo lo admiraba ciegamente y él me ayudó a dar lo mejor de mí misma. Muy pronto a nuestro dúo se uniría Marcello Mastroianni, cerrando así el círculo perfecto.

Al Centro Católico Cinematográfico no le gustó *Pizza a crédito*: demasiado adulterio, demasiada alegría, demasiada sensualidad. En compensación, gustó mucho a todos los demás. La única en disentir fue mamaíta, que aderezó con su habitual optimismo la proyección de la primera copia de la película a la que, como siempre, habíamos ido juntas. Cuando las luces se encendieron exclamó con resentimiento:

—Ese Ponti te ha echado a perder..., ¡el episodio de la Mangano es mucho mejor que el tuyo!

—Pero, mamaíta, ¿qué dices? —intenté tranquilizarla—. Son dos cosas muy diferentes, cada uno es bueno a su manera. El mío es cómico, el otro dramático...

Siempre quería lo mejor para mí y no lograba superar su creencia de que el mundo estaba continuamente al acecho, listo para burlarse de nosotras, para quitarnos lo que nos pertenecía, lo que habíamos conquistado con tanto sacrificio. Las primeras desilusiones habían dejado huella en ella. Para mí era todo lo contrario, estaba proyectada hacia el futuro, hacia delante. A estas alturas nada podía detenerme.

El famoso desfile final, bajo la lluvia artificial, no solo me regaló algo de gloria y un pasaporte para el futuro, sino también una bronconeumonía de la que me costó mucho recuperarme. Una de las últimas noches, mientras estábamos todos cenando fuera, me encontré muy mal y tuvieron que llevarme al hotel. Los días que quedaban rodé con fiebre. Quizá había exagerado al querer darlo todo, pero sin duda había recibido mucho más: el «amor a la vida, la paciencia y la esperanza infinitas», como lo definió De Sica. En otras palabras, el oro de Nápoles, que muy pronto me conduciría a Estados Unidos.

La zagalilla crece

El rey incuestionable de ese reino dorado napolitano era él, el príncipe Antonio Griffo Focas Flavio Angelo Ducas Comneno Porfirogenito Gagliardi De Curtis Di Bisanzio. Lo había visto en numerosas ocasiones desde mi llegada, en 1950, a Cinecittà. Lo había observado, tímida y adoradora, en silencio, desde mis escasos años y mis modestos papeles de extra en *Le sei mogli di Barbablù* y *Tototarzan*. Antes de eso —era una cría sin trabajo y sin una lira—, había ido a verlo trabajar a la productora Scalera. Me había colado en la sala sigilosamente y un operador, supongo que enternecido por mi juventud, dejó que me sentara. Cuando Totò me vio, preguntó a uno del equipo:

—¿Quién es esa zagalilla?

Me acerqué a saludarlo, titubeante.

—Sofia Scicolone, mucho gusto...

Él fue muy dulce, me sonrió y me dedicó unos instantes de su valioso tiempo.

—¿Qué hace por aquí una zagalilla como tú? ¿De dónde vienes?

—Soy de Pozzuoli y he venido para ser actriz.

—¡Ah, el cine...! —dijo suspirando. Me regaló una de sus famosas muecas.

Por un momento, su irónica e irresistible melancolía me perteneció solo a mí. Fue como un vaso de agua fresca, lo bebí y me sentí inmediatamente más fuerte. Si Totò me había dedicado una pizca de atención, todo era posible. Eso ya era un triunfo.

Pero el príncipe no se limitó a hablarme. Al final, intuyendo lo que yo intentaba ocultar, me puso cien mil liras en la mano. Creo que vio el hambre, de comida, de trabajo, o simplemente de cine, en mi mirada. Mamaíta y yo comimos durante mucho tiempo con ese dinero. Era como si nos hubiese tocado la lotería.

Su hija Liliana cuenta que una tarde, al verme entrar en su camerino durante el rodaje de *Barbablù*, Totò casi se desmaya.

—Hay panoramas que a las dos del mediodía son peligrosos. Entre colinas y ensenadas se me ha cortado la digestión.

Tras tener el honor de conocerlo, puedo afirmar que el rey de la comicidad interpretaba siempre su papel, incluso sin las cámaras delante. Habría dado la vida por pronunciar una frase genial.

Volví a verlo en 1953 —un año denso de rodajes para mí, empezando por *Aida*— en otras dos ocasiones.

En *Miseria y nobleza*, inspirado en una farsa de Eduardo Scarpetta, es Felice Sciosciamocca, un pobretón que vive a salto de mata y cuyo nombre es una declaración de intenciones, a quien un marqués contrata junto con su familia para que se hagan pasar por los parientes de alta cuna de su novia, Gemma (la abajo firmante), con la que quiere casarse.

«¡Caramba con Cartago y con los cartagineses! —exclama Totò cuando mi novio me presenta—. Nosotros te acogeremos en el seno de nuestra familia y tú, acógenos en el tuyo...»

El príncipe era irresistible, trabajar con él disipaba cualquier miedo, la vergüenza... Se inventaba una buena parte del guion mientras actuaba y nadie lograba pararlo. Como sucede en la famosa secuencia en que se mete los espaguetis en el bolsillo, que ya forma parte de la historia del cine. Habla del hambre de nuestra gente, que es el de Polichinela y el que sentí en Pozzuoli durante la guerra. Un hambre que solo podía combatirse con el arma de la risa, con la alegría de vivir que caracteriza a los napolitanos.

Nápoles es para mí la ciudad más bonita de Italia, y los napolitanos, la mejor gente. Ha sufrido mucho y ha soportado muchas injusticias, por eso tiene derecho a un futuro mejor. Quizá por eso, cuando mi hijo Edoardo me propuso rodar *La voz humana*, de Cocteau, en Nápoles, acepté con entusiasmo.

La vida me ha llevado lejos de mis raíces, pero mi corazón se ha quedado allí, en la luz, en la lengua y en la cocina de Nápoles. Cuanto más tiempo pasa, más natural me resulta hablar en napolitano. Quizá porque es la lengua en la que logro expresar mejor cosas que no puedo decir en italiano, y mucho menos en francés o en inglés. Amo tanto el napolitano que incluso mis hijos lo entienden, y ahora hasta mis nietos.

Lo mismo puedo decir de la cocina, sus platos tradicionales me llevan a casa, a la cocina de via Solfatara donde los días transcurrían entre aromas de pobreza. Las canciones de mamá y el calor de la estufa me hacían compañía y, cuando había dinero, el borboteo del ragú en la olla.

Ahora ya no cocino muy a menudo, como poco y siempre estoy muy ocupada. Pero cuando mis hijos vuelven de Estados Unidos y me piden que les haga algo especial, me escondo en mi reino y me siento de nuevo en Pozzuoli. Lo que más disfruto cocinando es la *genovese*, la salsa para la pasta que en Nápoles es una verdadera institución. Hay que dorar cinco kilos de cebolla hasta que se pone muy blanda, después se le añade carne de ternera y se cuece a fuego muy lento durante cuatro horas. Un tiempo infinito en esta vida que va tan deprisa. El tiempo que necesito para revivir los años de mi lejana infancia.

Pero volvamos a Totò. La segunda vez que me crucé con él en 1953 fue durante el rodaje de *Nuestros tiempos*, dirigido nada menos que por Alessandro Blasetti, otro gran maestro del cine italiano que creyó en mí cuando aún no era nadie. También era una película de episodios, un popurrí que reunía a todas las estrellas de la época, desde De Sica a Mastroianni, de Yves Montand a Alberto Sordi, de Eduardo al mágico cuarteto Cetra. El guión era de Moravia, Pratolini, Marotta, Bassani, Achille Campanille, Sandro Continenza y Suso Cecchi D'Amico. Yo trabajaba precisamente con Totò, en el episodio en que a él, que hacía el papel de un fotógrafo, le robaban la cámara mientras intentaba ligar con una chica guapa, que era yo.

Se cuenta que a Blasetti le sedujo mi espontaneidad secundando al gran cómico. Me gustaba estudiar el guión a fondo y anticiparme, pero esa vez me di cuenta de que sería inútil. A Totò le gustaba improvisar e introducía visajes, inventos y sueños en la trama. Valía más dejarse llevar por su corriente y concentrarse en no quedarse atrás.

En esa ocasión, el hecho de haber crecido en Pozzuoli ayudó mucho. Nuestro común instinto napolitano —intuitivo, irónico y sagaz— encontró su reflejo en el otro y brilló espontáneamente.

No volví a trabajar con Totò. Sin embargo, a Blasetti lo volví a encontrar poco después cuando me dirigió en otra película que siempre ocupará un lugar en mi corazón.

Una ladrona en taxi

La primera que creyó en mí para el papel de Lina en *La ladrona, su padre y el taxista* fue Suso Cecchi D'Amico, la única mujer que formaba parte del grupo de los grandes guionistas de la época. «El roble en cuyas ramas ha florecido el cine italiano», como la definió Lina Wertmüller. Al leer los *Cuentos romanos*, de Moravia, se topó con un argumento interesante en el cuento «Fanático».

Recuerdo que nos encontramos un día en el tren. Le pareció verme en la estación, vino a mi vagón y se sentó a mi lado, mostrando una familiaridad que hizo que me sintiera cómoda.

—Tengo un papel para ti —me dijo, yendo al grano y mirándome directamente a los ojos.

—¡Por qué no! —respondí con mi acostumbrado arranque.

Suso había trabajado en el argumento con Flaiano, Moravia y Continenza. Después se lo habían propuesto a Blasetti, que estaba buscando un guión para una película. En un primer momento la elección recayó en la Lollo, que entonces estaba considerada la número uno, pero Suso me vio en Cinecittà mientras trabajaba con Bolognini en *Los esperamos en la galería* y mi presencia exuberante y mi alegría la impresionaron. En una escena de la película bailaba el mambo y seguiría bailándolo en *La chica del río* y en *Pan, amor y...* con un despampanante vestido rojo.

Tras aquel breve encuentro en el tren, respaldada por Flaiano y el mismo Blasetti, insistió a los productores hasta que consiguió que me diesen el papel.

Sandro estaba contento de volver a trabajar conmigo y me ofreció mi primer papel protagonista. Hasta ese momento solo los había tenido secundarios y si bien en *El oro de Nápoles* mi aparición era importante, se trataba de un único episodio. Por fin tenía la oportunidad de ser el alma de toda la película junto a dos compañeros excepcionales: Vittorio De Sica y Marcello Mastroianni. Fue el principio de un viaje largo y afortunado que me haría muy feliz.

En esa ocasión también conocí a Mara, la hija de Blasetti, que trabajaba en la producción. Aunque me había visto madera de actriz, durante mucho tiempo siguió tratándome como a una niña. Incluso ahora, cuando nos llamamos, nos reímos recordando aquella época tan feliz y nos parece que fue ayer.

En *La ladrona, su padre y el taxista*, Marcello y yo nos encontramos por primera vez en un espléndido blanco y negro, y nos enamoramos de inmediato el uno del otro. Cinematográficamente hablando, se entiende.

Todavía recuerdo la primera vez que lo vi. Estaba en la escalera del edificio en que habíamos estado rodando y él me miraba desde unos pisos más arriba.

—Hola —dijo como si volara.

—Hola —respondí, tímida y emocionada.

La sintonía fue inmediata y permaneció inalterada hasta el final. Jamás hubo nada que pudiera estropearla. Nos fuimos conociendo en la Roma alegre y luminosa de la posguerra, donde la gente volvía a viajar, a ir a la playa, a bañarse, a amarse y a divertirse. Marcello y yo estábamos a gusto juntos. ¡Una bonita pareja! Sencillos y auténticos.

En la película él interpreta el papel de Paolo, un chico amable y un poco ingenuo que ha perdido a su familia en un bombardeo e intenta salir adelante como taxista. No se resiste a los encantos de la descarada Lina, que mientras intenta robarle canturrea «Bongo bongo bongo», con adorable chulería. Mi personaje era nuevo e insólito para esa época: heredera de una familia de ladrones, sigue los pasos de mi padre, un maravilloso y sinvergüenza De Sica, en sus fechorías. Vittorio me guiaba una vez más. A mí y al joven Mastroianni, que había llegado al cine procedente del teatro.

Diez años mayor que yo y mucho más desenvuelto, Marcello llegaba al plató, encantador, pero sin saberse el papel. En compensación, yo me aplicaba como una colegiala diligente, por miedo a equivocarme y a quedar mal. Mi papel preveía escenas y monólogos larguísimos que tenía que memorizar. Recuerdo una en especial que se desarrollaba en la escalera donde había conocido a Marcello. Debía recitar un auténtico papiro y, al final, él me abrazó, riendo.

—Pero ¿cómo logras acordarte de todo? ¿Cómo?

—Porque estudio, cosa que tú no haces. Tú también podrías acordarte de todo, pero como esperas hasta el último momento…

Nos divertíamos mucho. Éramos jóvenes e inconscientes y el mundo nos sonreía.

Sin duda, una buena parte del mérito era de Blasetti, que sabía tratar a los actores: nos buscaba las vueltas, nos tenía en consideración, nos apreciaba y nos quería. Era un perfeccionista capaz de rodar veinte veces seguidas la misma secuencia. A la décima nos cogía por el brazo —a Marcello, a Vittorio y a mí— y nos decía: «Ha estado muy bien, pero…», y había que volver a empezar desde el principio.

Sandro pretendía de los demás el esfuerzo y la pasión que se exigía a sí mismo y conmigo los tenía garantizados. Quizá por eso nos llevamos siempre tan bien.

Por su parte, Vittorio era humilde y respetuoso como actor. Aceptaba todo lo que le decía el director sin protestar. A menudo era el mismo Sandro quien le pedía su opinión acerca de una escena, y la cambiaban y la volvían a cambiar cien mil veces.

«¿Qué te parece, Vittorio, la dejamos así o prefieres un primer plano?»

Tenía en gran consideración la opinión de sus colaboradores y sabía que De Sica era un valioso compañero. Formaban una bonita pareja de caballeros de otra época, de esos que ya no existen.

Blasetti tenía una técnica insuperable y un ojo extraordinario para los encuadres. Venía al plató con botas y bombachos estilo años treinta porque cuando rodaba vivía en el barro y su mujer se cansaba de lavarlo todo continuamente. A veces llegaba incluso vestido con un gracioso mono de aviador.

Inventó los traveling; para ello le pidió a una fábrica productora de carretillas de minas que le acondicionasen una para colocar la cámara. Pasaba horas y horas hablando con los operadores, adoraba el cine y a las personas que trabajaban en él. Sabía sonreír, pero tenía mucha autoridad y nos sentíamos como en el colegio.

Nuestra amistad duró toda la vida. Siempre iba buscando algo, y si hubiese nacido un siglo antes quizá habría sido explorador. Pero de momento me había descubierto a mí y yo siempre le estaría profundamente agradecida.

Ahora que acaba de morir, me he enterado de que el plató ocultaba a uno de los más grandes escritores contemporáneos: Gabriel García Márquez. Gabo, que también había llegado a Roma persiguiendo el sueño de Cinecittà y había entrado en el Centro Experimental de Cinematografía gracias al director Fernando Birri, era el tercer asistente de dirección, como contó en una entrevista. En pocas palabras, una especie de guardaespaldas. Por eso nunca pudo, a su pesar, acercarse a mí: ¡su trabajo consistía precisamente en mantener alejados a los curiosos!

Quién sabe, quizá habría sido el principio de una gran amistad.

Intermedio

Fotografías, tarjetas, cartas, poesías... La caja que contiene mis recuerdos, colocada encima de la cama, tiene el aroma de la vida y me hace viajar en el tiempo. Me devuelve a la juventud, ya lejana, y me indica el camino del mañana, una estela luminosa de recuerdos y esperanzas, de sueños todavía por cumplir.

Paladeo la tisana que Ninni me ha dejado silenciosamente en la mesilla de noche, antes de retirarse. Mañana es Nochebuena, está todo preparado, aunque me siento lejana, perdida en este río de la memoria en cuyas aguas fluye mi vida. Felicidad y melancolía se entrelazan de forma misteriosa, no puede existir la una sin la otra. Muchas de las personas que más quería ya no están con nosotros, pero siguen hablando dentro de mí, a través de los éxitos de mis hijos y de la fantasía de mis nietos, que mañana alegrarán nuestra mesa con su presencia.

Pensar en ellos me trae de vuelta al presente. Disfruto al imaginar los preparativos, todos juntos en la cocina ayudando a Livia, la cocinera, a hacer las albóndigas, una tradición familiar de Navidad. Veo sus manitas enharinadas, las bolitas de carne de todos los tamaños empanadas en pan rallado, el aroma de la fritura que templa y enciende el invierno de alegría. Pero el río me llama. Y me dejo llevar confiada por su corriente.

5
Mambo

La orquesta fantasma

Mirando las fotografías me detengo, enternecida, en una imagen que había olvidado. La mano de Carlo acariciándome la cabeza con delicadeza habla por sí sola y vale más que mil palabras. Reúne en un gesto, aparentemente insignificante, la profundidad de nuestro sentimiento. Le doy la vuelta y leo: «Verano de 1954». Durante el rodaje de *La chica del río* nos dimos cuenta de que estábamos enamorados. La chiquilla que creció demasiado deprisa se había convertido en una mujer, la extra en una actriz y nuestra relación se transformaba en amor. Estábamos en el plató, durante un descanso. A nuestra espalda, el delta del Po, con su dulce luz, el verde degradándose en azul, el agua confundiéndose con el cielo. En medio de una humedad pululante de mosquitos, actores y técnicos desplazándose arriba y abajo en bicicleta o en barca como los protagonistas de la película. Canales, pequeños puentes y el gris de la ciénaga rodeada de cañizales se diseminan por el paisaje. Más allá las dunas, el mar, que embelesa y transporta muy lejos.

La chica del río fue concebida expresamente por Carlo pensando en mí. Era una producción suya en la que no participaba su socio histórico, De Laurentiis. Si entonces hubiera sabido la enorme inversión que supuso me habría quedado de piedra. Pero, incluso sin saberlo, sentía que una gran responsabilidad caía sobre mí. Después de *El oro de Nápoles* y el golfo verano romano con Vittorio y Marcello, estaba de nuevo sola, lejos de casa y como protagonista absoluta de un melodrama con todas las de ley: una declaración de confianza por parte de Carlo en mi talento, que empezaba a florecer.

La idea de interpretar un papel dramático me entusiasmaba, ya que me daba la oportunidad de expresar mis sentimientos más recónditos, algo que en la vida real me costaba mucho hacer. Era un gran desafío, puede que demasiado grande para mí. «¿Estaré a la altura?», me preguntaba asustada. Nadie me respondía.

Para estar seguro del resultado, Carlo había pensado a lo grande, como era su costumbre, y había convocado a los nombres más importantes de la época. Al enumerarlos ahora, casi me cohíben: Moravia y Flaiano para el argumento; Bassani, Altoviti y un joven Pasolini, que acababa de llegar a Roma y ejercía de profesor en un colegio de la periferia, el guión junto con el director, Mario Soldati. También contábamos con el ferrarés Florestano Vancini, que en 1951 había rodado un espléndido documental sobre el delta del Po.

Por fin, *last but not least*, a nosotros se unió Basilio Franchina, uno de los encuentros más afortunados de mi vida. Siciliano de nacimiento, periodista, escritor y guionista, apasionado del cine y del arte, Basilio había sido ayudante de dirección de De Santis en *Arroz amargo*, un gran éxito de la Ponti-De Laurentiis. Ambientado en los arrozales de Vercelli, la película consagró a Silvana Mangano, que interpretaba el papel de escardadora acompañada por

Vittorio Gassman, estrella en ciernes, y por un guapísimo Raf Vallone, firme, juicioso y bueno. Es una gran historia de sentimientos y de denuncia social con la que Silvana conquistó la fama internacional bailando un inolvidable boogie-woogie antes de entregarse a su trágico final.

Carlo y Soldati se inspiraron en ese ambiente dominado por el agua, poblado por guapas muchachas de cabellos recogidos en un pañuelo y pantalones cortos, y desgraciados nacidos para hacerlas sufrir para crear un personaje a mi medida, abierto a los muchos registros que la película contempla, demasiados quizá, pasando de lo sentimental a lo dramático, hasta culminar en la tragedia final.

Nives, trabajadora en un saladero de pescado, es una chica independiente que vive rodeada de amigas y compañeras. Su mundo es femenino y popular, duro pero solidario. Se trabaja mucho y basta poco para divertirse. Joven y fresca, la última Miss Comacchio se resiste al cortejo del guapo Gino, interpretado por el pálido Rick Battaglia, que guardaba cierto parecido con Burt Lancaster.

«Que *bel* ritmo tiene el mambo, que sonrisa tiene el mambo», canta Nives, sensual y maliciosa, mientras sostiene el cuchillo por la parte del mango. Pero como a menudo les sucede a las mujeres fuertes y apasionadas, cuando se enamora está perdida. Una larga carrera en moto entre las ciénagas da al traste con sus últimas resistencias. La chica cede al guapo y misterioso Gino creándose la ilusión de que formará una familia con él, sueña con una casa con la cocina económica… Los pequeños grandes sueños de las chicas de la época. ¿Quién podía comprenderla mejor que yo? Por su parte, Gino, un contrabandista que no quiere comprometerse con nadie, se siente atrapado, huye de sí mismo y de la policía. Y al saber que Nives está embarazada, desaparece. Una historia conocida.

El rodaje fue muy duro, trabajamos sin tregua. A medida que el drama se iba convirtiendo en tragedia, la presión se hacía insoportable y sentía mucha ansiedad. Ansiedad que por supuesto no se manifestaba de día, cuando había que rodar, sino que afloraba por las noches, cuando todo estaba en calma y aparentemente tranquilo. Me echaba en la cama y los recuerdos de la jornada me acuciaban: las secuencias, los detalles, las instrucciones de Soldati, siempre frío, las bromas de Rick, unas frases recitadas un poco peor... Pensaba y repasaba cada detalle, dónde me había equivocado, qué podía mejorar... Y mientras daba vueltas a las cosas, me faltaba la respiración, me ahogaba. Era como si una orquesta de violines estridentes tocase en mi cabeza toda la noche y me quitase el sueño.

—Doctor, ¿qué me pasa? Tengo miedo, hace unos meses tuve una bronconeumonía...

Sospechaba que mi malestar tenía que ver con la pulmonía que había cogido bajo la lluvia artificial, rodando *El oro de Nápoles*, la que me había dejado fuera de combate hacia el final.

El médico no dudó un instante.

—No se preocupe, Sofia, es culpa de la ansiedad, sus pulmones están perfectamente. Tiene una forma de asma psicológico. Tiene que procurar mantener la calma, controlar sus emociones.

No sabía si alegrarme o preocuparme todavía más. Ya se sabe, dominar la mente no es fácil.

Carlo intentaba tranquilizarme cuando estaba, a su manera, quitándole hierro al asunto.

—No es nada, mujer. Cambia de posición y verás que los Stradivarius desaparecerán...

Pero yo sufría mucho y tenía miedo de no llegar al final del rodaje.

A medida que transcurría el tiempo, la situación fue empeorando, si bien en compensación recibí un gran regalo. En Comacchio empecé a trabajar con Basilio Franchina, del que ya no pude prescindir a partir de entonces. Nuestra relación profesional desembocó espontáneamente en una unión fraternal que me trajo alegría, me dio fuerzas y me ayudó a encontrarme a mí misma.

Al anochecer me iba a dormir acompañada por su dulce consejo.

—Sofia, ¡no empieces con los violines!

—Yo no empiezo —respondía, asustada—, pero tú no te muevas de mi lado...

En cuanto apoyaba la cabeza en la almohada, empezaba a jadear y algunas noches, las peores, me subía unas décimas la fiebre. Tenía una doble vida, activa y llena de energía durante el día y de noche en estado de shock, acorralada por la orquesta fantasma.

Basilio supo cuidar de mí, de mi fragilidad, entrando a formar parte de mi vida con delicadeza y ayudándome a superar los momentos de crisis. Me ofreció lo que solo puede regalar un amigo de verdad: me ayudó a ser yo misma.

«Aggiungi un posto a tavola»

Siempre he tenido una especie de sexto sentido para escoger a las personas con quien compartir mi intimidad, mi vida privada. Difícilmente me equivoco; cuando eso ocurre me retiro de puntillas. No me gusta herir a nadie ni que me hieran.

Por lo general, soy una persona introvertida que ama la tranquilidad y la soledad. La vida mundana me cansa, no les doy mi confianza a los extraños ni mucha importancia a los conocidos. Me fío de mi intuición, enseguida me doy cuenta por dónde va la persona que tengo enfrente, si es sincera y cuáles son sus intenciones.

La primera vez que vi a Basilio comprendí enseguida que nuestra amistad sería para siempre.

Era un palermitano inteligente y culto, muy educado, detallista. Como muchos sicilianos, era reservado y no hablaba nunca de sí mismo, ni de sus amores o ambiciones. Era amigo de Guttuso, Visconti y Rossellini, y más tarde de Pasolini. En cuanto acabó la guerra empezó a trabajar intensamente con De Santis.

En un primer momento, Carlo lo había llamado para dirigir *La chica del río*, pero después cambió de idea y lo hizo guionista y productor ejecutivo, pidiéndole que se ocupase en concreto de mis diálogos. Basilio no se lo tomó a mal y se dedicó a su trabajo con la pasión que lo caracterizaba. Mientras nos conocíamos, se dio cuenta de que yo estaba en apuros y no me dejó nunca sola. Con Soldati, un hombre de temperamento irónico y distante, no me encontraba a gusto y a menudo discutíamos en el plató. Era un intelectual frío que explicaba las cosas a su manera, sin mostrar ninguna piedad por una chica que acababa de empezar su carrera y estaba acostumbrada a dejarse guiar por el instinto.

Con Mario me sentía suspendida entre mi timidez y una creciente conciencia de cómo quería actuar, y en alguna ocasión estuvimos a punto de enemistarnos seriamente. Estaba empezando y no podía permitirme el lujo de decirle lo que pensaba, y quizá tampoco habría sabido cómo hacerlo, pero estaba segura de que no era el director apropiado para esa película y, sin duda, no supo ayudarme.

Por el contrario, Basilio comprendió al instante lo que necesitaba para dar lo mejor de mí. No me dejaba sola ni un momento y permanecía a mi lado en la sesión de maquillaje, antes, durante y después de rodar, y ahuyentaba mis fantasmas nocturnos. Cuando llegaba mi turno me enseñaba dónde estaba la cámara, las marcas en el suelo, me decía dónde debía mirar. Con una paciencia infinita empezó a aleccionarme, a sugerirme imágenes en las que inspirarme para interpretar las secuencias más dramáticas. Por las noches repasábamos en mi caravana el guión del día siguiente, estudiando los matices, buscando juntos mi cara más sensible, los sentimientos que debía despertar. Me ayudaba a convertir la inseguridad en emoción, la fragilidad en pasión. A pesar de que trabajábamos el día a día, analizando cada línea y cada frase, no perdíamos de vista la escena final, la más difícil, la que requería todo lo que podía dar.

Al principio la mencionaba vagamente, dando vueltas alrededor. Después, a medida que nos acercábamos al momento fatídico, empezó a estrechar el cerco. Además de ser un hombre de cine, era un atento psicólogo. Esperó el momento justo para hablar, el momento en que sus sugerencias podían ser más eficaces.

«Imagínate un niño pequeño, indefenso. Es tu hijo. Y tú, Nives, eres su madre. Allí afuera hay mucha agua, agua por todas partes. Y de repente, lo pierdes..., no lo encuentras... —Después aumentaba la tensión—. Mientras lo buscas, sientes que estás a punto de desmayarte, que estás enloqueciendo..., la gente quiere ayudarte, pero tú no sabes qué hacer...»

Yo estaba pendiente de sus palabras, quería creérmelo, debía creérmelo. Poco a poco, aun sabiendo que no era real, me dejaba sugestionar para ir al encuentro de mi personaje, que me estaba esperando en algún lugar. Siguiendo las enseñanzas de De Sica, buscaba en mi interior la reacción más auténtica al drama que Nives iba a vivir. No dejé nada al azar, busqué con paciencia y dedicación y hallé respuestas en los rincones más remotos e insospechados de mi alma. Trabajamos tanto que, cuando llegó el momento, respiré profundamente y acerté a la primera toma. Había vuelto a constatar que el miedo y la fragilidad pueden dar mucho de sí cuando caminan de la mano de la disciplina, la dedicación y un amigo de verdad.

Basilio se distrajo solo una vez, pero ¡lo pagó muy caro! Una actriz francesa, Lise Bourdin, interpretaba a mi antagonista en la película, Tosca. Cuando por fin, después de haberla cortejado sin cesar, Basilio logró llevársela a la playa para hacer el amor en un rincón oculto entre las matas, la ropa de ambos desapareció. No sé cómo volverían al hotel esos dos amantes imprudentes. Robarían una sábana tendida o saldrían a la carrera..., quién sabe. El hecho es que se enteró toda la *troupe* y sirvió de chiste durante mucho tiempo.

Basilio fue un faro para nuestra familia: para Carlo, para mí, para los dos. Vivió de cerca mi fatigosa búsqueda de la maternidad y cuando nació Carlo Jr., mi primer hijo, en Ginebra, se emborrachó tanto que se perdió bajando la escalera de la clínica porque no sabía dónde estaba. Adoraba a los niños y cuando venía a vernos pasaba los días enteros jugando con ellos. Incluso ahora que tienen cuarenta años, Carlo y Edoardo lo recuerdan con nostalgia. «Ojalá Basilio pudiese ver a nuestros hijos, sería maravilloso...»

Nuestro querido amigo murió en Roma en 2003. Se marchó

estando solo en su casa y nos dejó un vacío que intento llenar cada día con los recuerdos de nuestra larga vida juntos, con el afecto profundo que nos profesábamos. Nos quería a todos de la misma manera y a cada uno le reservaba un cariño especial. Bien pensado, no era un amigo de la familia, era uno de nosotros.

Pero *La chica del río* tenía otro regalo más para mí: el encuentro con el maestro Armando Trovajoli, que compondría las bandas sonoras de mis películas más importantes, desde *Dos mujeres* a *Ayer, hoy y mañana* y *Una jornada particular*. Era un colaborador de confianza de la Ponti-De Laurentiis y uno de los compositores más apreciados de la escena italiana. Fue el alma de Roma, la banda sonora de nuestras vidas. Gran pianista y aficionado al jazz, tocó con los intérpretes más grandes como Louis Armstrong, Miles Davis, Duke Ellington, Chet Baker y Django Reinhardt. Cuando lo conocí dirigía la orquesta de música ligera de la radiotelevisión italiana, la RAI, y junto con Piero Piccioni tenía un importante programa semanal radiofónico, *Eclipse*. Dino y Carlo lo habían llamado para *Arroz amargo* primero y para *Ana* después. La secuencia de la Mangano bailando «El negro zumbón», donde yo interpreté un pequeño papel secundario, se convirtió en un éxito internacional.

Armando se casó con Anna Maria Pierangeli, pero sufrió muchísimo. Después con la encantadora Maria Paola Sapienza, que lo quería con locura. Vivían de la música en su hermosa casa de l'Olgiata. En los años sesenta y setenta se convirtió en un protagonista de la comedia musical junto con el dúo Garinei-Giovannini. Basta con pensar en la famosa canción «Roma nun fa la stupida stasera», de la comedia musical *Rugantino*.

Cada año, al principio de las fiestas de Navidad, la primera llamada que recibía era la suya. O bien la mía para él. Siempre fue así, hasta el final.

—¡Hola, Sofia! *Aggiungi un posto a tavola...* —canturreaba, imitándose a sí mismo y la comedia que había musicado con tanto éxito.

—*... che c'è un amico in più...!* —proseguía yo, contenta de oírlo.

Nos divertíamos como niños. Sin él, la Navidad ya no es la misma.

Creo que ya nos habíamos cruzado en *Dos noches con Cleopatra*, pero fue durante el rodaje de *La chica del río* cuando nos conocimos de verdad y surgió el afecto mutuo. Me encantaba cantar, en casa cantábamos todos: mamá, mamaíta y Maria. Yo era la menos dotada, y sobre todo la más tímida. Cantar en público me daba vergüenza, y sin embargo me gustaba mucho y me sigue gustando.

Aun sabiendo que mi voz no había sido educada, Trovajoli vio en ella un matiz brillante y sensual y prefirió no impostarla mucho para que conservase su espontaneidad, como había hecho De Sica con la interpretación. Me dio seguridad, algunos trucos técnicos y mucha alegría. Y me regaló una canción.

En 1958 escribió para mí «Che m'e 'mparato a fa'», con texto de Dino Verde. Fue un triunfo. Me la hizo a medida, adaptando las notas a mis cuerdas vocales. Nunca hubiera soñado que alguien escribiese una canción para mí, mucho menos un maestro como él.

Cuando murió el año pasado, a los noventa y cinco años, se llevó otro capítulo de mi cuento de hadas. Para despedirme de él canté para mis adentros: «Capre, Surriento e 'sta luna... se ne so iute cu' tté».

El anillo

El fin del rodaje de *La chica del río* supuso para mí el principio de una nueva vida. Tal y como había llegado, el asma desapareció de repente, revelando su origen psicosomático. Había ganado dos amigos, un papel dramático en mi carrera, que transformaba la pizzera de *El oro de Nápoles* en una actriz completa y, sobre todo, un anillo.

Sí, porque el último día de rodaje Carlo se presentó con un estuche. Durante un descanso me llevó aparte y me lo dio sin pronunciar palabra. Nunca habíamos hablado de nuestra relación y tampoco lo hicimos en ese momento. Fue un instante luminoso, silencioso y eterno. Salí corriendo y en cuanto doblé la esquina me eché a llorar de alegría. Ines Bruscia —la secretaria de edición que pronto se convertiría en mi mano derecha y estaría siempre a mi lado, en la vida privada y en el trabajo— me siguió preocupada sin comprender qué pasaba, pero al ver por qué lloraba ella también se conmovió. Es una mujer reservada que ha estado presente en nuestras vidas con un afecto recatado y eficiente. Sin ella no me habría convertido en la persona y la actriz que soy.

Volví a Roma con un bagaje de experiencias importantes, más miedos vencidos y un anillo en el dedo. Cuando, orgullosa, se lo enseñé a mamaíta levantando bien la mano para que el brillante resplandeciese más, me dijo la única cosa que se podía esperar de una madre, sobre todo de una madre como ella, con su carácter y su pasado: «¿Qué haces? ¿No ves que está casado, tiene dos hijos y veinte años más que tú? ¿Qué esperas? Acaba con esa relación mientras estés a tiempo, mientras puedas empezar de nuevo. Eres aún tan joven... Pero ¿habéis hablado del futuro?», preguntaba con insistencia. Yo no sabía qué responder. Solo sabía que lo quería y que era el hombre de mi vida.

Mi madre, Maria y yo nos mudamos de via Balzani a via de Villa Ada, en el barrio Salario, cerca de las catacumbas de Priscilla, aunque yo pasaba cada vez más tiempo con Carlo, en su gran piso de Palazzo Colonna, en piazza D'Aracoeli, encima de los estudios. Su matrimonio estaba acabado desde hacía tiempo, pero el hecho de que tuviese dos niños pequeños me entristecía y me hacía sufrir, por ellos y por nosotros. Sin embargo, no podía hacer nada. Habría deseado que las cosas fueran más deprisa, que nuestra relación fuese más clara y transparente a los ojos de los demás, pero tenía fe en nuestro amor y ahora me sentía por fin preparada para vivirlo.

El año 1954 estuvo lleno de cambios, de sorpresas. Crecía, rápida e irreversiblemente. Había conocido a De Sica y a Marcello, trabajado a las órdenes de Blasetti y Soldati, cantado e interpretado con grandes maestros, pasado de la comedia a la tragedia manteniéndome fiel a mi identidad y consolidado mi relación con Carlo. Estaba convirtiéndome en una estrella del cine y el mundo empezaba a hablar de mí.

En primavera había estado en Cannes por primera vez para presentar *Carrusel napolitano*, de Ettore Giannini, considerado el único musical italiano a la altura de los estadounidenses, en el que había interpretado un pequeño papel cantando, doblada, «'O surdato 'nnammurato».

En junio también había estado en Berlín. De esa ocasión guardo una foto famosa donde aparezco en compañía de Gina Lollobrigida e Yvonne De Carlo. Y en octubre, a la vuelta de Comacchio, en Londres, donde me habían invitado a participar en el Festival del Cine Italiano.

En diciembre estrenaron *El oro de Nápoles* y *La chica del río* y en Navidad estaba en Milán por primera vez. Vestida de pizzera, distribuía centenares de pizzas entre los fans que se habían agolpado en la piazza San Babila. A mi llegada, una multitud jubilosa me esperaba en la estación e incluso me recibió el alcalde, Virgilio Ferrari. De repente me había convertido en una estrella del cine y tenía un equipo de prensa ocupado en difundir mi imagen, pero en mi interior seguía siendo una muchacha de ojos grandes que quería convertirse en actriz, casarse y tener hijos como las demás mujeres. Tenía altibajos, como todo el mundo, y seguía trabajando con pasión y disciplina, como siempre. Iba creciendo dentro del cuento de hadas que construía día tras día, frase tras frase, página tras página.

La suerte de ser Sophia

La chica del río me dio otra maravillosa sorpresa. Un día, mientras rodábamos las secuencias finales en el faro de Punta Pila, vi llegar una barca con un hombre que remaba con la soltura de quien no ha hecho otra cosa en toda su vida. Creí que era un pescador del puerto que se acercaba a curiosear, pero cuando estuvo más cerca reconocí al hombre en bañador y con la camiseta en la cabeza para protegerse del sol, y me quedé de piedra.

«He venido a decirte que quiero que interpretes mi próxima película», dijo la extraña aparición sin saludarme siquiera. Me eché a reír y lo abracé muy fuerte. Era Sandro Blasetti y se refería a *La suerte de ser mujer*, película en la que trabajé al año siguiente, de nuevo con Marcello. Pero antes me quedaban por superar otros dos pequeños desafíos.

El año 1955 comenzó bien. El 15 de enero, en la Gran Gala del Cine, la revista *Guild* me citó entre las cuatro actrices italianas más importantes junto con Anna Magnani, Gina Lollobrigida y Silvana Mangano, que habían recibido el mismo premio en las ediciones precedentes. Fue un reconocimiento importante, una confirmación de que mi éxito iba en aumento.

Trabajaba desde hacía algunas semanas en el plató de *El signo de Venus*, una comedia brillante con un reparto excepcional: De Sica, Peppino de Filippo, Raf Vallone, Tina Pica, Sordi y, sobre todo, Franca Valeri, que había contribuido a escribir el argumento y el guion. La comicidad de la película residía en jugar con inteligencia y humor con nuestras diferencias físicas, geográficas y lingüísticas, lo cual no solo divertía a los espectadores, sino también a nosotras, que nos moríamos de risa mientras rodábamos. Nos dirigía Dino Risi, y era la primera vez que trabajaba con él.

Yo interpretaba a Agnese y, como dice Franca en el papel de la prima Cesira —que llega a Roma desde Milán en busca de amor y trabajo—, «camino para fuera», jugando con esa pizca de provocación que obliga a los hombres a volverse para mirarme. A la prima, por el contrario, no la mira nadie. Cesira se atiborra de patatas y se deja convencer por la señora Pina, la quiromántica, de que está atravesando el signo de Venus, un breve período de un mes más o menos en el que, si mantiene los ojos bien abiertos, quizá encuentre a su príncipe azul. El problema es que todos los hombres que conoce —fotógrafos, poetas, guardias urbanos, comerciantes de coches robados— se enamoran de la prima Agnese y solo piensan en su propio interés. El final es agridulce: la pobre Cesira se queda sola y desilusionada. Su sueño romántico se esfuma.

Franca Valeri es una mujer fuera de lo común que me ha dado mucho. Siempre nos hemos querido y seguiremos haciéndolo.

Aquel verano volví a trabajar con Risi y con De Sica en el tercer capítulo de *Pan, amor y...* Los dos anteriores, *Pan amor y fantasía* y *Pan, amor y celos*, dirigidos por Comencini, habían obtenido un éxito triunfal gracias a la presencia de Gina Lollobrigida, que se convirtió en la Bersagliera a partir de ese momento, y a la magnífica interpretación de De Sica, un maduro pero todavía atractivo subteniente de carabineros trasladado de su Sorrento natal a Sagliena, en los Abruzos. Con esa película la Lollo se convirtió en la primera estrella italiana prototipo de la *maggiorata*, es decir, la mujer exuberante de formas generosas, como la define De Sica en *Sucedió así*. A mí y a otras actrices de la época también se nos incluyó en esta categoría, reuniendo bajo esa etiqueta a intérpretes muy diferentes que no tenían prácticamente nada en común, como prueba el hecho de que seguimos caminos muy diferentes.

El mundo estaba cambiando, la guerra había quedado atrás y se empezaban a apreciar las primeras señales del auge económico. Nuestro cine iba perdiendo el carácter realista en favor de la taquilla. Sin embargo, gracias a los actores, guionistas y directores, la comedia italiana logró producir verdaderas obras maestras capaces de contar todos los matices de un país que progresa.

En el tercer *Pan, amor y...* Gina Lollobrigida se echó atrás.

Quizá no quería que el papel de la Bersagliera la encasillara o, como le gustaba cantar —tenía una voz preciosa— y aún no había tenido la oportunidad de hacerlo en el cine, se dejó tentar por la ocasión que le ofreció *La mujer más bella del mundo*, cuyo tema era la vida novelada de la cantante Lina Cavalieri.

Cuando me ofrecieron su papel no dudé en aceptar. La prensa aprovechó la ocasión para especular alrededor de una rivalidad que no tenía razón de ser; éramos dos actrices muy diferentes y el éxito de la una no tenía que acarrear a la fuerza el fracaso de la otra. Así va el mundo y así iba Italia, que fundaba su bienestar en los antagonismos: Coppi-Bartali, Tebaldi-Callas y, por qué no, Lollo-Loren. Pero tanto Gina como yo trabajábamos duro y no perdíamos el tiempo en polémicas.

El papel en *Pan, amor y...* era muy apetitoso y no tenía ningún motivo para dejarlo escapar. El solo hecho de trabajar con De Sica ya era suficiente para mí. Me divertía con él, descubría muchas cosas y a su lado lograba exteriorizar aspectos de mi carácter que normalmente no mostraba. Gracias a su alegría, a su experiencia y a su ojo infalible, me exponía y mejoraba espontáneamente. En una palabra, aprendía el oficio. Además, la película se rodaba en nuestra tierra y nos dirigía un director, Risi, que me entendía y sabía valorarme.

Así que desembarcamos en Sorrento, donde Vittorio, el oficial y caballero Antonio Carotenuto, recién llegado de los Abruzos, acepta el nombramiento de jefe de la guardia urbana, metropolitana la llamaban —o «metrotulipana», como dice la gran Tina Pica en el papel de su fiel ama de llaves, Caramella— para huir de la melancolía de la jubilación. Al volver se encuentra esperándolo a doña Sofía, o sea a mí, una pescadera bravucona que ha ocupado su casa como inquilina y que no tiene ninguna intención de abandonarla.

La pescadera vende pescado como la pizzera vendía sus pizzas: «Marisco, fruto del mar, fruto del amor, fruto del corazón es fruto embaucador... Salmonetes rojos, salmonetes vivos...». Sofía me ofrece la posibilidad de soltarme, sobre todo porque sé que Vittorio me cubre las espaldas. «Doña Sofí, me habéis vulcanizado», dice el tenorio vestido con el uniforme de gala de la guardia urbana. La película es un nuevo estallido de alegría y vitalidad que culmina en la legendaria secuencia final donde bailamos el mambo italiano, yo vestida de rojo y él mirándome perplejo desde lejos, intentando alcanzarme.

Sin quitar ningún mérito a la despampanante fotografía de Peppino Rotunno, quizá la secuencia está tan lograda gracias a la espontaneidad de la improvisación. No es casual que no estuviese prevista en el guión. Nos nació de dentro como nace un gesto, las ganas de un paseo o de tomarse un helado.

—Comandante, ¿bailamos un mambo?
—¿De qué se trata?
—De un baile brasileño.

Hubo quien identificó la película con la muerte del neorrealismo. Sin embargo, la Academia de Cine italiano la consagró con dos David de Donatello y el público la convirtió en un éxito de taquilla. La pizzera en blanco y negro se había transformado en una pescadera en colores, quizá menos auténtica, pero sin duda más moderna y popular, si cabe.

Mi nombre dio la vuelta al mundo y podía presumir de la portada de *Life* y de *Newsweek*.

En otoño volví a rodar con Marcello en *La suerte de ser mujer*, para cuyo papel protagonista Blasetti me quería a mí. La película describe a la perfección el mundo de las actrices en ciernes, de los *paparazzi* y de la crónica rosa que animaba la Roma de entonces. Para Marcello fue el ensayo general para *La dolce vita* y para mí un punto y aparte, pues, a partir de ese momento Sofia se convirtió en la verdadera Sophia, la que estaba lista para desembarcar en Estados Unidos.

6
Las rosas de Cary

«Happy thoughts»

Mi primer contacto con el cine estadounidense está marcado por la sonrisa de Cary Grant, por su elegancia y su paso ligero. ¡Cuántas mujeres hubieran querido estar en mi lugar! Pero me había ocurrido precisamente a mí, a pesar de mi inseguridad y de mi pasado, gracias a mi ambición constante por mejorar. Quería mostrarme a la altura de la ocasión. Sentía sobre mis hombros el peso de la responsabilidad, un deber al que tenía que entregarme en cuerpo y alma. Nada más y nada menos. Cuando llegó el momento dejé de hacerme preguntas, superé el miedo y me puse manos a la obra.

Unos meses antes, Carlo —que empezaba a recibir ofertas internacionales para mí— me había mandado un telegrama desde Los Ángeles, simple y conciso como el de un padre: «Sophia, ¡si quieres conquistar Estados Unidos tienes que aprender inglés!».

Mientras lo escribía ya estaba al teléfono con la mujer que lo haría posible: la inolvidable y mítica Sarah Spain.

—Miss Spain, soy Ponti, ¿qué planes tiene para los próximos meses? —Sin que la pobre mujer tuviese tiempo de responder, prosiguió—: Miss Loren tiene que aprender inglés. Tiene que llegar a pensar, a comer y a soñar en inglés. Tiene que «vivir en inglés» como si hubiera nacido en Dublín o en Nueva York. Usted se convertirá en su sombra, estará de manera permanente a su lado y aprovechará cualquier ocasión...

—Pero, yo...

—Le ruego que me diga que sí. Si tiene compromisos que se lo impidan, olvídelos. Empezamos mañana por la mañana.

Sarah era irlandesa y su acento poseía la musicalidad dulce del inglés de allí. Morena y algo metida en carnes, parecía rodar en lugar de andar. Tras un primer momento de duda aceptó el ambicioso encargo interpretándolo literalmente. ¡No era una maestra, era una acosadora! Llegaba al plató —en septiembre de 1955 estábamos rodando *La suerte de ser mujer*— dos horas antes de la sesión de maquillaje, me perseguía en los descansos, comía conmigo y por las tardes me acompañaba a casa. Cuando me entretenía a charlar con Marcello o con Blasetti me arrastraba sin piedad. «Sophia, come along, take a look at this, what do you think of that? Would you like a coffee? What about your next film?» Mastroianni se encogía de hombros y me miraba divertido. «Si te toca, te toca. ¿Qué le vas a hacer?»

Sarah empezó por la gramática y prosiguió con T. S. Eliot y Bernard Shaw, sin olvidarse de los dibujos animados, de las canciones, de las revistas y de los periódicos. Leíamos el *Times*, *Vogue*, a Shakespeare, a Jane Austen, *Mujercitas* y las viñetas de Mickey Mouse. Escuchábamos a Sinatra y a Louis Armstrong. Me hacía aprender de memoria a Gershwin y Cole Porter, hablábamos de ropa, de sombreros, de comida y de actualidad. Repasábamos pacientemente las palabras técnicas del cine: plató, luces..., ¡acción! Y vimos juntas las películas de mi infancia para que me familiarizase con los acentos de las estrellas que había admirado. ¡Qué emoción oír sus verdaderas voces! Suaves, irónicas, tan ajenas al tono encorsetado de los dobladores italianos que, a pesar de todo, habían hecho milagros. Verlos me confundió y me divirtió.

Sarah no me dejaba ni a sol ni sombra y yo la seguía, dócil y tenaz, ayudada por la suerte de contar con un buen oído. Hacía los deberes con diligencia, mejoraba día tras día, pero nunca era suficiente, pues mientras tanto había ocurrido un milagro. Y ya se sabe, los milagros no tienen paciencia.

Carlo se había enterado de que Stanley Kramer, el productor de *Solo ante el peligro*, estaba en España preparándose para rodar una película histórica sobre las guerras napoleónicas. Al principio se había pensado en Brando y Ava Gardner para los papeles protagonistas. Más tarde, cuando Marlon rechazó la oferta, pensaron en proponérselo a Frank Sinatra, que sin embargo estaba a punto de divorciarse de Ava…, el típico enredo de Hollywood. El único coprotagonista seguro era Cary Grant, que además tenía el derecho a aprobar a sus compañeros de rodaje por contrato. Seguramente no se contentaría con trabajar con una actriz medio desconocida, y encima italiana.

Como era su costumbre, Carlo no se amedrentó, llamó a Kramer por teléfono y lo invitó a Roma para que pudiera ver *La chica del río*. En cuanto acabó la proyección, el director se anticipó cogiéndolo desprevenido:

—¿Qué le parecen doscientos mil dólares para Miss Loren? Creo que sería perfecta para ese papel.

Carlo no perdió la compostura y dejó pasar unos segundos.

—Es una propuesta interesante. Déjeme pensarlo, tengo que

repasar su agenda, pero en principio diría que sí, es factible —respondió Carlo fingiendo cierto desapego.

Aquella misma noche, mientras esperábamos que Stanley se uniese a nosotros para cenar, me comentó: «Ha sido la decisión más fácil que he tomado en mi vida».

Era un caché de estrella. Ahora debía demostrar que lo era.

Una vez firmado el acuerdo a finales de diciembre, la máquina del cine de la United Artists se puso en marcha. Era el principio de 1956, la Olimpiadas de Invierno se celebraban en Cortina d'Ampezzo y en Montecarlo se llevaban a cabo los preparativos para la boda del príncipe Rainiero con Grace Kelly. Pocos meses más tarde se casarían Arthur Miller y la desdichada Marilyn Monroe. Mientras el sueño soviético empezaba a resquebrajarse, en Italia se colocaba la primera piedra para construir la autopista del Sole. El mundo cambiaba vertiginosamente y yo me preparaba para enfrentarme a él con la cabeza muy alta.

En febrero viajé a España para hacer una primera toma de contacto. En el aeropuerto de Barajas recibí una gran sorpresa: quinientos fans me vitoreaban al grito de «¡Guapa! ¡Guapa!». Pero no era lo único que me esperaba.

En Madrid también conocí a Lucia Bosé, mi mito de juventud, y a su fascinante marido Luis Miguel Dominguín, el gran matador. ¿Qué mejor compañía para conocer el mundo de los toros? Un paseo entre amigos, pasar juntos un rato..., la ocasión para sacar algunas fotos originales.

Era una límpida tarde de invierno cuando me encontré delante de la plaza de toros de Las Ventas. Con la inconsciencia de los veinte años decidí bajar al ruedo vacío yo sola. Me sentía invencible, como si el traje de torero fuera suficiente para protegerme. Fue entonces cuando Dominguín, quizá para gastarme una broma, hizo soltar al toro. Fueron unos instantes. Mientras una nube negra galopaba hacia mí para empitonarme, una mezcla de excitación y miedo difícil de olvidar se apoderó de mí. Dominguín, que era un bromista pero reconocía el olor del peligro, se lanzó al ruedo y me sacó de allí. Lo miraba, jadeante y cubierta de polvo, riéndome, sin darme cuenta del peligro que había corrido.

Para ver la última parte de la corrida, la suerte suprema, fui mucho más prudente y, cumpliendo órdenes, me refugié en el callejón de debajo de las gradas de los espectadores, dejando la escena a Dominguín. Disfrutaba del espectáculo pensando en cuantas veces, de niña, había visto *Sangre y arena*, obligando a quien me acompañaba al cine Sacchini, mi madre o la tía Dora, a verla hasta dos o tres veces. Estaba perdidamente enamorada de Tyrone Power y por las noches me dormía pensando en doña Sol des Muire, que tenía la cara, y sobre todo el cabello de Rita Hayworth.

Mi infancia continuamente salía a mi encuentro para emocionarme. Incluso cuando ya había encontrado mi camino no podía olvidar quién era cuando, asediada por el hambre y la guerra, sin un padre que me protegiese, lo único que podía hacer era soñar. Palillo, con sus problemas y sus fantasías, nunca me ha abandonado del todo advirtiéndome incluso ahora que no dé nada por descontado. Esa ha sido siempre mi verdadera suerte, la que me ha permitido ser feliz cada día por las cosas buenas que he hecho, apreciando la distancia recorrida. El cuento de hadas sin la vida pierde toda su magia y lo mismo ocurre al contrario. Lo bueno es saber caminar por en medio, sin renunciar ni al uno ni a la otra.

Si bien me había enfrentado a un toro desbocado, lo más difícil de superar todavía estaba por llegar. En abril se celebró un cóctel a la americana en el Castellana Hilton de Madrid para presentar la película a la prensa y presentarme a mí a Frank Sinatra y Cary Grant. Confieso que nunca he estado más nerviosa en toda mi vida. Me cambié ocho veces de vestido, probé once peinados diferentes y subí y bajé de tacones de varias alturas sin convencerme ninguno. Mientras me maquillaban repasaba las frases con Sarah que hacía el papel ahora de Frank Sinatra, ahora de Cary Grant o de los periodistas, listos para pillarme en algún error. Me bombardeaba a preguntas y yo intentaba responder apropiadamente: *I'm so pleased to meet you, Mr Grant... I'm looking forward to working with you, Frank... Sure, I love singing... No, it's my first time in Madrid... Yes, of course, you're right, my English is still short of shaky but it's getting better every day. I beg your pardon?... Oh, yes, I definitely enjoy eating paella...* Intentaba concentrarme en el idioma y pensaba en los dos monstruos sagrados que estaba a punto de conocer. Habría estado igual de nerviosa si hubiesen sido napolitanos. Me temblaban las piernas y buscaba desesperadamente la expresión justa que dirigirles. Lo bueno fue que me concedieron tiempo más que suficiente para prepararme. Cary Grant llegó con dos horas de retraso y Frank Sinatra con casi cuatro, cuando ya lo daban por desaparecido.

La sala estaba atestada de periodistas y fotógrafos, se hablaba exclusivamente en inglés, con muchos acentos diferentes. No me enteraba ni de la mitad de lo que me decían, pero en compensación ofrecía una amplia variedad de sonrisas alternando la dulce, la sexy, la misteriosa, la inexpugnable…, ¡como en las fotonovelas!

Cuando vi el inconfundible perfil de Cary Grant recortándose contra la puerta pensé que me desmayaría. Había llegado nuestro momento. Hice acopio de valor y fingí una desenvoltura que no tenía mientras él se acercaba. El esmoquin con las solapas de raso, las canas en las sienes y los ademanes elegantes me cortaron la respiración. Parecía recién salido de la pantalla, un sueño convirtiéndose en realidad. «¿Y yo qué hago aquí? —pensé mientras nuestras miradas se cruzaban—. Quiero huir de aquí.»

Demasiado tarde. Me tendió la mano y mirándome con una pizca de malicia bien estudiada dijo: «*Miss Lolloloren, I presume? Or is it Miss Lorenigida?* Vosotras las italianas tenéis unos apellidos tan raros que no logro recordarlos».

Muy gracioso… Por aquel entonces no se hablaba más que de nuestra rivalidad y la broma me molestó. Me sentí incómoda y el ambiente se me antojó poco propicio. «Esto es insoportable», pensé.

Pero después me dio por reír. Toda emperifollada para el cóctel, decidí tomar el camino más fácil, o sea la espontaneidad. Abandoné la actitud de estrella y me comporté como quien era. Empecé a estudiar sus jugadas, a sostener su mirada inteligente, a observar sus gestos seductores, ese inclinar la cabeza mientras te escuchaba con suma atención. En resumen, aprendí a conocerlo, a apreciar su sentido del humor, a hacerle reír. ¿Quién podía resistirse a Cary Grant? Fue el principio de una gran amistad, de una relación especial que el tiempo ayudó a consolidar, pues el rodaje de *Orgullo y pasión* duró seis largos meses durante los cuales logramos echar abajo la fachada de estrellas y revelar nuestra verdadera personalidad.

Cruzamos las zonas más escabrosas de Castilla y León, de Segovia a Salamanca, de Burgos a Palencia, siguiendo un cañón, el verdadero protagonista de la película. La *troupe* estaba formada por cuatrocientas personas entre técnicos, operadores, actores e incluso expertos en asuntos militares. Ninguna taquilla podría compensar esos enormes gastos de producción. Alrededor de los tres personajes principales —Grant, Sinatra y yo— pululaba un ejército de extras necesarios para ambientar las grandes batallas campales. Pasamos las últimas semanas bajo las poderosas murallas de Ávila, a la espera de expugnarlas en compañía de —según la crónica— tres mil seiscientos ochenta y cinco soldados. Trabajamos en duras condiciones, hacía mucho calor y en el plató reinaba la confusión. Me recordaba el rodaje de *Quo vadis?* en Cinecittà y pensaba de nuevo en la sensación de emoción y de impotencia que siente el debutante en su primera prueba, aunque intentaba no divagar y concentrarme en mi papel. Mi resistencia y mi buen humor sorprendieron a todo el mundo.

Sinatra era un hombre encantador, bueno y divertido, aunque en esa época lo estaba pasando muy mal a causa de Ava Gardner y no estaba de buen humor. Bromeaba, pero lloraba lágrimas amargas por dentro. Me tomaba el pelo con afabilidad, poniendo patas arriba mi inglés endeble al hacer pasar expresiones obscenas por elegantes frases hechas y se portaba bien con Maria, que mientras tanto se había unido a nosotros con la esperanza de convertirse en cantante. Él no cantaba nunca en el plató, si bien en su camerino había una amplia discoteca de música clásica: Bach, Beethoven, Verdi, Scarlatti... Me abrió las puertas del jazz y dio a conocer a Ella Fitzgerald, que según él era la cantante más grande de todos los tiempos. Era iracundo, generoso, imprevisible y sincero y me hizo mucha compañía.

Pero quien me conquistó, con sus buenos modales y su alegría de vivir, fue el reservado Cary. La primera vez que me invitó a cenar fuera, pensé que no había comprendido bien y se me escapó un ingenuo:

—*You and me? Out for dinner? Are you sure?*

¿Qué podía ver en mí, una chica italiana que apenas hablaba inglés y a quien doblaba la edad? No se inmutó.

—*Yes, darling, you and me, out for dinner...*

Había conseguido un flamante MG rojo —sus deseos eran órdenes— con el que recorrimos la encantadora campiña española. Fue una velada mágica, fuera del tiempo, durante la que hablamos como viejos amigos, embriagados por los aromas de una primavera avanzada.

—Cuéntame cosas de ti... —decía yo. Él me las contaba con ligereza.

—Hollywood es como un cuento de hadas, con reglas muy sencillas. Si logras entenderlo puedes evitar que te devore —decía, intercalando comentarios acerca de los platos que habíamos pedido.

Me fascinaba su humor seco, su sabiduría afectuosa, su experiencia. Aprendí mucho de él simplemente observando su actitud frente a la vida y a nuestro trabajo.

Empezamos a pasar juntos cada vez más tiempo. Yo tenía veintidós años y esa vida que iba tan deprisa me aturdía. Él, a sus cincuenta y dos, era un hombre que había vivido y sufrido intensamente, a pesar de tenerlo todo en apariencia.

Archibald Alexander Leach —ese era su verdadero nombre— iba por su tercer matrimonio, tenía una extraordinaria carrera a sus espaldas, muchos éxitos aún por conquistar y había dejado atrás una infancia desdichada. Su madre nunca se repuso de la pérdida de su primer hijo, un niño todavía, y cayó lentamente en la locura. Cary me lo contó con una mezcla de pudor y conmoción.

«Un día, tendría yo unos diez años, volví a casa y no la encontré. Mi padre me dijo que había muerto, pero en realidad la había internado en un manicomio, como descubrí muchos años después... Cuando lo supe, iba a verla siempre que podía.»

La dolorosa intimidad de su historia me emocionó. Escuchaba en silencio para poder imaginar, detrás de ese aspecto refinado y maduro, a aquel niño viviendo una tragedia que no sabía explicarse. Hubiera deseado estar allí, en el momento en que ocurrió, para abrazarlo y consolarlo, para ahorrarle tanto sufrimiento. Le pedí que continuase y él buscó con cautela las palabras para continuar: «Me matriculó en un colegio de mucha categoría, pero a mí no me interesaba de verdad estudiar. Lo que quería era una familia».

La encontró en una compañía de saltimbanquis dirigida por un tal Bob Pender, que le hizo de padre y de maestro. Se escapó del colegio y recorrió Inglaterra con él, aprendiendo el arte circense y los secretos del vodevil. Fue así como llegó a Broadway. Había aprendido a arreglárselas, en el palco y en la vida, como un funambulista. Decidió quedarse en Nueva York. Tras trabajar un poco de todo y eliminar su acento de obrero de Bristol —algo así como lo que había hecho yo con el mío de Pozzuoli— la Paramount lo contrató como actor de género. El resto es historia.

A medida que la confianza entre nosotros aumentaba, Cary revelaba una fragilidad muy similar a la mía. Buscaba a una persona con quien poder compartir su lado más profundo, el que las comedias de Cukor y Frank Capra dejaban entrever, oculto tras una ironía sofisticada. Quizá la había encontrado en mí. *Tell me more...*, decía yo entonces. Pero él lo dejaba correr y bromeaba de nuevo. Hay que comprender que no dejaba de ser Cary Grant y que tenía que defender su reputación. Quizá se sentía demasiado vulnerable para fiarse de alguien por completo. Los dos intuíamos que el sentimiento que nos unía empezaba a teñirse de afecto y, cada uno por motivos diferentes, teníamos miedo.

Yo pensaba en Carlo, que se había convertido en mi refugio, en mi familia, aunque él ya tenía una y no sabíamos cuándo podríamos casarnos y vivir juntos a los ojos de todos. Cary también estaba casado con Betsy Drake, que a veces aparecía por allí. Su relación había acabado antes de empezar el rodaje de *Orgullo y pasión*, pero quizá ella tenía la esperanza de reconquistarlo.

La última vez que Betsy decidió volver a Estados Unidos, se embarcó en Génova en el *Andrea Doria*. El transatlántico naufragó delante de la costa de Nantucket y cuarenta y seis pasajeros murieron ahogados. Por fortuna, Betsy solo perdió sus joyas si bien en aquel desastre también se fue a pique su matrimonio. Cary no podía abandonar el rodaje para estar con ella y concentró en mí toda la atención.

Trabajábamos mucho y a menudo preparábamos la secuencia del día siguiente juntos, aunque asimismo intentábamos reservar algo de tiempo para nosotros. Cenábamos en pequeñas fondas de las colinas de Ávila, saboreando vino tinto y escuchando flamenco. Tenía mucho que aprender, pero también algo que enseñar.

Una noche, un hombre se acercó a nuestra mesa.

—Mister Grant, ¿me firma un autógrafo?

Cary se deshizo de él bruscamente para proteger nuestra intimidad y yo lo reñí con dulzura.

—¿Por qué lo has tratado mal? Para él es importante y a nosotros no nos cuesta nada contentarlo.

Cary reconoció con humildad que se había equivocado y llamó al admirador, al que dedicamos un doble autógrafo.

La suerte quiso que no estuviéramos en el mismo hotel, lo cual nos ayudó a mantenernos mínimamente a distancia. Cuando no trabajábamos, a menudo tomaba el sol en la terraza de mi habitación, aunque intentaba no excederme para no aparecer demasiado morena al día siguiente en el rodaje.

Si estábamos juntos, Cary y yo hablábamos de sueños —no de sueños de gloria y riqueza, que ya había hecho realidad, así como el respeto y el afecto de la gente—, sino de sueños más íntimos que se suelen dar por descontado: el milagro de una casa, de una persona con la cual reír y compartir la vida... *What kind of house would you like? Do you care for dogs? What names would you choose for your baby?* Yo me dejaba llevar por su conversación, pero siempre mantenía cierta reserva. No quería, no podía, darle falsas esperanzas.

Al separarse nuestros caminos, ese deseo común siguió uniéndonos. Cary me transmitió su profunda alegría cuando nacieron Carlo Jr. y Edoardo. La misma felicidad que yo sentí tras nacer su hija Jennifer, tan deseada, y cuando por fin encontró a la espléndida Barbara, la mujer que amó hasta el fin de sus días. En eso consiste la verdadera amistad, en gozar juntos de la plenitud de los pequeños milagros que nos reserva la vida.

Pero mientras tanto estábamos en terreno pantanoso. El final de la película era inminente y nuestra relación no acababa de definirse. Yo me sentía cada vez más confundida, dividida entre dos hombres y sobre todo entre dos mundos. Cada mañana me despertaba preguntándome qué pasaría. Sabía que mi lugar estaba al lado de Carlo, él era mi puerto seguro, si bien le correspondía a él tomar una decisión, pues no podíamos seguir ocultando nuestra relación por mucho más tiempo. También tenía claro que no quería irme a vivir a Estados Unidos, me daba miedo entregarme completamente a otra cultura, tan lejana a la nuestra. Pero al mismo tiempo era difícil resistir al magnetismo de un hombre como Cary, que decía estar dispuesto a renunciar a todo por mí.

La última noche que me invitó a salir, me di cuenta de que quería dar a la velada un toque de solemnidad. Tenía miedo, no estaba preparada para oír lo que iba a decirme. De buenas a primeras, mientras fuera lucía una espectacular puesta de sol, se detuvo, me miró a los ojos y me dijo sencillamente:

—¿Quieres casarte conmigo?

Me quedé sin palabras. Me sentía como si fuese la protagonista de una película cuyo guión desconocía. No tenía una respuesta, nunca había dado pie a que se hiciera ilusiones y no deseaba dárselo. No podía darle esperanzas, porque eso era algo que yo misma no encontraba en mi interior.

—Cary, querido, necesito tiempo —susurré con un hilo de voz. Me sentía incapaz de tomar una decisión.

Lo entendió y amortiguó el golpe con un ligero toque de humor.

—¿Por qué no nos casamos mientras tanto y dejamos lo de pensar para más adelante?

Al día siguiente partía rumbo a Grecia, donde rodaría mi segunda película estadounidense, *La sirena y el delfín*. Cuando llegué a Atenas encontré en el hotel un ramo de rosas con una tarjeta azul:

> *Forgive me, dear girl. I press you too much. Pray, and so will I. Until next week.*
> *Goodbye, Sophia,*
>
> Cary

No nos vimos la semana siguiente, era solo una esperanza, una promesa, un sueño. Pero nunca olvidé la frase escrita en el sobre: *With only happy thoughts*. Su deseo de felicidad sigue conmigo.

Qué profundo es el mar

Después de ese árido verano en el corazón de la meseta española, emocionante y agotador, fue casi un alivio hundirse en el azul de Grecia. Estaba rendida, física y psicológicamente. El mar, el viento y el sol de la hermosa Hydra hicieron que me sintiese como en casa. Reconocía los antiguos aromas de mi mundo, la luz y los horizontes en los que había crecido.

La sirena y el delfín era una película de aventuras, una especie de *thriller* arqueológico con Alan Ladd como protagonista masculino. Como era más bajo que yo, tenía que subirse a un taburete para rodar algunas secuencias. Nadie tenía la culpa, pero él lo pasaba fatal y estaba excesivamente acomplejado por ello. Por mi parte, yo me comportaba como una tonta y no era amable con él. Me divertía tomándole el pelo y bromeaba todo el tiempo, como si la vida no fuese más que una comedia.

Entonces era muy diferente de la profesional en la que me convertiría. Me gustaba mi trabajo, hacía todo lo posible para que saliera bien y me dedicaba a él a conciencia, pero todavía era muy joven y tenía que liberar esa despreocupación que me había faltado en su momento. De muchacha había llevado una vida de privaciones en Cinecittà, sabiendo que no podía permitirme un error. Sin embargo, en ese momento, cuando las cosas empezaban a ir bien, me dejaba llevar por las ganas de reír y de bromear. No era maldad, sino una manera de pasar el tiempo, de calmar los nervios, de superar la inseguridad que nunca me abandonaba. Y también un modo de construir mi personaje, que en *La sirena y el delfín* era el de una chica vivaz y exuberante. Al no haber estudiado nunca en una escuela de arte dramático ni haber hecho teatro, tenía que inspirarme como podía, mezclando a menudo la ficción con la vida real para preparar mejor mi papel.

Incluso ahora, cualquier cosa puede inspirarme para dar cuerpo a mis personajes: la realidad, los recuerdos, otros actores y otras películas. Recientemente me ha impresionado la secuencia final de *Blue Jasmine* en la que Cate Blanchett se inventa una expresión que no le había visto nunca. Me ha calado hondo y está ahí, esperando germinar en una nueva planta, en una nueva flor.

Jean Negulesco, el director de *La sirena y el delfín*, era un estadounidense de origen rumano, alegre y lleno de vida. Nos llevábamos bien y por las noches íbamos juntos a pescar con linternas. Me encantaba pasar la noche en el mar; me recordaba cuando, unos años antes durante el rodaje de *África bajo el mar*, iba al lago Palmarola, cerca de Ponza, con Antonio Cifariello.

Antonio era napolitano como yo y un poco más joven. Fuera del rodaje éramos como dos críos que se divierten con cualquier cosa. La noticia de su muerte en Zambia, años después, me causó un inmenso dolor. Estaba rodando un documental para la RAI cuando su avión se estrelló. Tenía treinta y ocho años, un hijo pequeño y toda la vida por delante.

Negulesco se dejó seducir por el paisaje, por la naturaleza solar y antigua que evocaba nuestro origen. Quisiera o no, acabó por convertir el Mediterráneo en el protagonista de la película. Por otra parte, también era un artista. Me retrataba a escondidas. Expuso esa colección de magníficos retratos aquel mismo diciembre, cuando regresamos a Roma para rodar en interiores. Los ingresos de la exposición se destinaron a Hungría, que pocos meses antes había sido invadida por los tanques soviéticos. La mujer de Negulesco era húngara y estaba muy unida a su tierra.

Aunque por aquellos días el mundo estaba cada vez más supeditado a la guerra fría, el otoño griego significó para mí una pausa tranquila impregnada de felicidad. Quizá porque Carlo venía a verme muy a menudo y me daba a entender que estaba buscando una solución para lo nuestro y yo, a pesar de las advertencias de mi madre, tenía fe.

Celebramos la Navidad de 1956 en la suite de John Wayne, que estaba de paso por Roma para asistir a las audiciones de *Arenas de muerte*, cuyo rodaje empezaría a principios de año. Toda la *troupe* se preparó para la fiesta yendo a comprar juntos los regalos en los puestos de piazza Navona: pastores para el nacimiento, álbumes de fotos hechos a mano, turrones de Benevento... Las calles hervían de un alboroto festivo, los gaiteros nos paraban en cada esquina para dedicarnos una serenata y en el aire flotaba aroma a castañas asadas. Nuestros compañeros estadounidenses, acostumbrados a vivir en ranchos o en villas que daban al océano, estaban embelesados por ese barullo tan italiano al que se unían cientos de turistas. Fue un momento de normalidad antes de partir hacia el desierto africano. Unos días después, el 2 de enero, tomamos el avión rumbo a Gadamés, en Libia.

Yo, Sofia, criada en via Solfatara, en Pozzuoli, empezaba a conocer el mundo y no me lo podía creer.

Mal de África

Arenas de muerte fue mi última película estadounidense antes de trasladarme a Estados Unidos. Rodamos en unas condiciones muy duras, en medio del desierto, cerca de la antigua colonia romana de Leptis Magna. Era un lugar irreal, fantástico, fascinante y peligroso. Había escorpiones, escarabajos, serpientes, tormentas de arena, sed, calor... Y tuareg, los hombres de piel azul, tan misteriosos y diferentes, que me atraían y a los que temía a la vez. ¡Menos mal que John Wayne nos protegía!

Nunca ha dejado de sorprenderme que, visto de cerca, el rey del Oeste fuese tal y como me lo imaginaba. El Duque, como se le conocía, era un vaquero de verdad, corpulento, macizo, poderoso y seguro de sí mismo. Siempre estaba con su mujer, una mexicana menuda, sin la cual se sentía perdido. Para él yo no era más que una chiquilla. Me miraba divertido y cuando alguien intentaba aplacar mi exuberancia decía: *C'mon, leave her alone, she's young... Let her laugh...* Me acuerdo de él como si lo tuviera delante. Habría podido ser su hija, a su lado me sentía segura y no temía a nada. Era nuestro líder indiscutible, pero no abusaba de su poder, no tenía manías ni caprichos. No lo necesitaba. Todos intentábamos anticiparnos a sus deseos y aprender de él. Era un profesional que cumplía con su trabajo con la paciencia de los fuera de serie.

    Su mítica reputación solo estuvo a punto de mancharse una vez. Un día John se cayó del caballo —¡nadie lo hubiera dicho!— y se rompió un tobillo. Todo el mundo se esperaba que aguantase el dolor con un trago de whisky. Pero no fue así y se puso a gritar como un endemoniado. Lo mirábamos con los ojos desorbitados, sorprendidos al descubrir al hombre que se ocultaba tras el héroe. Pero enseguida se recuperó y volvió a su papel de John Wayne en un abrir y cerrar de ojos como si no hubiera pasado nada. Las herraduras de su caballo están colgadas en la pared de mi despacho. Aparte de ese pequeño incidente, era una leyenda viviente y siempre lo será.

    De distinta índole era el coprotagonista, Rossano Brazzi, la encarnación del *latin lover*. Rossano era guapo y jovial. Estaba tan ensimismado en su persona y en su aspecto que ni siquiera entendía mis bromas. «Pero ¡qué requeteguapo eres!», decía yo como si se lo dijera a un niño. Él se lo tomaba en serio. Siempre cantaba. En los descansos gorjeaba una canción del gran musical *Al sur del Pacífico*, «Some enchanted evening, you may see a stranger, across a crowded room», poniendo la mirada lánguida y sonriendo de oreja a oreja. Acababa de rodar *Locuras de verano* en Venecia, con Katharine Hepburn, y todavía se notaban en él las huellas de su elegante estilo. Cuando se presentó la ocasión acudió puntual a la cita y me salvó la vida. Gracias a él todavía estoy aquí contando esta historia.

    Por las noches hacía mucho frío y calentaba mi habitación del hotel con una estufa de gas. El cuarto era muy pequeño, solo cabía la cama, el tocador y poco más, me sentía prisionera. Cerraba herméticamente puertas y ventanas porque tenía miedo y nunca consideré que fuera peligroso. Pero esa vez lo descubriría en mis propias carnes. Me desperté en plena noche presa de una pesadilla, con un terrible dolor de cabeza. Estaba desorientada y a punto de desmayarme. No lo sabía, pero me estaba intoxicando. Logré alcanzar la puerta, de rodillas, y abrirla. Rossano, que regresaba en ese momento, me encontró en el suelo sin sentido y avisó al médico de inmediato. «¡Help, help! ¡Sophia is dying!», exclamó. Me salvaron por los pelos, un minuto más y habría sido demasiado tarde.

El susto no impidió que siguiera trabajando, aunque aquel insano dolor de cabeza persistió en los días siguientes. Por las mañanas llegábamos al rodaje con el abrigo de pieles para protegernos del frío y, a medida que transcurrían las horas, nos íbamos quitando capas y más capas de ropa bajo un sol abrasador. El director, Henry Hathaway, estaba muy enfermo, pero resistió hasta el final del rodaje. Juntos logramos ayudar al alcalde de Gadamés, cuya primera mujer estaba en las últimas. Colocamos todas las luces del plató en la pista de aterrizaje para que un pequeño biplano pudiese recogerla y llevarla de urgencia al hospital. Fue un triunfo que nos recompensó de las fatigas del rodaje.

Cuando dejamos África sentí un agudo sentimiento de nostalgia. El desierto era un lugar mágico, un horizonte perdido y comprendía muy bien el hechizo que ejercía en la fantasía de muchas personas. Pero yo estaba bajo el influjo de otro hechizo y no había desierto que valiera. Hollywood me esperaba a la vuelta de la esquina.

Las fiestas de Hollywood

El 6 de abril de 1957 me embarqué con mi hermana Maria en un vuelo de la SAS rumbo a Los Ángeles. Lloré mucho al despedirme de mamaíta, que nos acompañó a la escalerilla.

—Mamaíta, ya lo verás, todo va a ir bien. Y tú cuídate. Nos escribiremos, te llamaré cada día...

Era la primera separación importante. Un salto en el vacío en el mundo del celuloide del que no sabía qué esperar. Atrás quedaban la pizzera y la pescadera, una parte de mí. Me había convertido en una estrella internacional, pero esa minúscula parte todavía ocultaba a una chica que caminaba rumbo a lo desconocido.

En Los Ángeles me esperaba toda la prensa estadounidense, y no solo eso. Fue un baño de multitudes a lo grande. A los pies del avión, un pequeño John Minervini me dio un beso con la timidez de sus cuatro años en nombre toda la comunidad ítalo-americana. *Welcome to America, Miss Loren*, murmuró de memoria como si estuviese en la función de Navidad. Le dejé en la mejilla la marca del carmín. Fue el niño más fotografiado del día.

De vez en cuando Maria y yo nos mirábamos y se nos escapaba la risa. Nos dábamos pellizcos en las mejillas para estar seguras de que estábamos despiertas.

«¿Nos está ocurriendo de verdad? ¿A nosotras, a Maria y a Sofia? ¡Quién lo habría dicho!», pensábamos.

Sin embargo, pronto te acabas acostumbrando incluso a ser una estrella. Enseguida comprendí que lo importante era dar el justo peso a las cosas, no permitir que la pomposidad, la gran puesta en escena, cambiara mi manera de pensar. Sabía muy bien qué buscaba. El éxito me exaltaba y me empujaba a mejorar, pero en mi interior seguía queriendo una familia, hijos, la normalidad que no había tenido nunca. Años después, Alberto Moravia me ayudaría a expresar esa tensión en una entrevista que ha pasado a la historia.

Estados Unidos, en efecto, me proporcionaba por fin la ocasión de vivir con Carlo. Él iba y venía, pero cuando estaba en Hollywood era solo mío. Un poco antes había puesto fin a su relación profesional con De Laurentiis para fundar la Champion Film con el napolitano Marcello Girosi, que hablaba inglés perfectamente y lo ayudó a expandir sus negocios al otro lado del océano. Fue entonces cuando firmaron el acuerdo con la Paramount. Entraba por la puerta grande en una de las productoras más importantes del mundo.

Mi primera cita en Hollywood fue un cóctel organizado por la Paramount en el célebre restaurante de Mike Romanoff. Habían dado un toque mediterráneo al ambiente en mi honor, de esa manera tan estadounidense, un poco infantil, de transformar la realidad. No faltaba nadie. Era el fenómeno del momento, el personaje que había que conocer, la ocasión a la que no se podía faltar. Me volvía hacia un lado y veía a Gary Cooper —guapo hasta quitar el hipo—, me volvía hacia otro y me topaba con la sonrisa de Barbara Stanwyck, miraba por la ventana y veía al tímido Fred Astaire charlando con Gene Kelly. *Mamma mia!*

Más tarde, en plena cena, llegó Jayne Mansfield. Se abrió paso entre la multitud directa a mi mesa. Avanzaba tambaleándose sobre los tacones, quizá no del todo sobria, con andares felinos y cimbreándose. Sabía que todo el mundo la miraba, lo cual, por otra parte, era inevitable debido al despampanante escote que lucía. Era como si dijese: «Here comes Jayne Mansfield. The Blonde Bombshell!» Se sentó a mi lado y empezó a hablarme. Parecía un volcán en erupción. Mientras gesticulaba, me encontré de repente su teta en mi plato. La miré fijamente, aterrorizada. No le dio ninguna importancia, recobró la compostura y se fue. La rapidez de reflejos de un fotógrafo inmortalizó la escena, que dio la vuelta al mundo. Me negué a autografiarla. El reino encantado de Hollywood ocultaba aspectos grotescos que no lograba aceptar y con los que no quería tener nada que ver.

A esta primera fiesta le siguieron muchas otras, iguales y diferentes a la vez. Para mí era una gran aventura, un carrusel, un torbellino de rostros, de nombres, de atuendos estelares. Me llamaban la atención las limusinas, los Cadillac, las villas espectaculares, pero también los moteles, los *drive-in*. Descubría los supermercados, los centros comerciales, las copas al borde de la piscina y el *cottage cheese* con macedonia de fruta. Me encontraba con los mitos de mi juventud, me sentía en el centro del mundo. Pero solo se hablaba de cine y a veces sentía nostalgia por mi país, tan rico de historia, de ironía, de humanidad. En Hollywood no había personas normales.

Nos instalamos en la suite de un bonito hotel donde rodamos un episodio del célebre *The Ed Sullivan Show*, uno de los programas de televisión más prestigiosos de Estados Unidos. Mi responsabilidad y mi miedo a fracasar aumentaban con mi popularidad. Todos tenían los ojos puestos en mí, listos para juzgarme, para cogerme en falta, para demostrar que solo era un montaje. Mi inglés mejoraba a ojos vistas, pero mis papeles también eran cada vez más importantes, con más diálogo, y requerían una gran concentración. Louella Parsons y Hedda Hopper, las dos columnistas más despiadadas del mundo cinematográfico, aterrorizaban a las estrellas con su hiriente malevolencia. Por fortuna, conmigo siempre fueron indulgentes porque en cualquier caso seguía siendo una *outsider*, la *Italian girl* que volvería a casa tarde o temprano.

La primera película que rodé fue *Deseo bajo los olmos*, adaptación de un drama de Eugene O'Neill. El personaje al que me enfrentaba era intenso y difícil, impregnado de pasión. Mi compañero era un Anthony Perkins guapo y neurótico, como lo habíamos visto en *Psicosis*. Era un chico amable y educado, algo tenebroso, que no lograba ocultar su inquietud. Entre nosotros nació cierta complicidad, él me ayudaba con el inglés y yo trataba de hacerle reír. Su camerino parecía la habitación de un estudiante: una mesita, algunos libros, una sobriedad monástica.

Rodamos toda la película en los estudios —en California no existían las calles de nuestro neorrealismo— y eso le aportó una dimensión muy teatral, que enfatizó la magnífica fotografía en blanco y negro. Hace unos días mi nieto, mirando el cartel de la película exclamó: «Abuela, pero ¿antes eras china?».

Era el maquillaje de la época que inauguré con mi maquillador de entonces, Goffredo Rocchetti. Creé tendencia y todas me copiaron.

Entretanto habíamos acabado de rodar *Orgullo y pasión*, que no se pudo hacer en España porque Sinatra había abandonado la película de repente, quizá para resolver sus penas de amor.

Volví a salir con Cary, que no se había dado por vencido. Haciendo caso omiso de la presencia de Carlo, me mandaba cada día un gran ramo de rosas, me llamaba por teléfono y me escribía.

Puede que a Carlo le molestara, pero no decía nada. Hacía que me sintiera incómoda, esperaba que algo sucediese. Así no podíamos continuar.

A principios de verano regresé a Italia para unas breves vacaciones. Cuando estaba lejos escribía cada día a mamaíta, pero necesitaba verla, abrazarla de nuevo. Entretanto, ella estaba coronando su historia de amor. Riccardo había dejado a su mujer y se había ido a vivir con ella para, *ça va sans dire*, después abandonarla por enésima vez. Menos mal que yo no estaba. Había pasado la vida intentando proteger a mamaíta de su amor imposible y me sentía impotente al respecto.

Maria había vuelto a casa desde hacía algún tiempo. A pesar de que Sinatra la había animado para que persiguiese su sueño de convertirse en cantante, ella no se sentía capaz de llevarlo a cabo y había renunciado. Quizá para no dejar sola a mamaíta. La historia se repetía: Romilda, que había visto desvanecerse sus sueños por culpa de sus padres, me dejaba libre a cambio de mantener a su lado a su hija menor.

Después de asistir a una fiesta en mi honor en la Casina Valadier, en el corazón de Villa Borghese, Carlo y yo nos refugiamos por un tiempo en Bürgenstock, a orillas del lago de Lucerna. Lejos de los focos encontrábamos de nuevo la paz que le faltaba a nuestra vida cotidiana. Era un lugar encantado, rodeado de bosques y sumergido en la luz, ajeno a los excesos de la vida mundana. Leíamos, paseábamos, estábamos juntos sin temor a que nos sorprendieran, nos acusasen y nos juzgasen. Nuestro corazón podía descansar y nuestro amor se afianzaba en el silencio y en la soledad de la naturaleza.

El 8 de agosto estábamos en Estados Unidos otra vez. Otro plató, otro nuevo desafío. Llegué a Washington desde Los Ángeles en el Super Chief, el tren de las estrellas. Cary estaba esperándome a los pies de la Casa Blanca. Íbamos a rodar juntos *Houseboat*, cuyo título español fue *Cintia*, una de esas comedias sofisticadas expresamente pensadas para él. Pero el encanto de España ya casi se había desvanecido. Estábamos en punto muerto, en una situación que tenía que desbloquearse.

Mi caja está llena de cartas y de tarjetas escritas de su puño y letra, con esa caligrafía elegante y alegre que incluso ahora me llena de ternura. Me hablan de un afecto que si bien ha cambiado su naturaleza con el paso del tiempo, nunca ha desaparecido.

> Si puedes, si quieres, déjame una nota en recepción. Pocas palabras bastan, dime lo que te apetezca. Necesito recibir algo tuyo, hoy como cada día, incluso un puñetazo en la cara, aunque preferiría unas líneas que me recuerden tu amor... Si piensas y rezas conmigo por lo mismo, todo saldrá bien y la vida nos sonreirá.
>
> P.S. Si estas líneas te hacen tan feliz como a mí las tuyas, habrá valido la pena haberlas escrito.

Dos días antes del final del rodaje, mientras Carlo y yo estábamos desayunando un par de cruasanes en la terraza del hotel y hojeando el periódico, nos fijamos en un artículo de Louella Parsons que anunciaba nuestra boda por poderes en México el día anterior.

Me quedé de piedra, pero la noticia también cogió desprevenido a Carlo, quien sin embargo había soltado a su gabinete jurídico en busca de una solución fuera de Italia. Evidentemente sus abogados habían procedido sin que él lo supiera. Muy pronto se descubriría que la boda no era válida y que, en cualquier caso, nos daría muchos quebraderos de cabeza en nuestro país.

Pero de momento, para Estados Unidos y para el resto del mundo, estábamos en regla. En efecto, en Estados Unidos, donde a diferencia de Italia, divorciarse no solo estaba permitido sino que además era muy sencillo, vivir «en pecado» estaba mal visto. Ese fue el motivo por el cual Elizabeth Taylor se casó ocho veces, dos de ellas con el mismo hombre, y como ella muchas otras estrellas.

No era la boda con la que siempre había soñado, pero de momento parecía ser lo máximo a lo que podíamos aspirar. A pesar de la sorpresa, cenamos a la luz de las velas y empezamos a pensar en una breve luna de miel.

Al llegar al plató, Cary, un poco aturdido y finalmente resignado, reaccionó como un verdadero señor.

«Muchas felicidades, Sophia. Te deseo que seas muy feliz.»

Ironías del destino, Cary y yo nos casamos delante de la cámara en la secuencia final de *Cintia*, él con una gardenia en el ojal y yo con un precioso vestido de encaje.

La vida sigue

Los problemas empezaron un mes después. La primera estocada de la mano de *L'Osservatore Romano*, el periódico del Vaticano. Una tal señora Brambilla nos denunció en nombre de una asociación para la protección de la familia por bigamia y concubinato, considerado delito en Italia hasta 1969. Fue el principio de una larga odisea que, entre infructuosas demandas de nulidad al Tribunal de la Rota y estrategias planeadas por los abogados, tocaría a su fin nueve años después. Mientras tanto, tras abandonar la idea de una luna de miel, había viajado a Londres; allí me esperaban nada menos que William Holden y Trevor Howard para rodar *La llave*.

En el avión, Carlo puso punto final a esos meses tan difíciles. Embarcamos rodeados de una nube de periodistas que nos acosaban con preguntas sobre nuestra boda, Hollywood y la película que iba a rodar. Un barullo de flashes, un alboroto propio de una estrella. Yo tenía poco más de veinte años, estaba afectada, pero era feliz. Sonreí a Carlo mientras me quitaba el abrigo y colocaba el bolso en el compartimiento superior. Parecía molesto, pero quizá todo aquel bullicio lo había agotado o lo ensombrecía alguna preocupación de trabajo. Tomé aliento, hojeé la revista de a bordo en busca de mi perfume preferido y observé a los pasajeros que pasaban por mi lado intentado imaginar sus ocupaciones, sus amores y sus fantasías. Mientras empezaba a relajarme, se me escapó una frase inocente. O quizá no lo era tanto.

«Cary me ha mandado un ramo de rosas amarillas antes de partir. ¿Amarillas como los celos? Es un encanto...»

Carlo se volvió hacia mí de golpe y me dio un bofetón delante de todo el mundo. Me ruboricé, la marca blanca de sus dedos en mi cara enrojecida ardía de rabia y de vergüenza. Noté cómo las lágrimas se deslizaban, una tras otra, por mis mejillas. Me sentía morir, pero en lo más profundo de mi ser sabía muy bien que me lo había buscado. Y no me arrepentía.

A los veinte años hay que aprender a vivir y el amor de Cary me había dado mucho. Quizá también el valor para elegir una vida normal al lado de Carlo. Por otra parte, tenía veinte años pero no era tonta. Comprendía que esa bofetada, que hoy en día es difícil comprender, era el gesto de un hombre enamorado que se había visto amenazado por otro hombre, que había corrido el riesgo de perderme y se estaba reponiendo del susto, de la amargura. Lloré por poco tiempo porque el avión estaba lleno. Una azafata se acercó a preguntarme tímidamente si necesitaba algo. No sabía dónde mirar, pero en el fondo estaba contenta. Por fin tenía la prueba que buscaba desde hacía tiempo: Carlo me quería. Yo lo había elegido y había acertado.

En Londres combatí mi primera batalla sola. Y la gané. En cuanto llegué descubrí con sorpresa que sir Carol Reed, el director, y Carl Foreman, el productor, habían cambiado de idea. Según ellos era demasiado joven para interpretar el papel de la protagonista. Ingrid Bergman había aceptado sustituirme. Enseguida me di cuenta de que el guion no tenía nada que ver. Lo había leído detenidamente y no había nada que impidiera que interpretase el papel de la dulce y misteriosa Stella. El motivo era otro. Querían un gran nombre y creían que habría bastado con pronunciarlo para que yo le cediera el paso. Foreman se me acercó, aprovechando la ausencia de Carlo, convencido de que ya las tenía todas consigo. Pero no sabía a quién se enfrentaba. Hice acopio de un empuje que no se esperaban y defendí mi postura.

—De ninguna manera. He firmado un contrato y el papel es mío. Lo lamento, pero no tengo la más mínima intención de renunciar a él. Siento que el personaje me pertenece y sé que puedo hacerlo bien.

Era un papel dramático que significaba mucho para mí, pues

me ayudaba a salir de la etiqueta de *maggiorata* en la que corría el riesgo de encasillarme. No me echaría atrás. Él se quedó pasmado y después volvió a la carga.

—Te indemnizaremos muy bien...

—No me interesa el dinero —respondí con rotundidad—, la película la hago yo, dime cuándo empezamos.

El contrato era el contrato y él se marchó con el rabo entre las piernas.

Naturalmente, después de haberme hecho la valiente, los días siguientes los pasé muerta de miedo. Sin embargo, era un temor infundado, conocía tan bien el guión que me gané su respeto. Era una bonita historia ambientada en la gris y borrascosa costa inglesa. Una historia de guerra, de mar, con un aspecto dramático que requería ciertas tablas. Al final del rodaje, Foreman me felicitó, contento de que hubiera insistido en interpretar el papel.

Con ocasión del estreno de la película, fuimos invitados al Royal Command Performance donde, sin querer, fui protagonista de una pequeña e inocente metedura de pata que ha pasado a la historia. Para asistir a la recepción, acompañé mi espléndido vestido de Emilio Schuberth, que había empezado a confeccionar mi vestuario, con una pequeña diadema. A pesar de no ser ya una niña, no dejaba de ser una joven de veinte años que acariciaba la idea de ser una reina. Lástima que la persona que nos recibió, Isabel II en persona, ya lo era. Y el protocolo de la corte no permitía usar ningún tipo de corona en presencia de un miembro de la casa real. La soberana de Inglaterra no pareció darle mucha importancia, pero al día siguiente los periódicos desataron su imaginación con títulos clamorosos e imaginativos.

En aquel mismo período, Ingrid Bergman y yo volvimos a cruzarnos. Sabía que Cary estaba en Londres para rodar con ella *Encadenados* y una mañana fui a verlo al plató. Pero cuando Ingrid me vio, puede que sorprendida por mi visita inesperada perdió el hilo. Son cosas que pasan incluso a los mejores actores y ella sin duda era una gran actriz por la que sentía una veneración absoluta. «Creo que es mejor que me vaya», le susurré a Cary. Y dejé el plató con sigilo.

Volvimos a pasar la Navidad de 1957 en la paz nevada de Bürgenstock, con mamaíta y Maria. Nuestros vecinos, tranquilos y reservados como nosotros, eran Audrey Hepburn y Mel Ferrer, a los que a menudo nos encontrábamos durante los paseos por el bosque. Una amistad discreta y nunca entrometida, una dulce compañía.

Un día, Audrey nos invitó a comer. Mel estaba en un viaje de trabajo. A su casa se llegaba a pie, recorriendo un sendero apacible y silencioso entre la nieve. El chalet, ubicado en una colina enfrente del lago, era precioso, luminoso, decorado en blanco por completo. Audrey también vestía de blanco y la mesa, adornada con flores y muchas velas, era del mismo color. El súmmum de la elegancia.

—Este lugar es encantador —dije.

—Necesito soledad y belleza… —respondió con sencillez.

Charlamos cordialmente de cine y de amigos comunes. Nos enseñó la casa y después, con calma, nos sentamos a la mesa. Nos sirvieron los entrantes, o al menos eso creía yo. Una hoja de lechuga con una viruta de queso fresco rematado por un pellizco de compota de frambuesa. En el platito del pan, un panecillo crujiente de formato pequeño. La conversación era muy agradable y la compota de frambuesas, exquisita. Pero cuando vinieron a retirar los platos, Audrey se levantó de la mesa y con una de sus sonrisas etéreas, delicadas y perfectas, dijo:

—¡He comido demasiado!

Así que la comida había acabado.

—¡Todo estaba exquisito! —añadí con diplomacia.

Me moría de hambre y al llegar a casa me preparé un bocadillo.

Audrey y Mel se habían casado hacía pocos años en una capilla encantadora a un paso de su casa. Era muy pequeña, del tamaño de una habitación, pero austera y solemne como una catedral. Su grandeza residía en los bosques que la rodeaban y en el hecho de que estuviera abierta a todos los cultos, del católico al budista, del hinduista al luterano. Cada vez que pasaba por delante pensaba en su íntima boda de ensueño. Algo que para mí todavía resultaba lejano, como lejana se me antojaba la Italia de la que nos habían desterrado como a dos criminales.

En enero regresamos a Los Ángeles y nos trasladamos a la villa de King Vidor que estaba libre durante unos meses. Llevábamos una vida retirada; cuando no trabajábamos, nos quedábamos en casa viendo la televisión por las noches y yéndonos pronto a dormir. Teníamos la impresión de estar en una burbuja de paz dentro del ojo del huracán.

Mi próximo desafío se titulaba *La orquídea negra* y el coprotagonista era Anthony Quinn. Yo era una viuda de la mafia que luchaba por reconstruir su vida. De nuevo un papel italiano y maternal junto a un gran actor con una sólida experiencia que, sin embargo, no me ayudaba demasiado.

Recuerdo que una mañana, mientras preparábamos una secuencia de exteriores sentados a una mesita, me dijo:

—*Are you going to do it like that?* —dijo con tono despreciativo.

—Querido Tony —respondí—, hago lo que puedo.

Intentaba controlarme pero por dentro me sentía morir. Por más que me esforzaba nunca era bastante. «Me voy —me decía a mí misma—. Regreso a casa», pero después volvía a empezar como si nada.

Quinn también había tenido una infancia insólita. Su padre era un aventurero revolucionario amigo de Pancho Villa y su madre una mexicana de orígenes aztecas. Después de haber desempeñado mil oficios diferentes, incluido el de colchonero, había llegado al cine, donde conoció a la hija de Cecil B. DeMille, que le allanó el camino, y se casó con ella. Si bien delante de las cámaras era arisco y abrupto, fuera del plató era muy simpático y le encantaban mis espaguetis con tomate.

La orquídea negra me regaló el primer reconocimiento importante de mi carrera, la copa Volpi como mejor actriz en la Mostra del Cinema de Venecia. Cuando me comunicaron la victoria, mi primer impulso fue ir a recoger el premio, pero las cosas no eran tan sencillas.

«Si ponemos un pie en Italia, nos detienen», me advirtió Carlo mientras pasábamos una semana de vacaciones en la Costa Azul. Así que al final decidimos que iría yo sola, después de que en Venecia me aseguraran que no me detendrían. Carlo me acompañó al tren en Saint-Tropez y me vio partir con amargura. Me acogió una multitud, la crónica estima que unas cinco mil personas, que me aclamaba gritando: «¡Bienvenida a casa, Sophia!».

Una fiesta que no me esperaba y que hizo que me sintiese en paz con el mundo, amada por mi público y reconocida en mi país. Me emocioné tanto frente al jurado que no logré decir una sola palabra. A Tony Quinn le reservé mi mejor sonrisa. «¿Has visto? Parece que no lo hago tan mal...»

La película me proporcionó otra gran satisfacción que nunca podré olvidar. Asistí a la proyección de su preestreno, en Roma, sentada al lado de Anna Magnani. «¡Muy bien, Sophia, me ha gustado!, exclamó Nannarella cuando se encendieron las luces. Tenía fama de no ser precisamente muy ceremoniosa. Aprecié mucho su escueto halago.

Entretanto, tras un breve paréntesis estival en Nueva York para rodar *Esa clase de mujer*, una película malograda a pesar de la dirección del gran Sidney Lumet, Carlo y yo aún buscábamos un lugar donde instalarnos. Vagábamos por el mundo como dos desterrados y, a pesar de ser conscientes de nuestra situación privilegiada, nos sentíamos perdidos. Pasamos un otoño en París, en la rue de Rivoli. Cuando nos marchamos vinieron a despedirse Yves Montand, Simone Signoret, Kirk Douglas y Gérard Oury. Nos sentíamos ciudadanos del mundo, sin casa estable pero con amigos en cada puerto. En enero —ya estábamos en 1959— volvimos de nuevo a Hollywood para cumplir los acuerdos con la Paramount.

En esa ocasión rodamos *El pistolero Cheyenne*, de George Cukor, siempre con Anthony Quinn como compañero de reparto. Trabajar con Cukor no fue fácil y solo después comprendí lo mucho que había aprendido de él. A diferencia de De Sica, que aconsejaba sin imponer nunca su voluntad, Cukor me obligaba a imitarlo haciendo que me sintiera un títere, y se pasaba el día corrigiendo mi pronunciación. Mi inglés era cada vez más fluido, pero estaba lejos de ser perfecto. Con el tiempo se mereció mi gratitud y ese musical del Oeste, algo atípico, ha acabado por ocupar un lugar entre mis películas preferidas.

Para pasar del lejano oeste a la Austria imperial bastó una noche de avión, pero el rodaje de *Escándalo en la corte*, una película de época en la línea de *Sisí*, tampoco estuvo libre de complicaciones. Michael Curtiz, el director de la mítica *Casablanca*, no lograba hacerse entender a causa de su marcado acento húngaro y el rodaje fue más peliagudo de lo previsto.

Antes de cerrar la colaboración con la Paramount todavía quedaba por rodar *Capri* con el gran Clark Gable, la película que por fin nos permitió regresar a casa. Gable era ya un actor maduro, rebosante de encanto y de simpatía. Cada vez que lo miraba me parecía estar viendo al Rhett Butler de *Lo que el viento se llevó*, aquellos besos, aquellos crepúsculos y su apabullante gallardía. Si lo miraba con los ojos de entonces empezaba a soñar. Pero Gable estaba y no estaba. Se presentaba prontísimo en el plató, puntual y profesional. Era siempre impecable. Impecable con los diálogos, con el maquillaje, con el horario. Tan impecable que a las cinco en punto de la tarde, cuando sonaba la alarma del reloj que llevaba en la muñeca, abandonaba la secuencia a la mitad y se iba. Su tiempo había expirado.

Era agosto y Capri nos recibió con los brazos abiertos a pesar de que, como acabábamos de saber, el tribunal iba a proceder contra Carlo por bigamia. El día de mi cumpleaños, la *troupe* me preparó un pastel con veinticinco velas y Carlo, desafiando al mundo, se unió a nosotros. Una vez más todo me parecía demasiado difícil, pero también demasiado bueno para ser cierto. Otra época de mi vida se cerraba, Hollywood ya no podía darme nada más y a pesar de las dificultades que obstaculizaban nuestro camino, había llegado la hora de volver a casa.

7

Una madre de Oscar

)li, una piccola città...

pittosto un paese.

stato più volte a Pozzuoli per prendere
i. Il porto è piccolo, con l'acqua oleo
orze gialle di limoni. Ci sono attracc
, bianche e blu; sulla banchina deserta
:ani e gatti. La città è vecchia, con
Le strade in ombra, rovine romane, il t
e colonne immerse nell'acqua, i giardin

:uoli ci sono pure le industrie, la fab

Noche en vela

Cuando, a finales de febrero de 1962, fui nominada a un Oscar no podía creérmelo. «¿El Oscar? ¿El premio Oscar?», pensaba. Releía los nombres de las demás candidatas y ante mis ojos desfilaban Audrey Hepburn, Natalie Wood, Piper Laurie y Geraldine Page y yo me decía: «Pero ¿es una broma? Además, *Dos mujeres* era una película italiana, con guión en italiano, ¿cuándo se ha visto algo semejante?».

Pero, claro está, la idea era halagadora, me reconfortaba y me hacía la ilusión de que el haber llegado tan lejos ya era una victoria. Sin embargo, en mi fuero interno sabía que no era verdad y que cada peldaño que subía contribuía a que poco a poco tomase fuerza el convencimiento de que ganaría. Quizá era demasiado ambiciosa, pero no podía evitarlo. La esperanza y la ambición formaban parte de mí, a pesar de ser consciente de que la desilusión se agazapaba a la vuelta de la esquina y de que el triunfo era algo reservado a unos pocos.

Después de darle muchas vueltas, decidí no ir a la entrega de premios. Si perdía me desmayaría. Y si ganaba, también. No podía dar ese espectáculo delante de aquella platea, ante los ojos del mundo entero. «Me quedo en Roma, en mi sofá», me dije. Y así lo hice.

La noche fatídica Carlo también estaba nervioso, si bien fingía cierta indiferencia. Era un hombre cabal, de una pieza, muy concentrado en su trabajo y en los objetivos que se había fijado. Si tuviera que describirlo con un adjetivo diría que era una persona con cuajo: frente a los hechos, a las personas y a sí mismo. Apasionado del cine desde la juventud, le había dedicado su vida. Era decidido en los negocios, atento con el resultado y sabía pelear por conseguir una buena película. Si no le gustaba cómo había quedado, se ponía personalmente manos a la obra en la moviola y la cortaba y la volvía a montar hasta que quedaba como él quería. Era culto y sensible, de pocas palabras, y me supo comprender desde el primer momento. Nunca intentó convertirme en una persona diferente de la que era.

Habíamos trabajado mucho para llegar hasta donde nos encontrábamos, cómplices y solidarios, complementarios como en las familias bien avenidas. Quién sabe qué pensaban de nosotros esas familias perfectas, siempre en posesión de la verdad, que habían puesto el grito en cielo ante nuestra unión. Para ellos era fácil juzgar sin saber nada de nuestro amor, tan sereno y concreto en la vida y el trabajo. Hoy en día lo llamarían sinergia, entonces lo llamábamos cariño y apoyo recíproco. Habíamos viajado, nos habíamos expuesto, habíamos vuelto a casa por nuestra cuenta y riesgo a pesar de las acusaciones recibidas. Sabíamos que nadie regala nada, que cada victoria requiere trabajo y sacrificio, y que no siempre coincide con la meta.

El 9 de abril estábamos en nuestro piso de piazza D'Aracoeli, donde vivíamos juntos más o menos oficialmente desde hacía ya algún tiempo. Sabíamos perfectamente que, a causa de la diferencia horaria entre Italia y California, nos esperaba una noche en vela. Teníamos por delante un desierto de horas eternas. Todavía no se retransmitía en Mundovisión. Demasiado tensos para charlar, tampoco lográbamos leer ni descansar, el teléfono no dejaba de sonar y nos inundaban de felicitaciones, más o menos sinceras. Los más atrevidos hacían pronósticos, decían estar seguros de tal o cual cosa y parecía que estaban al tanto de todo. Nosotros nos mirábamos y sonreíamos a medias. Cualquiera que fuese el resultado, sería una noche inolvidable. Una noche de Oscar. Un poco de música, una copa de vino, el enésimo cigarrillo, una manzanilla, la ventana abierta para dejar entrar la primavera. Y después ¿qué más?

Ya era muy tarde cuando se me ocurrió. La salsa. «La salsa para la pasta, sí, tenía que haberlo pensado antes», me dije. En la cocina me sentiría segura y podría distraerme del torbellino de ansiedad que no sabía cómo calmar. Mientras pelaba el ajo mi pensamiento voló lejos, a mamá Luisa, que había muerto unos años antes. Quizá mamá hubiera querido otra vida para mí. Quizá habría preferido a una Sofia maestra en Pozzuoli con un pisito en su mismo rellano o, como máximo, dos plantas más arriba, con las comidas familiares de los domingos y algún bisnieto por en medio. Sin embargo, estaba segura de que esa noche estaría muy orgullosa de mí. Ella me había enseñado el valor de la disciplina, la satisfacción del deber cumplido, la serenidad de sentirme en paz con la vida... Sí, estaba segura de que habría estado orgullosa de un éxito conquistado a fuerza de voluntad.

Los ojos se me llenaron de lágrimas. Qué bromas gasta la emoción... El teléfono volvió a sonar, era mamaíta, que ya había llamado veinte veces. Decía que lo hacía para tranquilizarme, pero en realidad intentaba contener sus propios nervios. Respondió Carlo. «Romilda, deje a Sofia un rato en paz. La llamaremos en cuanto sepamos algo», respondió con más dureza de la acostumbrada. Se estimaban recíprocamente y se respetaban. Tenían más o menos la misma edad y eso los convertía en rivales. O al menos eso le parecía a Romilda, que desde el momento en que ese señor tan capacitado había entrado en mi vida sentía que la había dado de lado. Además, todo hay que decirlo, sufría el «síndrome Scicolone»: nunca hay que fiarse de un hombre, con más razón si está casado.

Corté también cebolla para justificar mis lágrimas, y me sentí mejor enseguida. A veces basta poco para volver a poner los pies en la tierra y recobrar el equilibrio que las sorpresas, buenas o malas, te hacen perder.

A las tres de la madrugada llegó un cablegrama de Santiago de Chile en el cual se informaba de que doña Loren había ganado el Golden Laurel como mejor actriz de 1961. ¿Presagio de victoria o ironía de la suerte? Aún quedaba mucho para que amaneciese y ya estábamos completamente desvelados. «Y ahora, ¿qué hacemos?», me pregunté buscando un modo de engañar el tiempo. Me acurruqué en el sofá, esperando que se hiciera de día, y Carlo se unió a mí al cabo de poco.

Afortunadamente el tiempo no se para nunca, incluso cuando pasa tan despacio que parece que retroceda. Y esa vez también los minutos se convirtieron en horas y la noche se desvaneció, convirtiéndose en día. Según nuestros cálculos, a las seis de la mañana la entrega de premios había acabado, pero no nos llamaban ni llegaba ningún telegrama ni teníamos noticias. El silencio a nuestro alrededor hería. «Creo que ya podemos irnos a dormir», nos dijimos con la mirada. Pero no teníamos valor para levantarnos del sofá. Permanecíamos allí quietos, en la luz lechosa del amanecer con la mirada clavada en los cuadros, en las fotos, hasta que nos quedamos dormidos como dos niños.

Pero a las 6.39 sonó el teléfono. Cruel como un despertador, como una sirena. Carlo se lanzó al auricular.

—¿Quién? ¿Quién? ¿Cary? ¿Cary Grant? —Un abismo silencioso seguido de una explosión de alegría que estalla como el triquitraque de una fiesta de pueblo—. *Sophia win! Sophia win! Sophia win!!!* —exclamó Carlo con un inglés vacilante.

Le arranqué el auricular de las manos.

—*It's wonderful, Sophia, it's wonderful. You are always the best!* —dijo la cálida voz de Cary Grant desde el otro lado del océano.

Le sonreí, me sonreí a mí misma, a nosotros y a la vida. En cuanto colgué empecé a saltar por el salón. Después me invadió de repente un cansancio infinito. No sabía qué pensar ni qué sentir. Noté un vacío en mi interior y fui corriendo a la cocina para comprobar que la salsa no se hubiese quemado.

Abajo, en el portón, se agolpaba una multitud de periodistas impacientes. Mamaíta y Maria se abrieron paso entre ellos, prometiéndoles que los recibiría más tarde. Mi hermana tenía en las manos una plantita de albahaca para mí. «Para que nunca olvides de dónde vienes...»

Nuestro abrazo fue uno de los momentos más intensos de toda mi vida. Mi Oscar era suyo. Su felicidad, mía.

Madres e hijas

Otro abrazo inolvidable —que llevaba tras de sí metros y metros de película rodada juntos en los últimos ocho años, entre los cuchitriles de Nápoles, las plazas de Trastevere, los callejones de Sorrento y las yermas colinas de Ciociaria— fue el de Vittorio De Sica. Él había sido el primero en ver a la promesa y a la actriz que se ocultaban tras la extra y la *maggiorata*. Y ahora a la madre tras la hija. Sí, porque también esta vez era un asunto entre madres e hijas, nada fácil de resolver.

Todo había empezado con una novela de Alberto Moravia, a quien Carlo apreciaba y respetaba inmensamente. Se veían a menudo y compartían proyectos, lecturas y opiniones. El argumento de *La ladrona, su padre y el taxista*, donde había conocido a Marcello, estaba inspirado en un cuento suyo. Y también había escrito *La chica del río* en colaboración con otros escritores. Pero *Dos mujeres* me había robado el corazón. Hablaba de nuestra tierra, de mi madre y de mí, de la guerra que habíamos vivido y de la que habíamos temido, de las heridas que no cicatrizan nunca. En esas páginas había encontrado el valor, el hambre, la ciega estupidez de la ignorancia, el instinto materno que vive en todas las mujeres del mundo.

Yo la había leído tres años antes, en Bürgenstock, cuando Carlo quería comprar los derechos de la novela y había pedido mi opinión. La devoré en dos días, sin poder parar de leer.

El personaje de Cesira me había seducido. Es una aldeana jovencísima que llega a Roma procedente del campo y cae en la trampa de un matrimonio equivocado. Después, sola bajo las bombas, intentando proteger lo poco que posee —sus cosas, su tienda— y a su hija, decide regresar a su tierra, la Ciociaria. Corren rumores de que la paz es inminente, de que es cuestión de pocas semanas, pues los Aliados están en las puertas. Cesira, una mujer con sentido común, abierta y combativa, haría cualquier cosa por su Rosetta. Su manera de ser, tan honrada, tan auténtica, tan consciente de sus propios límites, choca con el caos del momento, con la banalidad del mal, con un tren directo a Nápoles que se para en medio del campo, sin dirección.

A su alrededor piedras y polvo, caminos de herradura que suben por las colinas abancaladas para alcanzar las cumbres entre las montañas, donde ya no se puede estar seguro. Cabañas y casuchas, más apropiadas para los animales que para los cristianos, albergan a campesinos y a evacuados, obligados a vivir juntos por la situación de emergencia. Durante aquellas largas semanas, que se convierten en meses, incluso en temporadas, las vidas de los hombres del campo y de la ciudad se cruzan. A pesar de sus distintas mentalidades, en el fondo son iguales: todos están concentrados en sí mismos y en lo poco que les queda. Los ideales se desvanecen ante el frío, el hambre y el miedo. «Ingleses o alemanes…, ¡quienquiera que gane basta que se dé prisa!»

Durante la guerra, Moravia había sido evacuado en Ciociaria con su mujer, Elsa Morante. Él también había pasado hambre y frío, sabía qué era el tedio y el miedo, había dormido en colchones rellenos de espigas de maíz, de esos que pinchan en la espalda, entre chinches y ratas. Había comido con voracidad pan de algarroba y queso duro, naranjas y tripa de cabra. Y diez años después prestaba sus recuerdos a Cesira y a Rosetta, que se sentían perdidas tan lejos de casa.

En el pueblecito de Sant'Eufemia, donde encuentran hospitalidad a un alto precio, madre e hija empiezan a frecuentar a Michele, un hombre muy diferente de los demás, un habitante de otro planeta. Es un chico que ha estudiado, que habla con propiedad, por eso nadie lo entiende. Habla de despertar a los muertos, de insuflar en las personas que lo rodean las ganas de construir un mundo mejor. La amistad entre ellos crece poco a poco, fresca como el cielo, como los ciclámenes y el culantrillo en los bordes de las terrazas, como la achicoria, la cerraja y el calamento con los que se ven obligados a alimentarse cuando, pasado el otoño y el invierno, se acaban las provisiones e ingleses y alemanes, inmóviles en el frente del Garigliano, estrechan a Italia en un cerco. Tras cuarenta días de lluvia y lodo, la tramontana barre las nubes y el cielo vuelve a despejarse, aunque lo peor está aún por llegar. Se reanudan los bombardeos y, arañando el cielo, las bombas caen al azar. Empiezan los rastreos de los alemanes, enfurecidos por la inminente derrota. Llegan los estadounidenses, amables y despegados, que recorren con desgana la via Appia en dirección a Roma repartiendo caramelos y cigarrillos.

Es la lucha de todos contra todos, en la que domina el egoísmo y el miedo, donde la gente arrambla con todo lo que puede. Incluso Cesira, cegada por la alegría de la inminente liberación, olvida la amistad que la une a Michele, que le ha dado de comer durante todo ese tiempo. Sin embargo, su felicidad durará poco, pues su hija Rosetta será víctima de una violación a mano de sus mismos liberadores.

Durante el verano de 1959, mientras paseaba por los bosques de Bürgenstock, no hablaba más que de *Dos mujeres*, cuyo argumento se había convertido para mí en una obsesión. Carlo buscaba para el proyecto una producción internacional, pero aunque les gustaba el libro, los guionistas de Hollywood no estaban del todo convencidos de su viabilidad como película: «El ritmo es demasiado lento, la espera del drama se prolonga demasiado, no pasa nada hasta el final…», decían. Pero nosotros, que habíamos vivido de cerca la guerra y habíamos aprendido a esperar, estábamos absolutamente convencidos. Conocíamos demasiado bien esa historia.

En el libro Cesira tenía treinta y cinco años y Rosetta dieciocho. Yo estaba entre las dos, tenía veintiséis. En un principio pensaron en Anna Magnani para el papel de madre, en mí para el de hija y en George Cukor para la dirección. Cukor me había dirigido hacía poco y adoraba apasionadamente a Anna, le gustaba la idea y se presentó en Italia para convencerla, pero ella fue inflexible. «El personaje es estupendo, pero no puedo hacer el papel de madre de Sophia —dijo sin dudarlo—. Es demasiado alta, demasiado imponente. La aprecio mucho como actriz, pero no encaja como hija. Debería mirarla de abajo arriba, no tendría sentido», añadió.

Sin la Magnani, Cukor se echó atrás y Carlo tuvo que volver a empezar desde cero. Fue entonces cuando entró en juego De Sica, originario de la Ciociaria, apoyado por el inseparable Zavattini. Volvió al ataque con la Magnani, convencido de lograr lo que Cukor no había conseguido, pero Anna era un hueso duro de roer y estaba demasiado segura de lo que decía para ceder. Vittorio lo intentó en repetidas ocasiones, desplegando todo su *savoir-faire*, la última a través de Paolo Stoppa, que la llamó por teléfono. «Nannarella, estoy cenando con De Sica debajo de tu casa, ¿podemos subir un momento?», dijo tímidamente. Pero todo fue en vano. «El papel de hija le corresponde a una actriz de menos envergadura —apostilló—. Una Anna Maria Pierangeli..., juntas seríamos perfectas.» Cuanto más intentaba convencerla Vittorio, más obstinada se mostraba ella. Al final, quizá para provocarlo, dejó caer: «Si quieres que Sophia tenga un papel a toda costa ¿por qué no le das el de madre?».

Dicho y hecho. Aunque lamentando el rechazo de la Magnani, a la mañana siguiente De Sica me llamó a París y me propuso el cambio.

—Pero ¿qué dices? Es una mujer mucho mayor que yo. ¡Una madre! No sabría por dónde empezar...

—Por favor, Sofí, piénsalo bien. Conoces a esa madre. Has visto muchas como ella, y se parece a la tuya. Elegimos a una Rosetta con un par de años menos y todo solucionado. Te lo ruego, dime que sí.

A Carlo le gustaba la solución y me animó a aceptar.

—Si Vittorio cree que puedes hacerlo, es porque puedes, fíate de él.

Por otra parte, la variedad y la profundidad de sentimientos que puede expresar una madre es un desafío para una actriz. Sus matices, su psicología compleja y delicada siempre me han atraído, quizá porque en mi vida privada siempre han contado los afectos viscerales. No hay duda de que la mujer que se convierte en madre representa el aspecto más completo de la personalidad femenina y en este sentido desafía a cualquier artista a dar el máximo.

Vittorio me guió de nuevo en esta aventura.

«Cesira es una madre a todos los niveles. Es humilde, siempre ha trabajado y vive para su hija. Enfoca las cosas de manera simple y directa. Tú ya lo has vivido, Sofí. Sabes perfectamente de qué estoy hablando. Interpretarás el papel sin maquillaje y sin caracterización. Sé tú misma, conviértete en tu madre, y todo saldrá bien.»

Después de tantos años de Hollywood, con *Dos mujeres* volvía a casa, a mi cruda infancia. La guerra, que había permanecido latente dentro de mí durante mucho tiempo, afloraba para dar voz a esa mujer herida, a su sufrimiento y a su valentía. Pensaba en mamaíta, en cómo había luchado para sacarnos adelante, para darnos de comer, en cómo debía de sentirse aquellas noches en que los soldados marroquíes, acampados en la entrada de casa, llamaban borrachos a nuestra puerta. En cómo vigilaba en silencio, discretamente, a los jóvenes marines estadounidenses que venían al salón de nuestra casa a beber brandy. Sabía muy bien que el peligro estaba al acecho, en todas partes y en cualquier momento, incluso donde uno cree estar a salvo.

Cuando me presentaron a Eleonora Brown, la muchacha que habían elegido para el papel de Rosetta, me sentí enseguida responsable de ella, de nosotras. Su rostro era tímido e inteligente y teníamos por delante mucho trabajo juntas. ¿Cómo podía convertirme en su madre y sufrir por ella? ¿Cómo podía ganarme su confianza? Mi instinto me sugirió que la mirase con la misma dulzura con la cual me habían mirado a mí de pequeña, con el mismo amor con el que me habían protegido y amparado. Y funcionó.

Eleonora era hija de una napolitana y de un estadounidense que se habían conocido durante la guerra, y venía al plató acompañada a menudo por su tía. Tenía trece años, poco más que una niña, su mirada todavía era infantil y su cuerpo adolescente.

De Sica era un maestro dirigiendo a actores no profesionales. Obtenía de ellos lo que quería. Lo había demostrado en *El limpiabotas*, en *Umberto D.* y en *Milagro en Milán*, pero en *Dos mujeres* se superó a sí mismo. Lograba lo que quería con cualquier medio. En una de las secuencias más dramáticas, en la que Rosetta llora por Michele, interpretado por Jean-Paul Belmondo, llegó a decirle a Eleonora que sus padres habían tenido un accidente...

—Lo siento, querida, lo siento... —decía con voz trágica fingiendo compasión—. Están en el hospital, su estado es grave pero aún hay esperanza. Vamos, vamos..., ánimo niña...

Eleonora se echó a llorar, cada vez más fuerte. Tuvimos que interrumpir el rodaje porque no lograba calmarse. Vittorio había exagerado esta vez.

—¡Eleonora! —dije acudiendo en su auxilio—. ¡No es verdad! Te lo ha dicho para hacerte llorar. Levántate, sonríe...

Pero fue inútil, el shock había sido demasiado fuerte. Por otra parte, no era fácil para una niña exteriorizar emociones tan dramáticas. Cuando Vittorio no lo lograba, o cuando se pasaba, intervenía yo, suavizando, incitando, sugiriendo. Me acuerdo de la escena en que la ayudaba a lavarse y se quedaba con el trasero al aire. ¡Qué paciencia tuvimos que tener para que venciese la vergüenza y el pudor!

Con el tiempo aprendimos a conocernos y a querernos, como una madre y una hija, y su Rosetta pasó a la historia. La experiencia del rodaje fue tan intensa que nuestra amistad continúa y aún hoy nos llamamos a menudo.

El rodaje empezó el 10 de agosto de 1960. La *troupe* se instaló en las colinas alrededor de Gaeta. Carlo y yo alquilamos una gran casa blanca que se asomaba al golfo. Veía Pozzuoli desde la ventana. «Olvida Beverly Hills —comentó Vittorio—. Tú has nacido aquí, este es tu sitio.» Y en efecto, me sentía a gusto entre los extras, en las grutas, sin maquillaje, vestida de harapos, cubierta de polvo blanco bajo el sol del verano, descalza y con las maletas en la cabeza.

Revivía los bombardeos en el túnel del tren, entre ratas y cucarachas. Reconocía el sabor de la leche de cabra y la sonrisa arisca de los pastores. Los alimentos más sencillos, como el pan negro que tanto habíamos deseado, me apetecían.

De Sica me mantenía a raya: si sobreactuaba me bajaba el tono, y me instigaba a subirlo si no llegaba. Pero cuando llegamos al drama, a la desesperación, liberó de ataduras mi corazón. Permitió que diese a luz a Cesira. El milagro se cumplió y mi personaje emprendió su propio camino.

Fue el papel más difícil de mi carrera. Sin Vittorio no habría logrado nunca acallar el mundo que me rodeaba para concentrarme en el nacimiento de esa nueva vida, la única posible en ese momento. A De Sica se le llenaban los ojos de lágrimas rodando las escenas. «Toma buena. ¡A la primera!» Sabía en qué sentimientos hacer mella con una maestría que me transformó en esa mujer tan ajena al glamour de las estrellas.

Todavía hoy, cuando vuelvo a ver *Dos mujeres* en alguna ocasión, basta una escena para hacerme revivir la emoción de la primera vez. La piedra lanzada al jeep de los Aliados —«¡Ladrones, cornudos, hijos de puta!»— es un grito de rebelión contra el odio que durante muchos años tuvo al mundo sometido. La llama de esa rebelión debe mantenerse encendida, incluso en tiempo de paz, para que no bajemos la guardia. Para que algo así no vuelva a suceder.

Dos mujeres me regaló un Oscar y veinte premios: el David de Donatello, el Nastro d'argento, el premio a la mejor actriz en el Festival de Cannes... Y una magnífica entrevista de Alberto Moravia en la que hizo un recorrido por toda mi vida. Cuando la leo, a pesar de que han pasado cincuenta años, todavía me emociono.

El misterio de la normalidad

De la mano del gran escritor, vuelvo a Pozzuoli, a su pequeño puerto de agua verde y oleosa diseminada de cortezas amarillas de limón. La Pozzuoli de las viejas casas, de las viejas calles en penumbra, de las ruinas romanas y del templo de Serapis con las columnas sumergidas en el agua. Pero también a la Pozzuoli de la fábrica de cañones Ansaldo, donde trabajaba papá Mimì.

Guiada por sus preguntas, entro en nuestro pequeño piso con los muebles de nogal tallado y en la cocina, donde hago los deberes, donde mamá Luisa me da una taza de café y me cuenta cuentos en dialecto. En su reino, mamá prepara para comer pan con judías, el mismo plato que en la Ciociaria llaman *minestrina*. Por la noche se come pasta porque los hombres vuelven del trabajo y hay que alimentarlos. El 27 de cada mes vamos a Nápoles con la tía Dora, que me deja tomar una taza de chocolate con nata y una pasta de hojaldre en Caflisch. Allí veo por primera vez a Anna Magnani. Campea grande y fascinante en el cartel de la esquina de la calle, encima del teatro en el que actúa. Nuestros caminos hubieran podido cruzarse y sin embargo solo se rozaron.

En esa Pozzuoli de la memoria advierto la sombra de mi padre, el extraño, al que mi madre intenta atraer a nuestra casa con calculados telegramas, pero que no ve la hora de irse. «El convidado de piedra», nada más que un intruso. Es alto y distinguido, tiene el cabello canoso, la nariz ganchuda, parecida a un pico, pies y manos grandes, pero tobillos y muñecas finos. Una bonita sonrisa, una expresión despreciativa. Un seductor.

Moravia empieza a excavar sin piedad, desplegando toda su inteligencia. Y saca a la luz la herida de la que ha nacido Sophia Loren. La diversidad de mi familia —un padre ausente, una madre mucho más guapa que las demás—, que me hace sufrir y me llena de vergüenza, es también mi punto fuerte. La fuerza que me impulsa a trabajar, a demostrar quién soy, a elegir muy pronto mi camino. En otras palabras: «El éxito es el sustituto de una normalidad inalcanzable». Parto para Roma huyendo de una niña sin padre para buscarme a mí misma en la actriz en que quiero convertirme.

El juego se repite años después con Carlo y su doble función. Es el productor que podría ayudarme a coronar mi sueño y el hombre que podría regalarme la normalidad que tanto deseo. Pero, una vez más, hay un impedimento, un problema que me obliga a desviarme y quizá a llegar aún más lejos.

Y parto otra vez: dejo Roma por Hollywood como dejé Pozzuoli por Roma. Dejo una situación sin salida para encontrar una normalidad que no existe. Y el obstáculo me impulsa a superarme a mí misma, a darme una motivación interior, psicológica, que me permite identificarme con mis personajes y darles vida, comprender la realidad y profundizar el conocimiento de mí misma y del mundo.

«No se sufre en vano —dice Moravia—, al menos cuando se quiere encontrar un significado al sufrimiento.»

La señora Brambilla, con su acusación de bigamia, me roba la normalidad que iba buscando. Y yo reacciono con *Dos mujeres*, que me consagra como actriz a los ojos del mundo. Es mi destino. Si en el cine prefiero los papeles trágicos y pasionales, los personajes fuertes y emotivos, en la vida quisiera ser todo lo contrario: fría, controlada e introvertida. Es decir, normal. Pero la normalidad me rehúye, mi alegría de vivir, mi vivacidad y mi temperamento me lo impiden. Así que intento agarrarme a ella a través del arte, interpretando personajes fuera de lo común por los que me siento atraída precisamente por ser lo contrario de lo que quisiera ser en la vida. Eso es todo. Y no es poco.

Sueño que estoy en una playa a la hora de la puesta del sol y el mar está en calma, liso, parecido a un inmenso raso azul. El sol, rojo como el fuego, se está poniendo. De golpe, salgo disparada. Corro y corro. Me despierto.

Moravia lo explica como los magos caldeos interpretando los sueños de Nabucodonosor: el mar representa la normalidad que intento alcanzar en vano. El sol es mi éxito. Podría permanecer quieta mirando al mar y por el contrario corro hacia mi sol. Y como todos los que quieren alcanzarlo, tengo que recorrer un largo camino. Pero lo hago porque ese sol, aun estando muy lejos, me reconforta e ilumina mis pasos.

MI BAÚL DE LOS RECUERDOS

La carta en que doy las gracias a la abuela Sofía por haberme mandado un cheque de papá, 4 de junio de 1943.

Corzudi 4-6-1943

Cara nonna,
ho ricevuto ieri la tua lettera con un assegno di £ 300. Ti ringrazio molto per l'interessamento che hai avuto per me; anzi siccome non posso scrivere personalmente a papà perché non ne so più il suo indirizzo, mi farai tu il piacere di ringraziarlo per i soldi che mi ha mandato. Ieri 3 giugno è stato il giorno più bello della mia vita ho ricevuto la prima comunione e la cresima ora sono veramente felice.
Cara nonna appena dopo la comunione mammina mi ha portato a fare le fotografie che saranno pronte fra una settimana, appena le avrò la prima sarà spedita a te ed una a papà. La mia amore mi ha regalato

un bel braccialetto di oro con pietrine azzurre, ti assicuro che è molto bello e mi è piaciuto tanto.

Giorni fà ho terminato i miei esami e sono molto contenta di dirti che sono stata promossa in quinta classe con maggiori voti.

Lei contenta? Tanti baci.
Una aff.ma nipote

Sofia Scicolone
tanti ringraziamenti e saluti affettuosi.
Romilda

Mamá Luisa.

El día de mi primera comunión y mi confirmación, como le cuento a la abuela Sofía en la carta, 3 de junio de 1943.

Una foto que me hicieron cuando todavía era la Palillo…

… y otra que me hicieron cuando pegué el estirón. Fue tan repentino que mamá Luisa tuvo que añadir varias tiras en la cintura al vestido confeccionado con la tela que nos enviaba la tía de Estados Unidos.

Mi clase, en el último año de colegio. Soy la primera de la izquierda en segunda fila.

Mi primera foto en bañador, tenía catorce años.

En esa época siempre adoptaba una expresión enfurruñada para hacerme la interesante.

En Nápoles, cuando asistía a las clases del maestro Serpe, a finales de los años cuarenta.

Principios de los años cincuenta, cuando me mudé a Roma. Vivía con mamaíta y Maria, y no paraba entre concursos y sesiones fotográficas… que a veces realizábamos en el balcón de casa, en Villa Ada.

Preparándome con las demás participantes…

.. en esta foto de los años cincuenta
esfilo en la pasarela de Miss Italia
iciendo un vestido blanco ribeteado y
on flecos que amablemente me prestó
na amiga del organizador, Dino Villani,
ueña de una boutique. Gracias a él
ané el título de Miss Elegancia.

Un ejemplar de *Sogno* del 4 de noviembre de 1951 dedicado a mamaíta. Por aquel entonces mi nombre artístico era Sofia Lazzaro. Contiene un episodio de *Principessa in esilio*, donde interpretaba el papel de Michelle Dumas, «una chica rebelde y huraña» que intenta conquistar al apuesto príncipe Rojo.

Un insólito momento de relax con mamaíta…

Aunque a decir verdad no descansaba nunca, como escribo en estos apuntes años después, añorando una adolescencia que no tuve tiempo de vivir, pues siempre estaba ocupada persiguiendo mis sueños.

El cine, por fin. Aquí estoy con Totò en *Nuestros tiempos*, en 1954...

... y con Carlo Mazzarella en *Carrusel napolitano,* que rodé ese mismo año.

La frase que muchos años después de conocernos escribió Vittorio en su fotografía recordaba nuestro primer encuentro en Cinecittà. Yo no tenía quince años, sino diecinueve, y de su mano llegaban las primeras grandes oportunidades…

… aunque en aquella época los fotógrafos y los cámaras consideraban que yo no cumplía el canon de belleza y decían: «Es imposible hacerle fotos, tan corpulenta y huesuda. Tiene la cara demasiado corta, la boca demasiado grande, la nariz demasiado larga…».

Con todo, muchos años después escribiría en inglés en mi cuaderno de notas: «No intentes cambiar persiguiendo un ideal de belleza. Considera las imperfecciones de tu cara como un tesoro. Eso son, efectivamente».

> Don't even try to disguise yourself in order to approach an ideal. Think of the impurities of your face as the Treasure — which they really are.

En 1954, la primera vez que trabajé con Marcello. Aquí durante una breve pausa del rodaje d[e] *La ladrona, su padre y el taxista.*

Esta fotografía fue tomada en el plató de *La chica del río*, también en 1954. Allí fue donde Carlo y yo comprendimos que estábamos enamorados.

El cartel de *Mambo Bacan*, compuesto para *La chica del río*.

En una cena para celebrar *El oro de Nápoles*, en 1955. Estoy sentada entre Zavattini y De Sica. Detrás, el periodista Augusto Borselli, Giuseppe Marotta y Paolo Stoppa.

Una velada en casa de Carlo, con los amigos que habían colaborado en *La chica del río*. De izquierda a derecha: Antonio Altoviti, Lise Bourdin, Carlo, Suso Cecchi D'Amico, yo, Mario Soldati, Basilio Franchina, Gérard Oury y su mujer.

on Cary, en España, en 1956.

Cary y yo, en dos momentos de descanso del rodaje de *Orgullo y pasión*, en 1957.

CARY GRANT

Forgive me, dear girl
I press you too much.
Pray — and so will I.
Until next week —
Goodbye. Sophia,
Cary.

SOPHIA, with
only HAPPY THOUGHTS.

a tarjeta azul con membrete
ue Cary me envió al hotel,
n Atenas: «Perdóname,
uerida. Te he agobiado
emasiado. Reza por
osotros. Yo lo haré. Hasta la
emana que viene en Atenas.
diós, Sophia. Cary». Y en el
bre: «Sophia, con
ensamientos felices».

Aquí estoy con Carlo en el plató de *Arenas de muerte*, que rodamos en 1957 en el desierto de Libia.

HOTEL *Statler* WASHINGTON

Tonight, from New York — I'll be flying at the same time as you. You'll be in my prayers. If you think and pray with me, for the same thing and purpose, all will be right and life will be good.

C.

If this note means as much to you as yours do to me, I shall be glad I've written it.

Otra carta de Cary, desde Nueva York. Dice: «... Si piensas y rezas conmigo por lo mismo, todo saldrá bien y la vida nos sonreirá».

Mientras tanto, mi carrera había adquirido una dimensión internacional. Me pasaba la vida en los aviones…

Durante esa época tan intensa, Carlo y yo nos retirábamos a Bürgenstock para descansar. Aquí estamos despidiéndonos de nuestra vecina, Audrey Hepburn, en el umbral de casa.

27-1-958

SOPHIA LOREN

Cara mammina, le lettere all'inizio di un film sai che sono sempre le stesse. Piene di preoccupazioni. Tormenti. e specialmente in questo film. Ho cominciato a lavorare subito e tra prove e vestiti la settimana è volata via. Me ne scordo settimana è volata via per le fauve. Questo è un film particolarmente difficile. Molto drammatico. Ha bisogno di molta concentrazione. Pensa che non me ne volere se io non ti scrivo spesso. Non posso dire la stessa cosa di te, perché io di 10 minuti al giorno puoi anche se ti vorresti, se vuoi.

Una carta que escribí a mamaíta desde Estados Unidos en 1958. Le cuento que estoy preparándome para rodar una nueva película y le pido que me envíe los artículos de la prensa italiana que hablan de mí.

Sai che mi fa sempre enorme piacere ricevere vostre notizie e specialmente notizie dall'Italia.
Gradirei moltissimo avere i giornali dove si parla di me come L'Espero i servizi di Pietrini se sono usciti insomma tutti i giornali che sono usciti con le notizie sul mio conto per la mia recente visita a Parigi. Ehi di anche a Basilea, al Pays-Med col mio servizio. Ti chiedo queste cose perchè sono curiosa di sapere com'è la stampa italiana in generale con ___ Vorrei anche Novella con la copertina del film la Chiesa e di a Marra di spedire il tutto via Aerea e continuamente i giornali con le mie notizie. Cerca di _____ ___ per quello che riguarda le questioni familiari e vattene per un po' di giorni in qualche posto a riposarti. Ah! come vorrei fare la stessa cosa? Ricordami a papà _____ _____

En el plató de *El pistolero Cheyenne*, a principios de 1959.

Con la tía Dora y una vecina, al volver del rodaje de *Capri*…

… con Clark Gable, durante un descanso del mismo rodaje.

Con Peter Sellers, en el plató de *La millonaria*, en 1960.

Vittorio me hace una broma en el plató de *Dos mujeres*, en 1960. Detrás, Eleonora Brown se ríe divertida.

Una escena de la película.

Con Alberto Moravia, en el plató de *Dos mujeres*.

La larga entrevista que Moravia me hizo al finalizar el rodaje, en la que volví atrás en el tiempo hasta mi atormentada infancia.

Vittorio, Carlo y yo celebrando a horas tempranas la noticia de la concesión del Oscar a *Dos mujeres*.

Disfrutando de la estatuilla con mamaíta y María…

... y con Vittorio, al que tanto debía.

Una afectuosa tarjeta de la querida Audrey felicitándome por el Oscar.

LA PAISIBLE
TOLOCHENAZ
VAUD

There are no words to tell you how happy I am for you both — the whole world rejoices for you — Brava! brava! brava! — You have had so much courage and now you have your beautiful reward — I send you three all my love... and happiness — Audrey

Pero el trabajo sigue. Haciendo una mueca cómica en el plató de *Madame Sans-Gêne*, en 1961.

En otoño del mismo año, rodando *La rifa*.

Una pausa de felicidad familiar: Maria contrae matrimonio el 3 de marzo de 1962.

Y, poco después de un año, en enero de 1963, el bautismo de Alessandra.

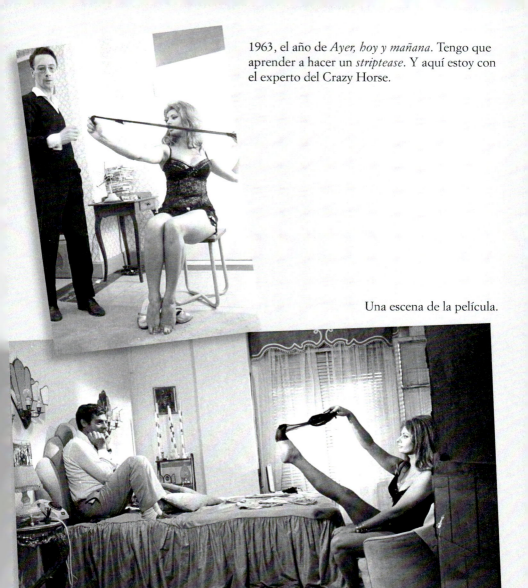

1963, el año de *Ayer, hoy y mañana*. Tengo que aprender a hacer un *striptease*. Y aquí estoy con el experto del Crazy Horse.

Una escena de la película.

El single original de *Abat-jour*, de Henry Wright, la música de fondo del *striptease*.

OGGI

ANNO XX · NUMERO 17 · 23 APRILE 1964 ★ SETTIMANALE DI POLITICA ATTUALITÀ E CULTURA ★ SPED. ABB. POST. GR. II - LIRE CENTO

A PAGINA 43:
Quanto costa davvero farsi una villa?

A PAGINA 24:
Dodici bambini chiedono una mamma

IN ESCLUSIVA PER "OGGI"
LE PRIME SCENE A COLORI
DI "FILUMENA MARTURANO"

Napoli. Sofia Loren ha posato per il nostro giornale coi costumi di scena del film *Filumena Marturano*, le cui riprese sono iniziate in questi giorni a Napoli con la regia di Vittorio De Sica. Sofia interpreta il personaggio di Filumena, Marcello Mastroianni quello di don Mimì. Ecco i due attori come appariranno nelle scene iniziali del film: lei con una grande chioma rossa e ricciuta, lui coi baffetti e i capelli imbrillantinati. « La commedia di Eduardo De Filippo mi aveva sempre affascinato », dice Sofia Loren nell'intervista che pubblichiamo dalla pagina 52 insieme con i provini a colori in esclusiva per *Oggi*. « Fui io a suggerire a Carlo Ponti di portarla sullo schermo ». All'inizio del film, Sofia ha diciassette anni; alla fine, quarantadue: cioè la versione cinematografica della commedia abbraccia tutto il doloroso cammino della vita di Filumena Marturano.

El número de *Oggi* del 23 de abril de 1964, dedicado al lanzamiento de *Matrimonio a la italiana*

El artículo ilustra el proceso de «envejecimiento» al que tuve que someterme para interpretar el papel de Filumena…

… y en esta tarjeta del mismo año le cuento a mamaíta que para interpretar a Lady L tuvieron que envejecerme aún más… («¡Tres horas de maquillaje con la piel arrugada a base de cola!»).

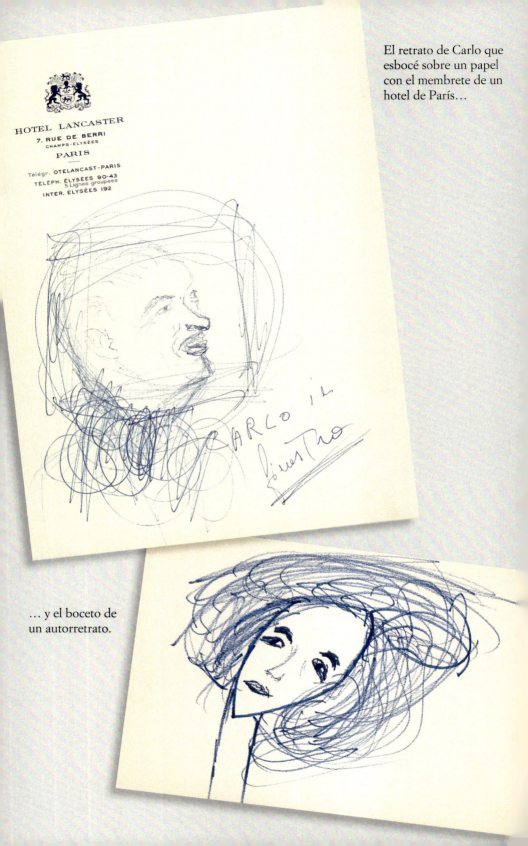

El retrato de Carlo que esbocé sobre un papel con el membrete de un hotel de París…

… y el boceto de un autorretrato.

Carlo y yo.

En Inglaterra, en el plató de *Arabesco*, dirigida por Stanley Donen con Gregory Peck, en 1965.

Con Vittorio, rodando *Matrimonio a la italiana*, en 1964.

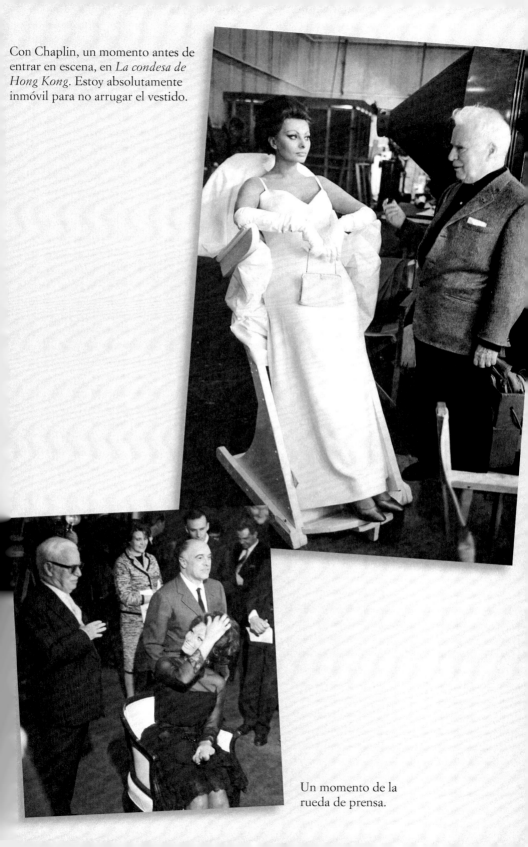

Con Chaplin, un momento antes de entrar en escena, en *La condesa de Hong Kong*. Estoy absolutamente inmóvil para no arrugar el vestido.

Un momento de la rueda de prensa.

El día de mi boda, el 9 de abril de 1966.

Con Vittorio Gassman, durante el rodaje de *La guapa y su fantasma*, de Eduardo De Filippo, en 1967.

¡El nacimiento de Carlo Jr.! Aquí estamos con Eisenstaedt, nuestro fotógrafo.

Los amigos comparten nuestra felicidad. Recibimos un telegrama de Vittorio, una hermosa carta de Giulietta Masina y una tarjeta de Joan Crawford, entre otros muchos.

Roma 9-1-'69

Sofia cara
ho voluto scriverti, dopo che un po' si face ha finalmente sostituito il clamore, e Tu puoi goderti Tuo figlio, Tuo soltanto e di Tuo padre, e non di quelche centinaio di milio- ni di persone —
Sono Tanto contenta con Te — Il nostro incontro è stato breve, ma io ho trovato per Te subito una vivissima simpa- tia umana — Lo che cosa significa quell'incredibile emozione di rivederlo, ein, appari- rive veramente finito, comple- to, totale, bello, forte, con come chi Ti vol bene volerva folle — Se posso invidiare un istante della Tua vita, quello è

l'istante —
Dagli un bacio, e a Te e a Carlo un abbraccio sin- cero assieme a Federico
Giulietta Masina Fellini

JOAN CRAWFORD
December 31, 1968

Darlings Sophia and Carlo,
I am so happy to hear of the birth of your Carlo Junior. My con- gratulations to all of you. Your baby has already shown discretion in choosing you for his parents.
Bless you, and my love to all of you.
Joan

Con Carlo Jr. en el plató de *El hombre de La Mancha*.

on Marcello y Dino Risi, mientras rodábamos *La mujer del cura*, en 1970.

1973, otro año lleno de felicidad: nace Edoardo

Una tarjeta con una poesía que me escribió Carlo cuando iba a la escuela primaria.

on mis adorados Cipi & Edo.

En estas páginas, recuerdos del querido amigo Richard Burton.

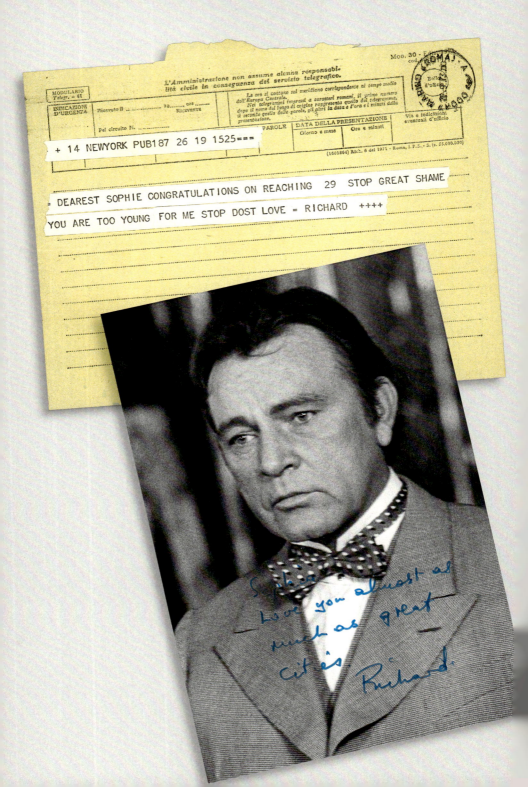

Richard Burton

Dearest Dost and Divine Ashes,

Have read script. What on earth ever persuaded anybody to do it without me? Incredible impertinence. I shall see you in one week from today. I love you, of course, but it's also a fine piece for much as I love I wouldn't do it otherwise.

The metteur-en-scène seems very nice but very nervous. Is he alright to work with? I expect there'll be some nonsense with the "Churchill" people but we'll let Frings and the other idiots work that out. I love you.

Im completely recovered from my recent madness and have rarely felt so content. Elizabeth will never be out of my bones but she is, at last, out of my head. Such love as I had has turned to pity. She is an awful mess and there's nothing I can do about it without destroying myself. I love you.

I'm looking forward to seeing you with immense eagerness. And Cipi and Eduardo and Inez and Pasta and Carlo and even England. It's quite a long time since I've been there. I was surprised at how long it's been.

This time I shall be a good actor for you. I was a bloody idiot last time.

See you in a week.

                                Love,
                                Richard

I forgot to mention that I love you.

La foto que Richard dedicó «A mi adorado Cipi».

Unos apuntes que escribí acerca del poder de la mirada: «Los ojos son el instrumento más importante de un actor. Gracias a ellos controla las emociones del público, sin intermediarios. Burton lo hipnotizaba con los suyos».

Dos imágenes del plató de *El viaje*, de 1973, la última película con Vittorio.

Con Marcello, en *Una jornada particular*, en 1977.

La carta que escribí a Sandro Pertini, presidente de la República, desde la cárcel.

Gregory Peck estaba conmigo cuando me otorgaron el Oscar honorífico, en 1991.

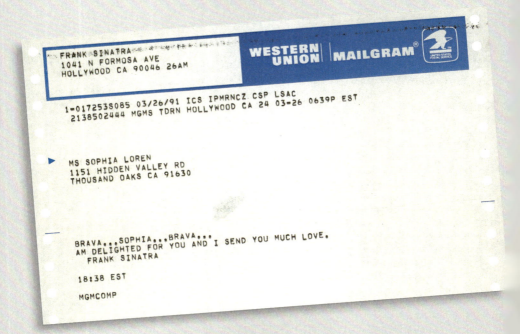

El telegrama de felicitación que me mandó Sinatra.

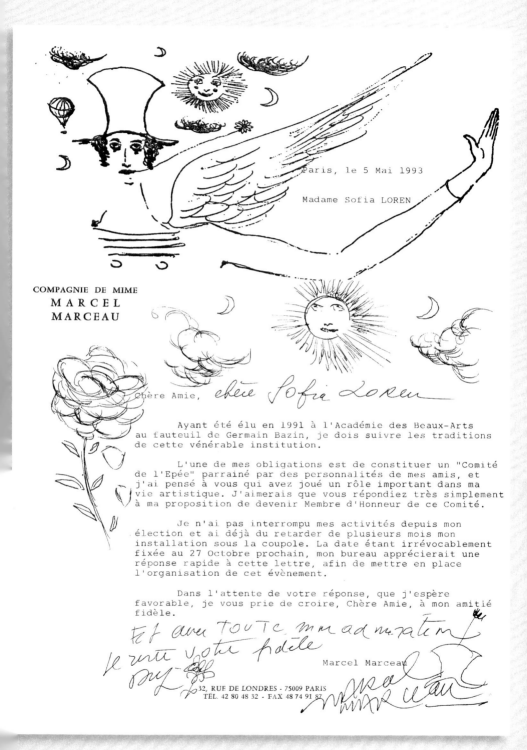

Paris, le 5 Mai 1993

Madame Sofia LOREN

COMPAGNIE DE MIME
MARCEL
MARCEAU

Chère Amie, chère Sofia Loren

    Ayant été élu en 1991 à l'Académie des Beaux-Arts au fauteuil de Germain Bazin, je dois suivre les traditions de cette vénérable institution.

    L'une de mes obligations est de constituer un "Comité de l'Epée" parrainé par des personnalités de mes amis, et j'ai pensé à vous qui avez joué un rôle important dans ma vie artistique. J'aimerais que vous répondiez très simplement à ma proposition de devenir Membre d'Honneur de ce Comité.

    Je n'ai pas interrompu mes activités depuis mon élection et ai déjà du retarder de plusieurs mois mon installation sous la coupole. La date étant irrévocablement fixée au 27 Octobre prochain, mon bureau apprécierait une réponse rapide à cette lettre, afin de mettre en place l'organisation de cet évènement.

    Dans l'attente de votre réponse, que j'espère favorable, je vous prie de croire, Chère Amie, à mon amitié fidèle.

Et avec toute mon admiration je reste votre fidèle

Marcel Marceau

32, RUE DE LONDRES - 75009 PARIS
TEL. 42 80 48 32 - FAX 48 74 91 87

Una carta ilustrada en la que Marcel Marceau me invitaba a formar parte del Comité de l'Epée, en 1993.

Con Marcello, en el plató de *Prêt-à-porter*, en 1994.

Con Giorgio Armani.

Con mi querida amiga Roberta Armani en un desfile.

En 1999, fui yo quien anunció que Roberto Benigni había ganado el Oscar por *La vida es bella*.

Dos momentos de *La voz humana*, la última película que rodé, gracias a Edoardo.

Mi mejor retrato, el de abuela.

8
«La dolce vita»

Marcello

Marcello... Marcello... La carrera para alcanzar el sol no habría sido tan intensa ni habría estado tan llena de satisfacciones sin Marcello. Su mirada dulce y su sonrisa bondadosa siempre permanecerán a mi lado, proporcionándome seguridad, alegría y un sinfín de emociones. Rodar doce películas juntos nos marcó. La primera vez yo tenía veinte años y él treinta. La última, sesenta y setenta respectivamente. Entre ambas surgió una larga amistad llena de afecto y de ternura que se reflejaba en el plató, iluminándolo de pasión.

Nuestra química nunca nos traicionó. La complicidad que nos unía —sexy, alegre, melancólica o irónica, según la ocasión, pero siempre profundamente humana— era tan espontánea que muchos se preguntaban si había algo entre nosotros. Por toda respuesta, ambos sonreíamos encogiéndonos de hombros. «¡Nada de nada! Es el milagro del cine... y de la vida.»

Marcello llegó a confesarlo en público, bromeando con el periodista Enzo Biagi, en una entrevista: «Sophia es la mujer con quien he tenido la historia de amor más larga de mi vida. Se remonta a 1954... —Y después, ya en serio—: De Sophia me gusta no solo que es una gran actriz, sino que además es una persona auténtica. Nunca ha habido nada entre nosotros. Definir nuestra relación como un afecto profundo o fraternal no es suficiente. Es algo más».

Me hice muy amiga de su madre, la señora Ida, que me invitaba a comer a menudo porque sabía que apreciaba la buena mesa. «Sofí, mañana haré conejo a la cazadora, ¿vendrás?» Era una mujer con sentido común, estaba orgullosa de sus hijos, pero tenía los pies en la tierra. Había nacido pobre y no quería hacerse pasar por quien no era. Nunca dejó su pisito de dos habitaciones donde vivió toda su vida. Se alegró mucho cuando nombraron *commendatore* a Marcello, y quiso enmarcar el diploma y la foto dedicada de Aldo Moro para enseñárselos a las vecinas.

Las aventuras extraconyugales de su hijo mayor le daban muchos quebraderos de cabeza y no lograba entenderlas del todo. Sin embargo, comprendía muy bien sus intensas relaciones de amistad, basadas en el afecto y en la lealtad.

Siempre tuve la impresión de que la nuestra era un punto de referencia para ella, quizá porque le daba seguridad. Si Marcello rodaba una película con otras actrices lo llamaba, preocupada. «Marce', ¿qué ha pasado? ¿Te has peleado con Sophia?»

Incluso ahora no sé explicarme el secreto de nuestro éxito. Lo cierto es que nos divertíamos mucho y creo que eso se reflejaba en nuestras películas. Tras nuestro debut con Blasetti, en 1954, nos pusimos en manos de De Sica, que supo comprendernos como nadie y se divirtió trabajando con nosotros. Él nos indicó el camino y encontró la clave de nuestro amor cinematográfico. Cuando el testigo pasó a Dino Risi, a Giorgio Capitani, a Ettore Scola, a Lina Wertmüller, y por último a Robert Altman, en *Prêt-à-porter*, ya nos conocíamos tan bien que para interpretar nuestros papeles nos bastaba con ser nosotros mismos. No necesitábamos ensayar y actuábamos en perfecta armonía. Nos resultaba tan fácil como ir de picnic en primavera. «¿Qué hacemos, Sofí? ¿Vamos?»

Bien pensado, quizá nuestro secreto residía en nuestra naturalidad, que reflejaba la vida de cada día, las esperanzas y los defectos de la gente corriente. Una Italia ahora pobre, ahora pequeñoburguesa, ahora esnob y de altos vuelos, en la que el público podía reconocerse. Nos inspirábamos en un amplio registro de emociones universales, llevábamos el *Italian way of life* a las salas de todo el mundo, y con su ironía vencía las barreras nacionales.

Compartíamos la misma discreción, el mismo optimismo. Y quizá, sobre todo, la alegría de vivir y la conciencia de que éramos personas afortunadas.

«Creo en los amigos, en el paisaje, en la buena cocina y en el trabajo», decía Marcello con su maravillosa sencillez. El trabajo lo rescataba de la pereza y cuando no rodaba se sentía «una bandera sin honor». A diferencia de mí, que nunca estoy quieta, que calculo diligentemente cada paso que doy y organizo mi vida como si fuese una cadena de montaje, él era perezoso.

«Soy como una llamarada —le dijo un día a Oriana Fallaci—. Una llamarada que se apaga si alguien no le echa gasolina encima.»

Se definía como una persona superficial y, sin embargo, pocos en su lugar se habrían juzgado a sí mismos con tanta honradez como él. Cierto, no profundizaba, no se enfrentaba a las cosas, se dejaba llevar. Hay quien dice que con ese aire distraído seguía siendo como un niño acunado por su propio candor. Si para mí interpretar significaba desvelar mis sentimientos más ocultos, para Marcello ser actor era la ocasión para ocultarse detrás de los de otros. En resumidas cuentas, interpretar para él era un juego, una vía de escape por la que transitaba a escondidas, sin ser visto.

Ambos creíamos en el poder de la amabilidad, nunca dimos crédito a las malas lenguas y jamás nos inmiscuimos en la vida de los demás. Cada gesto, cada palabra suya dejaba entrever la bondad de su alma. Quizá por eso la etiqueta de *latin lover* siempre le molestó. «Muchos aparejadores, por poner un ejemplo, han tenido más aventuras que yo», decía para defenderse de la mediocridad de los tópicos.

Sus comienzos tampoco fueron fáciles. Marcello nació en 1924 en Fontana Liri, cerca de Frosinone, y se trasladó con su familia primero a Turín y después a Roma, al barrio de San Giovanni, cuando todavía era pequeño. Los años de la guerra fueron una aventura; para que no lo reclutasen participó en unas oposiciones a dibujante en la empresa alemana Todt, que construía puentes y carreteras para la Wehrmacht. Estuvo en el Instituto Geográfico Militar de Florencia y después en Dobbiaco, de donde se escapó falsificando un permiso; a partir de ahí se mantuvo oculto en Venecia durante un año, hasta que llegaron los Aliados. Entonces volvió a Roma con un gran saco de judías para su familia, pero descubrió que su hermano menor, Ruggero, destinado a convertirse en un magnífico montador, se había adelantado y cada noche volvía del hotel Excelsior, donde trabajaba, con sobras exquisitas.

Como en la de la familia Villani, en casa de los Mastroianni se vivía al día y no era fácil llegar a fin de mes. Era la época que nos había tocado vivir, la Italia de entonces, y quizá eso también nos unió. Marcello durmió hasta los veintisiete años con su madre porque no tenían sitio para poner otra cama en la habitación, su hermano en el suelo, en el lado opuesto de la misma estancia, y su padre, que era carpintero, en el pasillo.

El fin de la guerra trajo consigo la despreocupación, la esperanza y, justo enfrente del bar Sport, una sala de fiestas donde se bailaba el boogie. Marcello se enamoró perdidamente de Silvana Mangano, que vivía en el mismo barrio, pero un año después ella tuvo éxito en el cine y se comprometió con De Laurentiis. Había sido un amor de juventud, si bien él se quedó destrozado. Cuando fue a verla al plató de *Arroz amargo*, desafiando a las demás escardadoras, al bochorno y a los mosquitos, ella fingió no verlo.

Marcello, que era aparejador, soñaba con convertirse en arquitecto, pero eran tiempos difíciles y había que contentarse con lo que te tocaba. Encontró trabajo como contable en una productora y cuando lo despidieron, dos años después, se buscó la vida entre el teatro y Cinecittà. Mientras tanto, frecuentaba el Centro Universitario Teatral, donde Luchino Visconti se había fijado en él. El aprendizaje no fue lo que se dice fácil, pues el conde lo reprendía duramente: «¡Más te valdría hacer de tranviario, pareces un animal!», cuentan que le dijo durante los ensayos de *Orestes*, de Alfieri. Le hizo sufrir, pero también le enseñó mucho. Marcello nunca reunió el valor para tutearlo, aunque con De Sica le pasó lo mismo, a pesar de la confianza que se tenían.

Un día, mientras rodábamos *Matrimonio a la italiana*, Vittorio lo asaltó.

—Anoche perdí cinco millones por tu culpa.

—¿Por mi culpa?

—Te busqué sin éxito. Si te hubiera encontrado, en vez de ir al casino nos habríamos ido a comer una buena pizza...

—*Commendatore*, permítame una pregunta: ¿por qué tira el dinero en el tapete?

Sin embargo, con Fellini surgió de inmediato una complicidad fraternal, parecían antiguos compañeros de pupitre. Como decía el maestro cuando bromeaba, su amistad era sincera porque se basaba en la completa y recíproca confianza. Se divertían holgazaneando, mentían por el gusto de hacerlo, estaban más unidos que dos hermanos. Recorrieron el camino de la vida juntos, y juntos crearon algunas de las obras maestras del cine italiano. Basta con citar *La dolce vita, Fellini, ocho y medio* y *Ginger y Fred*.

Marcello era un hombre fiel a sus afectos y nunca abandonó a las personas que quería. Su matrimonio con Flora Carabella duró hasta su muerte. Tuvo otros amores, otras compañeras, pero nunca quiso divorciarse de ella. Era su mujer. Ni siquiera su amor por Catherine Deneuve o su *amour fou* por Faye Dunaway fueron razón suficiente para que tomase esa decisión, que para él significaba causar un dolor innecesario a Flora. Ella lo sabía, lo quería mucho y aguantó toda la vida sus aventuras. Fue un padre dulce y cariñoso para Barbara y Chiara, que a veces lo consolaban de sus amores perdidos.

Cuando pienso en Marcello lo primero que recuerdo es su bondad. En la mayoría de las películas que interpretamos juntos, él siempre era el buen hombre que se amoldaba a todo y yo era la chica agresiva, impetuosa y difícil.

—Perdona, Marce', lo siento. Creo que esta vez he exagerado... —le decía después de haber rodado una escena en la que lo trataba fatal.

Como era una buena persona, además de un verdadero actor, él nunca se enfadaba.

—Eres una bruja, Sofí, déjame que te abrace, te quiero mucho.

Cuando tenía remordimientos, era él quien acababa consolándome y para agradecérselo le preparaba judías con tocino.

Nuestra amistad no necesitaba de muchas palabras. Nos entendíamos con la mirada, con los gestos y nuestra mutua presencia nos daba ánimos. Jamás nos reprochamos nada ni nos quejamos el uno del otro, y tampoco pretendimos nada diferente de lo que nos ofrecíamos. A veces, para romper la tensión en una escena difícil y para tomarnos el pelo decíamos: «No me gusta nada cómo lo has hecho…».

Pero reíamos con la mirada. Siempre estábamos bromeando.

Entre Romaña y Brecht

«Confianza» parece una consigna. Con el tiempo he aprendido que el verdadero desafío en nuestro trabajo, y quizá no solo en el nuestro, consiste en transformar la confianza que te brindan los demás en autoestima. Ahí empieza la experiencia, en el momento en que aprendes a creer en ti mismo, a tener en consideración tus éxitos y tus fracasos.

Para mí ese momento llegó con *Dos mujeres*. Después de haber encarnado a Cesira, me sentía capaz de interpretar cualquier otro papel. Ese éxito, personal más que cinematográfico, inauguró una década muy intensa en la que no solo me consagré como actriz, sino también como esposa, y finalmente como madre.

Corrían los fabulosos años sesenta, que cambiarían el mundo. La época de los Beatles y de JFK, de *Fellini, ocho y medio* y de James Bond, de la discoteca La Bussola y de Martin Luther King. Trabajaba en muchas cosas a la vez, a menudo en el ámbito internacional, pero en cuanto podía volvía a interpretar personajes italianos, con los que empatizaba a un nivel más profundo.

Mientras esperaba volver a reunirme con Marcello en el plató de *Ayer, hoy y mañana*, viajé en el tiempo y en el espacio, adaptándome a los papeles más diversos. Después de haber interpretado a Jimena, junto a Charlton Heston en *El Cid*, una especie de «súper western» histórico, fui madame Sans-Gêne, una lavandera revolucionaria que se convirtió en duquesa.

En otoño de 1961 abandoné el género histórico y me dejé llevar por De Sica en *La rifa*, uno de los cuatro episodios de *Boccaccio '70*. Los otros tres los dirigieron Visconti, Fellini y Monicelli. El guión era de Ennio Flaiano, Suso Cecchi D'Amico, Giovanni Arpino, Tullio Pinelli, Goffredo Parise, Brunello Rondi, Italo Calvino y el indefectible Zavattini, que había tenido la idea. Ante la cámara desfilaron Romy Schneider, Paolo Stoppa, Tomas Milian, Romolo Valli, Peppino De Filippo y Anita Ekberg, que acababa de rodar *La dolce vita* con Marcello.

En mi episodio, De Sica sacó provecho de toda su ironía —ligera y delicada, aun cuando rozaba lo grotesco— para poner en escena una lotería clandestina durante una feria castiza en Emilia-Romaña. El premio gordo era yo, Zoe, la reina del tiro al blanco.

«Gente de Lugo, tiro a los globos... ¿pistola o carabina?»

Al ritmo de un irresistible cha cha cha de Trovajoli —«Soldi, soldi, soldi tanti soldi, beati siano soldi, i beneamati soldi perché, chi ha tanti soldi vive come un pascià, e a piedi caldi se ne sta...», cantaba alegre y un poco chabacana—, con un vestido rojo como el fuego que se convierte en un bumerán cuando un toro desbocado se escapa del cercado, interpreto una nueva encarnación de la pizzera y renuncio al dinero por amor.

Me divertí mucho rodando en aquel ambiente campestre, rodeada de vacas y del polvo del parque de atracciones. El acento de Emilia-Romaña, tan alegre, me gustaba, y al final del rodaje ya hablaba como ellos. Siempre estaba de buen humor y todo el mundo se daba cuenta. Iba al plató en bicicleta y en los descansos cocinaba, escuchaba jazz y cantaba. A veces venía a verme mi hermana Maria y juntas cantábamos dúos napolitanos que hacían las delicias de toda la *troupe*. Como si no fuese suficiente, los floricultores de Lugo bautizaron con mi nombre una nueva variedad de rosa. ¿Qué más podía desear?

Mi Zoe gustó a Moravia, puso nervioso a Marotta, autor de *El oro de Nápoles*, que acusó afablemente a Zavattini de plagio, y tuvo un extraordinario éxito entre el público. Hasta el punto de que planearon rodar un *Boccaccio '71* con reparto internacional: Jacques Tati y Charlie Chaplin como directores, junto con De Sica.

Pero el proyecto no llegó a cuajar y en 1962 —después de haber rodado *Un abismo entre los dos*, una historia policíaca dirigida por Anatole Litvak, y de haber recibido el Oscar por *Dos mujeres*— Vittorio me dirigió de nuevo en el drama *Los condenados de Altona*. La película se inspiraba nada menos que en un texto de Jean-Paul Sartre y me flanqueaban tres premios Oscar: los actores Fredric March y Maximilian Schell y el guionista Abby Mann, apoyado por Zavattini. Yo hacía el papel de una sofisticada actriz brechtiana del Berliner Ensemble que descubre el turbio pasado nazi de su cuñado. No era un papel adecuado para mí y el guión, a pesar de los excelentes actores, no estaba del todo desarrollado. Pero era una historia muy hermosa e intentamos interpretarla lo mejor que pudimos. La crítica se ensañó con nosotros. Puede que la película los desconcertara, son cosas que pasan. Con la experiencia aprendes que un fracaso no equivale a una tragedia: el sol sale de nuevo al día siguiente y el apetito vuelve puntual a la hora del desayuno. En cualquier caso, para mí fue una experiencia interesante que me regaló otro David de Donatello y una certeza más.

Durante el rodaje, Carlo me llamó para darme una mala noticia. Habíamos trabajado todo el día y acababa de llegar al hotel.

—Sophia...

—¿Qué pasa? ¿Por qué tienes esa voz?

—... ha muerto Marilyn, me acaban de dar la noticia. Barbitúricos. Corren rumores de que se ha suicidado. —Me quedé sin palabras, con el auricular en la mano sin saber qué decir, hasta el punto de que Carlo se preocupó. Sabía muy bien que detrás de la imagen severa y resuelta se ocultaba una mujer muy emotiva—. ¿Sigues ahí, Sofia?

—Sí, sí, claro, ¿adónde quieres que vaya?

Esa muerte tan precoz y tan ambigua me consternó en lo más íntimo y me obligó a reflexionar. Me invadieron imágenes vertiginosas y confusas. Pensé en la belleza, en la soledad, en la necesidad que tenemos de sentirnos queridos. Rememoraba su sonrisa seductora, velada de nostalgia. No basta con ser la mujer más hermosa del mundo para ser feliz.

Marilyn era una gran actriz, aplastada por el peso de su propio talento, por hombres que lo habían pretendido todo de ella a cambio de nada, que habían querido transformarla a su antojo. No había logrado encontrar su propio camino. Sentí un escalofrío, como si una sombra me envolviera.

El nuestro es un mundo cruel que se alimenta y disfruta de las apariencias, que raramente se pregunta por lo que se oculta detrás de cada fachada. Por eso nosotros, los actores, no debemos permitir que el cuento de hadas nos arranque de la vida real, no debemos olvidar quiénes somos y de dónde venimos. El encanto de Marilyn había acabado por destruirla, convirtiéndola únicamente en una *sex symbol* sin alegría.

Ayer y hoy

—Vittorio, yo nunca he visto un *striptease*, no tengo ni idea de cómo se hace.

—Sofí, no te preocupes, he llamado a un experto.

Tras pasar otra larga primavera en España rodando *La caída del Imperio romano* con Alec Guinness y Omar Sharif, durante la cual había hecho una breve pausa para entregar en Hollywood el Oscar a Gregory Peck, estaba de nuevo en el plató con Vittorio, más en forma que nunca, pidiéndome otra vez que superase mis límites. Corría el mes de julio de 1963 y Marcello se había unido a nosotros para volver a dar vida a nuestro mágico trío.

Vittorio no se dio por vencido ante mis reparos.

—¡Ya verás, Sofí, ya verás, vamos a preparar una escena tan sexy que Marcellino arderá de pasión!

Yo lo miraba desconsolada, pero en el fondo disfrutaba imaginándomelo.

Ayer, hoy y mañana también era una película episódica como *Boccaccio '70*, pero los únicos protagonistas éramos Marcello y yo, en ciudades y contextos diferentes. Empezamos a rodar por el final y luego volvimos hacia atrás, desplazándonos por toda Italia.

Mara es una prostituta de lujo con un corazón de oro que vive en piazza Navona. Su terraza, que se asoma sobre los tejados de Roma, linda con la de un joven seminarista que pierde la cabeza por ella y se escapa de casa. La abuela del chico se desespera y acusa a Mara de haberlo seducido, pero después las dos mujeres hacen las paces y se ponen de acuerdo. El resultado surreal es que Mara hace una promesa para que el chico vuelva a casa: dejar de trabajar durante una semana. Para contentar a su cliente más fogoso, Mara le dedica un *striptease* que ha pasado a formar parte de la historia del cine.

El experto que De Sica llamó para que me ayudara se llamaba Jacques Ruet y venía directamente del Crazy Horse. Después de algunas semanas de entrenamiento, en las que me enseñó los gestos, el ritmo y los ademanes, estuve lista para interpretar el *striptease* a mi manera.

En realidad, antes de rodar la escena llevaba una semana sin dormir. No las tenía todas conmigo ni siquiera aquella mañana porque le pedí a De Sica algo que nunca le había pedido: «Vittorio, por favor, ¿podrías pedir que abandonaran el plató?».

Nos quedamos solos ante la cámara. Marcello, echado en la cama vestido, estaba listo para disfrutar del espectáculo. «¡Vamos, Sofí, sin miedo!», me susurró con una sonrisa, dándome ánimos. Su actitud tierna y despreocupada me ayudó mucho. Con las notas de *Abat-jour* de fondo me desnudo mientras él, acurrucado y con la barbilla apoyada en las manos, me mira como un niño goloso y se seca el sudor de la frente con el pañuelo. Cuando me quito la liga, empieza a aullar como un coyote en celo y su grito condensa toda esa alegría tan nuestra. La enésima ocurrencia de Vittorio aportó un toque de genialidad a la escena, que le valió el Oscar a la mejor película extranjera de 1965.

Lo sé, corro el peligro de resultar pesada si repito que Marcello y yo nunca lo habríamos logrado sin él, pero es así. Ambos estábamos poco preparados para enfrentarnos a una escena de sexo explícito, desinhibido y sin tapujos.

«En las películas antiguas —le contaba Marcello a Enzo Biagi en la entrevista— Marlene Dietrich, por ejemplo, se ocultaba tras un biombo y después veías aparecer un corsé. El espectador fantaseaba, imaginaba qué había detrás, a la actriz desnudándose.» En *Ayer, hoy y mañana* el biombo era la ironía de De Sica, ese no tomárselo todo demasiado en serio, su sonrisa llena de afecto y de humanidad. Me di cuenta después, pero fue una de las escenas más divertidas que he rodado jamás. Y creo que todavía sigue funcionando, a pesar de que los tiempos y las costumbres han cambiado.

Me hizo sonreír el comentario de Omar Sharif, al que conocía desde hacía poco.

«Sophia, ese *striptease* no fue una sorpresa para mí, en absoluto. ¡Te había soñado desnudándote tantas veces que me pareció volver a ver una escena conocida!»

Para rodar «Adelina», el episodio escrito por Eduardo De Filippo acerca de la verdadera historia de Concetta Muccardi, nos trasladamos a Nápoles. Contrabandista de cigarrillos en el barrio Forcella, Concetta había tenido diecinueve hijos porque las mujeres embarazadas no iban a la cárcel. Por suerte, en la película habían quedado reducidos a siete, pero al final, aunque no eran suficientes para impedir que la detuvieran en la versión cinematográfica, seguían siendo muchos y aparecían por todas partes: en brazos, debajo de la cama, fuera de la cárcel esperando a que su madre saliese...

La parte más cómica le tocaba a Carmine, el marido agotado que no lograba cumplir con su deber conyugal. La escena en que íbamos al médico para buscar una solución era espectacular.

—Así que no queréis tener más hijos...

—¡No, todo lo contrario, doctor, este ya no funciona!

—Señora, cuando un caballo está cansado —advertía el médico— no hay que darle fustazos, sino dejarlo descansar en la cuadra...

El destino quiso que durante el rodaje napolitano empezase a sentirme extraña. Al cabo de unos días, quizá contagiada por Adelina, sospeché que estaba embarazada. Consulté a un médico del lugar y me aconsejó varios análisis que dieron negativo. Pero esa sensación continuaba e hice venir de Roma a una eminencia en la materia, que se presentó con su maletín de piel oscura. Cuando lo abrió pegué un brinco del susto. Una ranita verde me observaba asustada con sus ojos saltones.

—Pero ¿para qué necesita la rana? —pregunté.

El médico permaneció impasible y le inyectó mi orina.

—Si muere significa que está usted embarazada...

Al cabo de un rato el bicho empezó a agitarse compulsivamente, como si hubiese recibido un golpe en la cabeza, pero no murió. Me despedí del médico, fui a dar una vuelta por Mergellina y solté a la pobre rana en un estanque.

«Qué lástima, por un momento creí estar embarazada», pensé.

Sin embargo, y en contra de la evidencia, cuando faltaba poco para que acabase el rodaje mi estado de buena esperanza se confirmó. Era sumamente feliz, como jamás lo había sido en mi vida. Tenía veintinueve años, que para la época no eran pocos, y mi deseo de ser madre se había convertido en una obsesión. Me encantaban los niños y la idea de tener uno propio me permitía experimentar esa sensación de plenitud que siempre había buscado.

«Sophia ha nacido para ser madre», decía Vittorio, que tenía una sensibilidad especial para los niños. A menudo habían protagonizado sus películas y con algunos de ellos, que conocí durante el rodaje, estuve en contacto durante mucho tiempo. La niña de *Cintia*, por ejemplo, me escribió hace unos años para decirme que acababa de convertirse en abuela.

Yo había sido una madre desesperada en *La chica del río*, una madre en dificultades en *La orquídea negra* y la madre sufridora de las dos gemelas del *El Cid*, por no hablar de la Cesira de *Dos mujeres* en la que encarnaba a la madre mediterránea, capaz de cualquier cosa por una hija.

En *Capri*, por el contrario, rodada en 1959, interpretaba a una tía alegre y transgresiva. Cierto es que mientras tanto me había convertido en tía de verdad: el 30 de diciembre de 1962, nueve meses exactos después de haber contraído matrimonio con Romano Mussolini, Maria había dado a luz a Alessandra que, como nació prematura, nos tuvo muy preocupados al principio. La bautizamos el 12 de enero y yo fui su feliz y orgullosa madrina.

Sé que ahora que ya ha pasado mucho tiempo puede parecer increíble, pero un suceso tan alegre e inocente también fue objeto de críticas, pues, al parecer, una pecadora como yo no tenía derecho a participar en una celebración religiosa. Lo mío con Carlo todavía estaba lejos de resolverse y seguía alimentando el morbo de los hipócritas, aunque no dábamos demasiada cabida a sus maledicencias. Tras el susto inicial, Alessandra crecía fuerte y sana, dejando atrás todos los disgustos. Ahora me tocaba a mí, y no veía la hora de tener un hijo.

Pero no fue así, y los días que siguieron fueron los más desdichados de mi vida. Aunque seguía trabajando, sentía que había algo que no iba como debía, que no era normal. Consulté a otro ginecólogo, que me tranquilizó.

—Descanse durante algunos días y en lugar de viajar en coche hágalo en tren, pero no se preocupe. Todo está en orden.

Nos dirigíamos a Milán para rodar el último episodio de la película, inspirado en un cuento de Moravia, cuyo título era «Anna». Por desgracia, se desarrollaba enteramente en un coche de atrezo montado en un brazo hidráulico, que simulaba los baches con mucha más fuerza que un automóvil de verdad.

La primera noche en Milán sentí un dolor muy fuerte. El médico que llamó el hotel intentó tranquilizarme, pero al cabo de poco me vi obligada a acudir a urgencias. No llamamos a una ambulancia para tratar de pasar inadvertidos y mientras bajábamos en el ascensor faltó poco para que me desmayase. A pesar de que me asistieron de la mejor manera posible, la urgencia con la que los médicos se movían nerviosamente a mi alrededor no dejaba presagiar nada bueno. Tenía miedo y miraba aterrorizada la tragedia que estaba a punto de cernirse sobre mí, arrebatándome el hermoso sueño que apenas había tenido tiempo de acariciar. Me sentía indefensa, hacía preguntas a las que nadie sabía qué responder.

—Tranquilícese, señora. Ahora veremos, intentamos averiguar qué le ocurre. No se ponga nerviosa, ya verá cómo dentro de poco se encontrará mejor.

Palabras que no significaban nada y que me dejaban sola y abandonada a mi desesperación. Todavía puedo verme echada en la camilla, rodeada por aquellas paredes blancas, la luz de neón y el olor a desinfectante penetrando en mi piel y llegando directo a mi corazón.

Pero el recuerdo más doloroso de esa noche sigue siendo la mirada despreciativa y acusadora de las monjas. Una mirada obtusa, sin humanidad, sin sentimiento. Una humillación inútil y gratuita fruto de los prejuicios y de la ignorancia de quien pretende ser depositario de la verdad y en realidad no sabe nada de los deseos y los miedos de la mujer que tiene delante.

Después del raspado volví inmediatamente a trabajar. No quería hacer esperar a la *troupe* y además era lo único que podía hacer.

Me costó un terrible esfuerzo. Me sentía completamente vacía, como si el mundo se hubiera apagado para siempre. Por más que lo intentaba, no lograba ver la luz, nada me consolaba. Carlo estaba siempre a mi lado y mi hermana vino enseguida de Roma para estar conmigo, pero todo fue inútil. Me sentía sola, desesperadamente sola, como no me había sentido jamás. Mi vida de estrella se me antojaba insignificante comparada con la felicidad de las madres que había entrevisto en la clínica mientras se disponían a dar de mamar a los recién nacidos.

La mañana en que volví al plató, acurrucada en un rincón del coche, miraba ausente por la ventanilla una Milán gris, indiferente a mi sufrimiento.

—¿Qué ha ocurrido? ¿Estás esperando un niño? —preguntó, tímido y dulce Marcello, acercándose a mí.

—Lo estaba esperando.

—Lo siento.

Se retiró sin añadir una sola palabra, con la misma dulzura con la que se había acercado. No volvimos a mencionarlo, pero sabía que él estaba a mi lado y que podía contar con su afecto. En ese momento comprendí que nuestra amistad era para siempre.

Mañana

Muy pronto descubrí que las sacudidas del coche no habían tenido nada que ver con lo ocurrido, sino que todo dependía del equilibrio hormonal. Pero antes de eso la vida me reservaba aún muchos más sufrimientos.

Perdí a mi segundo hijo cuatro años después, mientras rodaba *Siempre hay una mujer*, una hermosa fábula de Francesco Rosi, con Omar Sharif. Como siempre, la experiencia me sirvió de algo y me cogió menos desprevenida, aunque nada puede paliar el dolor por esta clase de luto. Simplemente conocía mejor mi cuerpo y había aprendido a interpretar sus señales.

A los primeros síntomas de embarazo —faltaban tres días para el final del rodaje—, llamé a Carlo, preocupada y feliz a la vez. «Carlo, estoy embarazada... Pero ahora quiero tener mucho cuidado, no puedo correr ningún riesgo.»

Él estaba aún más nervioso que yo, no habría podido soportar verme sufrir como la primera vez. Estaba acostumbrado a tener el control y este era un territorio desconocido para nosotros, sin reglas y sin puntos de referencia. Intentó aparentar una seguridad que no tenía para que estuviera tranquila. «Claro, Sofia, yo me ocupo de todo. Acabaremos la película más adelante.»

Abandoné el rodaje y me metí en la cama por prescripción propia. No hacía nada. No leía, no veía la televisión, hablaba lo menos posible para no molestar al niño. Ni siquiera me rozaba la barriga por miedo a importunarlo. Pero una voz dentro de mí me advertía de que estaba ocurriendo otra vez.

Mi ginecólogo, considerado el mejor especialista que existía, no me fue de ninguna ayuda sino más bien todo lo contrario. El día en que volví a sentir aquel dolor que conocía tan bien, Carlo estaba de viaje en Londres y yo estaba en casa —acabábamos de mudarnos a una villa maravillosa en Marino, en las colinas de Roma— con mi querido amigo Basilio, que me hacía compañía. Desde que lo conocí, durante el rodaje de *La chica del río*, no habíamos vuelto a separarnos y su amistad fraternal hacía que me sintiese protegida incluso ante la inminencia de la tragedia. También estaba Ines, mi secretaria, cogiéndome la mano. Su sexto sentido había intuido el drama, y quizá también el mío, pero no dijimos nada.

Basilio llamó al médico.

—Venga enseguida, doctor, se lo ruego... Le repito que la señora tiene contracciones, está muy pálida y a punto de desmayarse.

Pero la gran eminencia no se dejó enternecer.

—No será nada, dele una tila y ya hablaremos mañana por la mañana —sentenció, engreído.

Se consideraba un dios, nunca dudaba de sus afirmaciones y su verdadera pasión estaba dirigida a los coches de carreras, de los que era un verdadero fanático. A veces llevaba un ridículo gorro de piloto como si fuera Tazio Nuvolari en persona.

Fuimos de urgencia al hospital, a pesar de su indiferencia, y lo encontramos a punto de salir para un cóctel.

—Solo es un ataque pasajero —sentenció mientras la puerta se cerraba tras él haciendo revolotear su bata bajo la cual se entrevería un jersey de cachemir—. Ahora duerma. Le he dado un buen calmante y mañana ya veremos.

Las contracciones se intensificaron y me puse de parto. Estaba más amarilla que un limón. Mi madre, que mientras tanto había llegado, arremetió contra él con todas sus fuerzas.

—Pero ¿no se da cuenta del mal aspecto que tiene? ¡Va a perder al niño!

No hubo nada que hacer. El cóctel lo esperaba.

Cuando a las cuatro de la mañana los dolores cesaron de repente comprendí que todo había acabado. Ante el hecho consumado, Ines llamó al doctor. Llegó sin prisa, hacia las seis, y por toda explicación sentenció:

—Señora, usted tiene unas caderas estupendas, es una mujer muy hermosa, pero nunca tendrá un hijo.

Sus palabras hicieron que me sintiese incapacitada, yerma y profundamente inepta. Destrozó todas mis esperanzas. ¡Adiós cuento de hadas! Mi vida había tomado un rumbo triste y sin futuro. Los periódicos lo hicieron todo más difícil, pues no perdieron tiempo en proclamar a los cuatro vientos nuestro dolor.

«Ahora puedo volver a rodar y acabar la película», le dije a Carlo, que llegaba directamente del aeropuerto, en cuanto puso un pie en la habitación. Intentaba en vano mostrarme brillante y hacerme la dura. Su sonrisa se contrajo en una mueca que revelaba su sentimiento de impotencia. Entonces me dejé llevar y me abandoné a un llanto irrefrenable.

Fueron meses de desesperación. La sensación de fracaso se extendía a todos los rincones de mi alma como una inundación que lo arrasara todo, casas, calles y ciudades. Hasta Carlo, un hombre de negocios duro, firme y audaz, perdió el rumbo. Estaba deprimido y le costaba trabajar, hablar y sonreír.

Afortunadamente, el destino suele reservar una de cal y otra de arena. Para nosotros la grata sorpresa fue como un soplo de viento que invirtió la ruta y anunció una solución.

La mujer de Goffredo Lombardo, el productor que se había inventado mi nombre artístico, había vivido una odisea parecida a la mía y había dado con la persona adecuada. Un hombre, antes que un médico. Se llamaba Hubert de Watteville y dirigía la clínica ginecológica del hospital cantonal de Ginebra.

Era un señor alto, de unos sesenta años, de nariz aguileña y modales aristocráticos y algo despegados. Al principio me desilusionó. Más que un aséptico profesional deseaba encontrar a un padre afable. Pero me equivocaba. Con el paso del tiempo, descubrí a uno de los hombres más afectuosos y sensibles que he conocido. Él tampoco tenía hijos y había volcado su deseo de paternidad en el trabajo. Los niños que ayudaba a nacer también eran un poco suyos.

Tras haber estudiado mi caso con detenimiento, llegó a conclusiones mucho más optimistas de lo que esperaba. «Usted no tiene nada, es una mujer normal. La próxima vez que se quede embarazada, la monitorizaré para saber exactamente lo que hay que hacer. Ya verá, esta vez todo irá bien.»

Cuando a principios de 1968 me quedé embarazada por tercera vez, me trasladé a un hotel de Ginebra cercano a su consulta, me metí en la cama y esperé con paciencia que se cumpliese el milagro bajo su reputada vigilancia. Después de hacerme numerosos análisis, me citó en su consulta. «Su problema es la falta de estrógenos, que impide al huevo fecundado adherirse a la mucosa uterina. Nosotros se los proporcionaremos con inyecciones y en diciembre nacerá su hijo. ¡Como el niño Jesús!».

Pasé meses de angustia y de tranquilidad al mismo tiempo en aquel decimoctavo piso del hotel Intercontinental. Meses de ocio forzoso que requerían una distracción que llegó de la mano de la cocina. Esa cocina que me recordaba mi infancia, mi vida, a mi familia. Empecé a cocinar con Ines, que me ayudaba a recoger y ordenar las recetas de mi pasado, las sugerencias recogidas en mis viajes por el mundo y los consejos de chefs, más o menos famosos, que había conocido. Lo anotaba todo diligentemente en un cuaderno para que no se perdiese nada de esa extraordinaria experiencia.

«¡Esto puede convertirse en un libro de cocina estupendo! —dijo un día Basilio, hojeándolo por curiosidad—. ¿Por qué no lo publicamos?» Así nació *Yo, en la cocina*, publicado por primera vez en 1971, y de nuevo el año pasado, en 2013. El amor y la cocina me ayudaron a llegar hasta el día —tan temido y deseado— del parto.

Cuando llegó el momento —habíamos fijado la fecha de la cesárea para evitar complicaciones—, el doctor De Watteville me vino a buscar a escondidas a las cinco de la mañana. Para liberarme de la multitud de periodistas que se agolpaban delante de la clínica entró con el coche en el hall del hotel.

La noche anterior no había podido dormir, dándole vueltas a mis preocupaciones. La verdad es que no quería que mi embarazo tocase a su fin. En cuanto entré en la clínica y oí llorar a los recién nacidos, me di cuenta de que pronto oiría llorar a mi hijo. Deseaba que el tiempo se alargase hasta el infinito. Estaba asustada. No quería compartir con nadie a mi hijo, que me pertenecía solo a mí. Ahora sé que ese era el primer paso de lo que solemos llamar maternidad: al separarme de él estaba a punto de entregar a mi hijo a su propia vida.

Pocas horas después nacía Carlo Hubert Leone Jr. —Carlo como su padre, Hubert por el doctor De Watteville y Leone como su abuelo paterno—, regalándome la dulzura más intensa que había experimentado jamás, comparable únicamente a la que sentiría cuando naciera Edoardo, cuatro años después.

Mi cuento de hadas, mi verdadero cuento de hadas, se había convertido en realidad.

Mientras me dejo llevar por las emociones y revivo esa felicidad inenarrable, mi caja de los recuerdos me coge de la mano para conducirme unos años atrás.

9
Matrimonios

Matrimonios a la italiana

«Domenico, ¡te has perdido lo bueno de los hijos! Los hijos se tienen entre los brazos cuando son pequeños, hacen que te preocupes cuando están enfermos y no saben cómo decirte lo que tienen…, corren a tu encuentro con los bracitos abiertos diciendo "papá"…»

Las palabras de Filumena Marturano resuenan en mi mente como una música dulce, llena de verdad, mientras intento alisar con los dedos una portada arrugada de *Oggi* con fecha 23 abril de 1964 anunciando el principio del rodaje. Carlo y De Sica habían decidido llevar a la pantalla la comedia que Eduardo De Filippo había escrito para su hermana Titina. Ignorando que cuatro años más tarde me convertiría en madre real de Carlo Jr., volvía a ser madre en el cine. Y de nuevo con Marcello.

Carlo le daba vueltas desde hacía mucho tiempo y un día, como quien no quiere la cosa, se decidió a hablarme de ello.

—Sophia, ¿te gustaría hacer de Filumena?

Cerré los ojos e imaginé que el telón se abría frente a mí. Después las luces y el terciopelo rojo de una inmensa platea…

—¿Filumena? ¿Filumena Marturano? —Carlo intuyó que no

estaba convencida del todo y me miró sonriendo. También sonriendo le respondí—: ¿Crees que estoy a la altura? Me encantaría...

Y este simple intercambio de opiniones inauguró una de nuestras aventuras más acertadas.

Matrimonio a la italiana —el título elegido para la historia de Filumena era un guiño a *Divorcio a la italiana*, de Pietro Germi, de 1961— fue una de mis películas más importantes. Me ofreció un gran papel que recorría veinticinco años, sufridos uno por uno, de la vida de una mujer napolitana inteligente y apasionada que luchaba con todos los medios a su alcance por su dignidad y la de sus hijos. En resumidas cuentas, un papel que habría deseado interpretar cualquier actriz.

En la comedia, Filumena representaba una mujer de mediana edad, cansada pero aún no vencida por la vida. Nacida en uno de los barrios más pobres de Nápoles, San Liborio, acaba trabajando en una casa de citas como muchas de sus coetáneas. Allí conoce a don Dummì, un soltero incorregible y acomodado perteneciente a una clase social muy diferente de la suya. Se enamoran, y a pesar de que ella se hace ilusiones, él no tiene ninguna intención de casarse con ella, sino que la convierte en su querida. Se la lleva a su casa, donde la relega a la habitación de la criada, la retira, encargándole que dirija su pastelería —encargo que ella cumple con la eficiencia de una dueña— y le es infiel toda la vida. Mientras tanto, ella da a luz tres hijos, que mantiene ocultos y a los que da estudios con el dinero de él. Pero al hacerse mayores, Filumena no puede más y lucha por darles un futuro, un padre y un apellido. ¿Quién iba a entenderla mejor que yo? Mi hermana Maria y yo sabíamos muy bien qué significaba eso.

La obra empieza precisamente en este punto, con un astuto subterfugio: Filumena finge que está a punto de morir para que Domenico se case con ella, y no se rinde ni siquiera cuando descubren el embrollo. Nada puede detenerla. Está decidida a llegar al fondo del asunto. «Dummì, uno de los tres es hijo tuyo, pero no te digo cual. O todos o ninguno.»

A finales de los años cuarenta, el personaje de Filumena era tan amado por su público que había cobrado vida propia. Luigi De Filippo, el hijo de Peppino, contaba que una noche un grupo de señoras que había ido al camerino de Titina, en el teatro romano Eliseo, aprovechó la ocasión para pedirle que les desvelase el misterio de la paternidad de sus hijos.

—¡Qué gran actriz es usted, Titina! ¿Podría decirnos cuál de los tres muchachos es hijo de don Dummì? La curiosidad nos devora...

Titina, que era realmente una gran actriz, les siguió el juego.

—Queridas señoras, no puedo confesarlo... ¡Mi hermano Eduardo se enfadaría mucho conmigo!

Normalmente calo a las personas con una mirada y lo mismo me pasa con los personajes, me basta una ojeada para saber si me gustan o no. Si no los siento míos, no hay nada que hacer. Filumena me pertenecía como el acento de Pozzuoli, como via Solfatara. Quizá porque siempre había obedecido a su propia ley «la de la risa, no la del llanto».

Cuando acepté tímidamente el papel, Carlo no perdió el tiempo. Sondeó la disponibilidad de Mastroianni y encargó el guión a Renato Castellani, Tonino Guerra, Leonardo Benvenuti y Pietro De Bernardi. Pero fue De Sica, como siempre, quien solucionó mis últimas dudas y mis vacilaciones, adaptando el personaje a mi medida.

En 1946 Eduardo había escrito para su hermana la comedia que dio vida a la película. Tras triunfar en el teatro, los De Filippo la habían adaptado para la pantalla en 1951. En aquellos tiempos todos identificaban a Filumena con Titina, y acto seguido con otras grandes intérpretes como Regina Bianchi y Pupella Maggio... La flor y nata de los escenarios italianos.

Por su parte, De Filippo estaba contento de pasar el testigo a De Sica, se fiaba de su espíritu profundamente napolitano, de su sensibilidad. También tenía curiosidad por ver cómo interpretaba el personaje que había concebido para Titina. «Estoy seguro de que lo tratarás bien —me dijo un día sonriendo—, que no le faltará de nada, que le darás un toque personal y fama internacional.»

El destino nos juega a veces malas pasadas. Trabajábamos en la película cuando, el 26 de diciembre de 1963, sonó el teléfono en nuestra villa de Marino. Estábamos sentados a la mesa con mi madre, Maria, la pequeña Ale y Basilio, disfrutando de las sobras de la comida de Navidad en el cálido ambiente del día de San Esteban, cuando todo es más dulce, la tensión ha desaparecido y gozas completamente de las fiestas. La voz abatida de De Sica, al otro lado del hilo, nos anunció que Titina había fallecido. Su corazón enfermo había claudicado y la muerte nos había arrebatado a una mujer dulce y fuerte, a una gran actriz.

Asistí al funeral, que se celebró en la basílica del Sacro Cuore Immacolato di Maria, en la piazza Euclide, con Vittorio. Una infinita tristeza flotaba en el aire de aquel frío invierno romano y centenares de abrigos llenaban la plaza de manchas oscuras. Entramos en la iglesia con el corazón en un puño y nos sentamos cerca de Totò y de Eduardo. No me acuerdo dónde estaba Peppino, el tercer hermano, quizá sentado en otra parte. Hacía veinte años que los De Filippo se habían peleado y desde entonces se evitaban el uno al otro como el perro y el gato, a pesar de que su hermana había intentado hasta el último momento que se reconciliaran.

Titina, Eduardo y Peppino, como los tres hijos secretos de Filumena, eran hijos naturales, nacidos fuera del matrimonio. Su padre era el gran Eduardo Scarpetta, inolvidable maestro del teatro napolitano, y su madre, Luisa De Filippo, una sobrina de su mujer oficial, Rosa. Los Scarpetta-De Filippo formaban una familia amplia, y se rumoreaba que incluía a un hijo ilegítimo de la señora Rosa cuyo padre era el rey Víctor Manuel.

Scarpetta había vivido con las dos mujeres a la vez, como también hacía De Sica. Giuditta Rissone y su hija Emi lo compartían con María Mercader, que tenía dos hijos suyos, Manuel y Christian. ¿Matrimonios a la italiana? Mientras tanto, Carlo y yo seguíamos estancados en la misma situación y una boda se nos antojaba tan inalcanzable como una quimera.

No era fácil adaptar una comedia para el cine, transformar la potencia del teatro sin desvirtuarlo. A ello se añadía, como en *Dos mujeres*, un problema de edad, porque Filumena era mucho mayor que yo. Vittorio lo resolvió a su manera, con su toque mágico. Ambientó esa hermosa historia, con sus monólogos y sus diálogos, en la calle, en los callejones, en el Vesubio. Llevó a Filumena a Agnano a ver las carreras de caballos, a la iglesia de la piazza del Gesù, y a la elegante pastelería Soriano, tan real que la película parece desprender el olor a pasteles recién hechos. Coloreó la historia con imágenes, le dio movimiento, la hizo viajar a través del tiempo. Fuera del teatro, liberó a Filumena de los límites de su madurez y contó su juventud a través de largos *flashback* que la describen como una chiquilla de cabellos cortos, aterrorizada por las bombas que caen alrededor del casino y, más tarde, como a una joven belleza napolitana, alegre y explosiva.

La escena preferida por mis hijos es aquella en la que don Dummì me ve por primera vez. La casa de citas se ha quedado vacía, las chicas y los clientes han huido a los refugios mientras que yo, sin valor para salir, me quedo en mi habitación y como un animalillo asustado me escondo dentro del armario.

—¿Cuántos años tienes? —pregunta Marcello.

—Diecisiete —respondo con los ojos muy abiertos por la juventud y el miedo. Ojos que permanecerán secos durante toda la película porque «no se pueden derramar lágrimas si no se sabe qué es la dicha».

Filumena no sabe qué es la felicidad. Solo al final, cuando logra que todo vuelva a su cauce, se abandona a un llanto liberador, lleno de humanidad.

Es difícil concebir un papel más adecuado para mí. Tenía que mezclar continuamente alegría y melancolía, audacia y resignación, dejadez y hermosura, una hermosura que debía permanecer al servicio de sentimientos más profundos. Estaba de nuevo en Nápoles, en mi ciudad, dando a una hija suya, una prostituta de buen corazón, un alcance más amplio.

Confieso que para rodar *Matrimonio a la italiana* pedí ayuda. ¡Hice bien! La idea se me ocurrió de repente, charlando una noche con Carlo y Enrico Lucherini, mi jefe de prensa, en la terraza del hotel Excelsior de Nápoles. Soplaba una ligera brisa desde el mar, que aliviaba el cansancio y ayudaba a concentrarse. Contemplando las calles de mi ciudad, retrocedí algunos años y busqué inspiración en los olores familiares, en el ambiente de casa.

—Carlo, ¿qué te parece si invito a mamaíta y a la tía Dora al plató?

—Naturalmente, si es lo que quieres... Pero ¿por qué? ¿En qué piensas? —Carlo era un hombre de pocas palabras y mostraba más interés por comprender que por juzgar.

—Nadie puede introducirse en la psicología de Filumena mejor que mamaíta y la tía Dora. ¿Quién mejor que ellas podría mostrármela más auténtica, con los ademanes y las palabras apropiados?

No esperé un minuto más y las llamé. Ambas rondaban los cincuenta, lo cual, en aquella época, significaba el principio de la tercera edad.

—Tía querida, mañana por la mañana a primera hora irán a buscarte a Pozzuoli.

—Mamaíta, prepárate, un coche te recogerá mañana a las siete.

—¡Qué dices! ¿Te has vuelto loca? ¡Mañana por la mañana! —respondieron las dos por separado.

Hacía ya mucho tiempo que vivían lejos la una de la otra y quizá nunca habían estado demasiado unidas, pues desde niñas cada una había alimentado sueños muy diferentes. Sin embargo, hablaban de la misma manera y tenían idénticas reacciones. Estaba segura de que mi invitación las hacía muy felices a las dos.

La *troupe* las recibió como a dos reinas.

Mamaíta se sentía a gusto en el plató. Lo recorría de una punta a otra, feliz de brindarme su ayuda y hacer gala del talento artístico que la vida le había impedido desarrollar. La tía Dora estaba más desorientada, pero al no tener aspiraciones artísticas sus consejos fueron aún mejores. Cuando algo les parecía fuera de lugar, me llamaban aparte y me decían: «Esto tienes que decirlo así o asá». Al final yo seguí el guión, pero su espontaneidad fue de gran ayuda a mi Filumena y le proporcionó la naturalidad que necesitaba. Entre una toma y otra, las miraba y me ablandaba, llena de ternura. Al fin y al cabo, estaba allí gracias a ellas, mis invitadas de honor.

Y para colmo Marcello las cortejó con galantería, interpretando su papel como nunca. Ellas estaban pendientes de él y se lo disputaban como si fuese el único gallo del corral.

Por fin en un papel menos bonachón de lo acostumbrado, Marcello hizo de su don Dummì un personaje inolvidable. Su bigotito presuntuoso, su ropa elegante y su superficialidad algo teatral contrastaban a la perfección con el drama de una mujer que envejece ante la indiferencia del hombre al que ama. Nuestra pasión en la pantalla funcionaba y emocionaba una vez más porque reflejaba una historia auténtica de debilidades humanas que convertía en verosímil el final feliz. De Sica se recrea en la boda a través de detalles aparentemente marginales: el vestido que no acaba de caer bien o los zapatos demasiado estrechos —que Filumena, como todas las novias dignas de ese nombre, se quita con alivio en cuanto vuelve a casa— suscitan más emociones que mil palabras.

Nosotros también nos emocionamos y ¡lo que nos divertimos! Tuvimos que rodar la escena inicial, la de la agonía fingida, más de diez veces. En cuanto oíamos la palabra «¡Acción!» Marcello y yo no podíamos contener la risa. ¡Cómo se enfadó Vittorio! Estaba cansado y le dolían los pies..., le hacíamos la vida imposible. El colmo era cuando llegaba el cura para darle la extremaunción. Intentábamos permanecer serios, pero bastaba una mirada para que nos echásemos a reír otra vez y estropeásemos de nuevo la escena. Vittorio se sentía impotente frente a esa risa floja. Tronaba como un Zeus molesto por las travesuras de un dios menor: «¡Sois actores, no un par de críos! Pero ¿no os da vergüenza tomarnos el pelo de esta forma? ¿Para qué habéis venido? ¡Basta ya! ¡Un poco de seriedad!».

Matrimonio a la italiana fue candidata al Oscar a la mejor película extranjera, a pesar de que *Ayer, hoy y mañana* acababa de recibirlo, y gracias a ella fui nominada como mejor actriz protagonista. Fue una gran satisfacción, la confirmación de que el Oscar que me había otorgado la Academia por *Dos mujeres* no era fruto de una decisión dictada por la emoción.

Filumena me regaló muchos premios importantes, desde el David de Donatello a la nominación al Globo de Oro, pasando por el premio del Festival de Moscú y el Premio Bambi, el reconocimiento atribuido a la actriz más popular en Alemania, que recibí año tras año de 1961 a 1969, exceptuando 1966.

Carlo, Vittorio, Marcello y yo habíamos superado el desafío, tal y como Filumena había superado el suyo, conquistando su matrimonio a la italiana. Pero en la vida real las cosas no eran tan sencillas.

Mientras tanto, dos años antes, se había celebrado otro matrimonio muy italiano. Maria, mi hermanita convertida ya en mujer, se había casado con Romano Mussolini, el hijo pequeño del Duce. Tras una trágica infancia, Romano se había dedicado a la música en cuerpo y alma, convirtiéndose en un prometedor pianista de jazz. Creo que conquistó el corazón de mi hermana, que llevaba la música en la sangre, gracias a esa pasión.

Yo estaba algo preocupada con su elección e intenté decírselo. Éramos, y somos, hermanas de verdad y siempre hemos sido sinceras la una con la otra. La confianza que existe entre nosotras es una de mis más profundas convicciones.

—Mari', ¿estás segura? ¿Estás enamorada de verdad?

—Pues claro, Sofí, le quiero. ¿Has oído cómo toca el piano? ¿Has visto qué manos, qué sonrisa?

Romano vivía en su mundo de viajes, de conciertos y de mujeres. Llegaba, desaparecía, regresaba..., nunca se sabía ni cuándo ni por qué. Pero ella lo quería, o al menos eso creía. Y no hubo nada que hacer.

La boda se celebró en Predappio el 3 de marzo de 1962 ante una multitud de invitados que se agolpaban en la iglesia y se desbordaban por la plaza como el agua de una botella demasiado llena. *Paparazzi* por doquier y cámaras fotográficas sobresaliendo entre la multitud para conquistar un fragmento del extraño evento. No logré ver nada, ni siquiera cuando el novio, que llegó al altar con un preocupante retraso, se desmayó y tuvieron que reanimarlo.

«¿Qué pasa? ¿Todavía no ha llegado? ¡Ahí está! Romano, Romano..., ¿se encuentra mal? ¿Se ha desmayado? Será el calor, la aglomeración, los nervios...»

Cada uno daba su versión, interpretándola desde su angosto punto de vista. Era muy difícil tener una visión de conjunto con aquella muchedumbre. Al finalizar la ceremonia, huí de allí aturdida por el jaleo.

Por desgracia, nos esperaba lo peor. El coche con el que regresé a casa se vio involucrado en un accidente con una Vespa que acabó en tragedia. Fue uno de los momentos más terribles de mi vida y no tengo palabras para expresar lo que sentí.

El matrimonio entre Maria y Romano duró el tiempo necesario para traer al mundo a Alessandra, en 1962, y a Elisabetta, en 1967. Habían formado una bonita familia, y sin embargo...

Matrimonio a la francesa

—¿Yo qué tengo que ver? Sofia, sabes muy bien que no me gusta dejarme fotografiar en el plató.

—Carlo, no te quejes, ¡me hace tanta ilusión! ¡Tazio dice que con esta luz de tono vainilla las fotos quedarán muy bonitas! —respondí con la mirada pícara que solía utilizar cuando quería salirme con la mía.

Me fiaba ciegamente de Tazio Secchiaroli, mi inseparable fotógrafo. Tenía total libertad de actuación, pues yo sabía que siempre hacía lo más apropiado. Me lo había recomendado Marcello, eran amigos, y enseguida me sentí a gusto con él. Fellini también lo adoraba y trabajaban juntos a menudo. Había sido el primero en inmortalizar la vida nocturna de la via Veneto, inspirando no solo el personaje del *paparazzo* de *La dolce vita*, sino también el ambiente de la película.

Pronto se convirtió en uno más de la familia: me acompañaba en mis viajes alrededor del mundo, me seguía de plató en plató, de acontecimiento en acontecimiento, y su hijo David, de la misma edad que Carlo Jr., a menudo pasaba las vacaciones con nosotros. Tazio era un hombre profundo, un enamorado de la vida, un fuera de serie en su trabajo. Pero cuando su mujer falleció, no logró soportar el dolor y se dejó morir.

Ese día, en el plató de *Matrimonio a la italiana*, Tazio nos sacó unas fotos estupendas a Carlo y a mí en la trastienda de la pastelería Soriano, en el mismo lugar en que don Dummì tramaba a escondidas de Filumena su boda con la joven y respetable Diana, interpretada por Marilù Tolo. Quedamos muy bien, pero ninguna revista quiso publicarlas. Matteo Spinola, que junto con Lucherini componían mi oficina de prensa, no se lo explicaba, y yo tampoco. «¿Estaremos pasados de moda?», bromeaba yo para disimular la sorpresa. Hasta que lo comprendimos y logramos invertir la situación. Tazio volvió a revelar las fotos de manera que pareciesen movidas, robadas, y Matteo las vendió como «las fotos secretas» de Sophia Loren y Carlo Ponti. ¡Ahí residía todo el misterio! Las imágenes auténticas no tenían morbo y por eso no le interesaban a nadie, mientras que la falsa exclusiva atraía una vez más el interés malsano sobre nuestro amor adúltero y pecador. ¡Quién habría dicho que llevábamos años juntos, que el primer matrimonio de Carlo había acabado desde hacía mucho tiempo y que solo la ley —y la Iglesia— se negaban a admitirlo!

Nuestra historia, iniciada siete años antes, había seguido un camino tortuoso. En septiembre de 1957 nos habíamos casado por poderes en Ciudad Juárez sin ni siquiera saberlo. Como ya he mencionado, lo descubrimos al día siguiente por la prensa. Pero la boda mexicana, inmortalizada en una caricatura grotesca en la que dos abogados entrados en carnes se intercambiaban las alianzas en nuestro lugar, había desencadenado un infierno. Con validez en el extranjero, pero no en Italia, aquello no habría tenido más consecuencias si no hubiese intervenido la ya mencionada señora Brambilla, que tuvo la feliz idea de denunciarnos. Quién sabe cuáles eran sus verdaderas motivaciones. Nos lo preguntábamos entonces, sumidos en el torbellino de los acontecimientos y, a veces, incluso ahora que todo ha acabado bien, me lo sigo preguntando. Pero por más que me esfuerzo no logro encontrar una respuesta convincente.

Contra nosotros se cernía la acusación de haber cometido el delito tipificado en el artículo 556 del Código Penal: la bigamia.

A la denuncia de la señora Brambilla se añadió, en 1959, la de un tal Orlando di Nello, alcalde de un pueblecito de los Abruzos. Carlo corría el peligro de ser condenado a entre uno y cinco años de prisión, y yo de ser acusada de complicidad y concubinato.

Durante los primeros años, hasta 1959, habíamos permanecido en el extranjero por miedo a ser detenidos, pero no podíamos seguir viviendo lejos de casa para siempre. Así que, cansados del exilio, tras un breve paréntesis en Hollywood, regresamos a Italia bajo nuestra responsabilidad. Llevábamos una vida difícil, marcada por la perenne sensación de clandestinidad. Intentábamos no exhibirnos juntos en público y si íbamos a cenar fuera, salíamos y regresábamos por separado, huyendo de las miradas indiscretas, como dos amantes descubiertos *in fraganti*, como dos niños haciendo novillos, como prisioneros en libertad vigilada.

La paradoja es que Giuliana, la primera mujer de Carlo, también deseaba recobrar la libertad y, como la abogada que era, estudiaba la ley buscando una solución. Los Ponti pidieron en tres ocasiones la nulidad de su matrimonio ante el Tribunal de la Rota, que se la denegó otras tantas veces. Nuestra única opción para librarnos, al menos de la acusación de bigamia, parecía ser la anulación de la boda en México, lo que se nos antojaba dar un paso atrás en lugar de adelante.

Por más que sufriera y que me trastornasen las acusaciones, públicas y privadas, que nos caían encima, tener la conciencia limpia me ayudaba a afrontar la situación. Cierto, no era fácil vivir con la continua sensación de ser el blanco de tantas ofensas, de estar continuamente expuesta en la picota. En las puertas de las iglesias habían pegado carteles acusadores, con la lista de mis películas, que invitaban a los fieles a rogar por nuestras almas de pecadores. Nos saturaban a cartas, a menudo amenazadoras; la peor fue la de un grupo de mujeres de Pozzuoli. Sentirme atacada por la gente de mi ciudad, que para mí representaba el corazón de mi infancia y de mi tierra, me hirió en lo más profundo y tuvo que pasar mucho tiempo antes de que lo superase.

Italia se dividía en dos grupos: los que estaban a nuestro favor y los que estaban en contra. Era la Italia que condenaba el amor del ciclista Fausto Coppi por Giulia Occhini, conocida como la «dama Blanca», y el de Rossellini por Ingrid Bergman..., una Italia mojigata y sin futuro. Diez años más tarde todo se resolvería con el referéndum sobre el divorcio. Pero entonces todavía quedaba mucho por aguantar y no teníamos más remedio que intentar sobrevivir sin permitir que nos destrozasen.

El juez nos citó hacia finales de agosto de 1960. Llegamos puntuales. Carlo se entretuvo para tomarse un café en un bar, como si la situación fuese de absoluta normalidad y estuviésemos allí para resolver una simple formalidad.

—¿Quieres tomar algo, Sofia?

No me salía la voz y negué con la cabeza mientras me volvía lentamente para ocultar las lágrimas. No podía mirarlo a la cara.

Subimos la empinada escalera del tribunal con el corazón en la garganta por la emoción. Por primera vez en mi vida adulta tenía miedo. Me sentía desnuda, impotente, me daba la impresión de que el mundo iba a contracorriente y que todas sus leyes se habían invertido. Ni siquiera la presencia de Carlo lograba transmitirme cierta seguridad. Mientras él llamaba a la puerta del juez para comunicarle que habíamos llegado, me senté en el borde de un viejo sillón de piel que había en la antesala. Afortunadamente, al ser agosto, el tribunal estaba desierto, solo había polvo y ventanales sucios en los largos pasillos. Nerviosa como un flan, miraba al otro lado de la ventana lo que se me antojaba el paisaje de un dibujo infantil: el sol, las nubes blancas, los pajarillos y un cielo estival de un azul limpísimo.

—¿Es posible que en una mañana así pueda cambiar tu vida? ¿Que una persona pueda ir a la cárcel por amor? —dije. La Edad Media me parecía muy cercana.

—Ven, Sofia, el juez te está esperando —dijo Carlo con voz queda, infundiéndome valor.

Entré sola y tengo el pálido recuerdo de que todo duró unos pocos segundos.

—¿Usted está casada con Carlo Ponti?

—No.

—Gracias, señorita, puede irse.

Después le tocó el turno a Carlo, que permaneció dentro cinco minutos que a mí me parecieron una eternidad. Cuando salió, con el rostro sombrío y preocupado, me levanté para ir a su encuentro. Él me acarició el hombro con ternura y me señaló la salida. Bajamos la escalera sin hablar, solo se oía el rumor de mis tacones sobre el frío mármol, que parecía el eco de los latidos de mi corazón herido. Ya en el coche me dijo que el juez también le había preguntado si estábamos casados y que él le había respondido que no, que la boda celebrada por poderes en México no tenía validez por varios motivos. El principal era la falta de los dos testigos requeridos por la ley.

Para que el juez pudiese volver a abrir nuestro expediente necesitaba el certificado de matrimonio de Ciudad Juárez, que había desaparecido. Otro obstáculo entre nosotros y la felicidad, como en un guion mal escrito. Mientras conducía, Carlo quitó la mano del cambio de marchas y la puso encima de la mía.

—Ya lo verás, todo saldrá bien, estoy seguro. Tenemos que ser pacientes.

El certificado apareció un año después. Lo había robado un periodista italiano. La audiencia fue aplazada a febrero del año siguiente.

De aplazamiento en aplazamiento, la situación no cambió y la gente fue perdiendo interés por nuestra historia. No sé qué añadir. Sobran las palabras. Una típica farsa a la italiana. En compensación, Giuliana encontró una solución más allá de nuestras fronteras. Si los tres adquiriéramos la nacionalidad francesa, le dijo a Carlo, el rompecabezas podía resolverse en un abrir y cerrar de ojos. Un problema sin solución aparente se derretiría como la nieve al sol.

Ese fue el motivo por el cual, en 1964, nos trasladamos a un espléndido piso de la avenue George V en París. Francia nos concedió la nacionalidad *honoris causa* por nuestra aportación al cine francés y mundial y Giuliana la obtuvo por matrimonio. Era tan absurdo que solo podíamos tomárnoslo a broma: una italiana conseguía la nacionalidad francesa por matrimonio para poder divorciarse de ese mismo hombre.

Al año siguiente, el 9 de abril de 1966, el alcalde de Sèvres, una ciudad muy cercana a París, nos esperaba para unirnos en matrimonio. Para organizar la boda fueron suficientes dos llamadas.

—Basilio, coge el primer avión que salga hacia aquí sin levantar sospechas. Y, sobre todo, no te olvides de las alianzas.

—Maria, te esperamos. Será mañana por la mañana. Que no te vea nadie. ¿Qué dices? ¿El sombrero? Ponte lo que quieras, es una ceremonia sencilla, solo la familia. Sí, sí, el verde te favorece mucho, será perfecto. ¿Mamaíta? Es inútil, no vendrá, tiene miedo a volar. Se lo diremos cuando acabe la ceremonia. En cualquier caso, sin vestido blanco y sin iglesia para ella no cuenta...

La noche antes de la boda Carlo durmió en una suite del hotel Lancaster y yo fui a casa de una amiga, Sophie Agiman. Por suerte, además del nombre, teníamos en común la constitución y el aspecto. A la mañana siguiente, cuando llegó el momento de salir de casa, vi por la ventana a un fotógrafo al acecho delante del portón. La noticia se había filtrado, no me explicaba cómo. Sophie se puso mi impermeable y mis gafas de sol y salió caminando apresuradamente hacia mi coche. El pobre fotógrafo cayó en la trampa. Mientras la seguía, su marido me acompañó al ayuntamiento. ¿Cuántos años hacía que esperaba ese momento? Ni siquiera me parecía real.

La ceremonia fue sobria y rápida y tenía un aire antiguo y moderno a la vez. Como siempre en la vida nada es exactamente igual a como te lo esperas. Los sueños dejan paso a la realidad, que a menudo nos sorprende con matices imprevisibles. Siguiendo la costumbre del lugar, fue el alcalde quien me puso el anillo en el dedo en lugar de Carlo. *Je vous déclare unis par les liens du mariage*. Me sentía rara con mi traje de chaqueta amarillo y un ramo de muguete en las manos. Rara, cansada y feliz. Y me eché a llorar, a llorar y a llorar.

Interludio

El tiempo pasa y fuera la nieve lo ha cubierto todo con un manto de silencio. ¿Qué hora será? La memoria es una amiga extraña que a veces te lleva lejos sin que ni siquiera te des cuenta. Me gusta seguirla, dejarme arrastrar por ella, olvidarme de todo. A veces tropieza con las fechas, mezcla cosas que no tienen nada que ver o juega malas pasadas borrando dolores o pasiones demasiado intensos, pero si tienes paciencia y la sigues acaba llevándote a los lugares donde has vivido. Donde estuviste, no donde creías estar. Hay que resistir a la tentación de tomar atajos y dejarse guiar por los senderos más largos, esos que se pierden en mil detalles. A veces, a la vuelta de la esquina puede ocultarse una sorpresa. Esta noche mi cama está sembrada de recuerdos. Entre las líneas de una carta, en la mirada atrapada en una fotografía, los colores y las voces reviven para evocar mi vida, invitándome a hojearla como un libro, como si fuese la historia de otra persona.

A menudo he tenido esa sensación de verme desde fuera, de asistir a mi éxito como una extraña. Es una sensación curiosa, que antes me inquietaba y me desconcertaba. Cuando era joven y estaba sumida en los acontecimientos no me gustaba ese divagar mío. Ahora ya no me da miedo, me he acostumbrado. A veces pienso que este desdoblamiento no es casual y que me sirve para alejarme de las cosas, para tomar distancia de algo que es más grande que yo, para vislumbrar un camino donde a primera vista no hay ninguno.

Me pongo cómoda y me concedo el capricho de comer una de esas galletas de chocolate con forma de media luna cuyo sabor intenso me acaricia y me consuela. «Si como sin ser vista, no cuenta», pienso con una sonrisa. Me cubro con la manta, el invierno suizo no perdona. Mañana es Nochebuena.

Estoy cansada, pero más vigilante que nunca, con todos los sentidos alerta para rememorar lo que va saliendo de mi caja. Ahora, tras haber recordado el nacimiento de mis hijos, mi tan deseada boda y la alegría de Marcello y de Vittorio, el anuncio de algo muy especial me llena de entusiasmo. Entre mis papeles aparece un nombre, un nombre más auténtico y más vivo que nunca, como auténticas y vivas retumban sus palabras en mi recuerdo. «Sophia, ha llegado el momento de aprender a decir que no.» Leo esta breve nota apuntada en una hoja y me siento más grande y más fuerte. Eso es lo que pasa cuando se tiene la suerte de cruzarse con un genio: la luz que irradia te ilumina y te transforma.

10
Estrellas

Piazza D'Aracoeli, 1
Palazzo Colonna
Roma

La importancia de saber decir que no

—Señora, preguntan por usted al teléfono.
—¿Quién es? —grité desde el primer piso, donde había subido a buscar un chal.
—Charlie Chaplin. —Estaba segura de no haber oído bien y volví a preguntar—: ¿Quién? ¡Estoy arriba, hable más alto!
—¡Chaplin! ¡Charlie Chaplin!
Pensé que era una broma de Carlo o de Basilio. Pensé que era un error. Pensé que sufría alucinaciones. Después cogí el auricular y entoné un tímido «Hello?». El maestro quería venir a verme y quería saber cuándo podía hacerlo.
En cuanto colgué, marqué el número de la productora Champion, en Roma.
—¿Carlo? Carlo, ¿estás sentado? ¡No sabes, no puedes siquiera imaginar, quién acaba de llamarme!
Mi entusiasmo lo enterneció, pero estoy segura de que en el fondo estaba muy orgulloso de mí.

La mañana que por fin nos conocimos, en la lejana primavera de 1965, estaba sola en casa porque Ines también había salido. Caía una densa llovizna inglesa que invitaba al descanso. El *cottage* que habíamos alquilado estaba cerca de Ascot, a pocos kilómetros de donde rodábamos *Arabesco*, una película de espías al estilo de 007, con un guapísimo Gregory Peck. La trama era demasiado complicada para que alguien pudiera entenderla, pero nos estábamos divirtiendo mucho entre huidas trepidantes, secuestros, carreras de caballos y estupendos vestidos de Christian Dior. Cuando sonó el timbre, me levanté despacio del sofá y fui a abrir, haciendo tiempo para intentar controlar la emoción. Al abrir la puerta me topé con un rostro redondo, algo cohibido, enmarcado en blanco.

—*Good morning, miss Loren. Pleased to meet you.*

Le sonreí y me aparté para invitarlo a entrar. Le abrí camino hasta el salón, sin despegar los labios. Charlie Chaplin llevaba un atuendo oscuro: chaqueta de tweed algo gastada con un par de pantalones grises y un polo azul marino con los tres botones cerrados. Cuando me ofreció un ramillete de violetas, vi que bajo su brazo sobresalían unos papeles que tenían todo el aspecto de ser un guion. No lograba entablar conversación y él me miraba pacientemente, como se mira a un niño paralizado por la timidez. No tenía prisa. Por fin, casi susurrando, le pregunté:

—¿Quiere tomar algo? Un té, un café, un vaso de agua...

—No se preocupe, gracias —dijo con la mirada abstraída en algún punto lejano de su mente. Después, dándose cuenta de mi apuro, empezó a hablar. Fue directo al grano, sin rodeos.

—Tengo una historia guardada desde hace mucho tiempo. Cuando la vi en *Ayer, hoy y mañana*, pensé que parecía escrita para usted. Me gustaría mucho...

—Sí —lo interrumpí en un arranque, dominando de nuevo

mis cuerdas vocales y mi miedo—. ¡Sí, mister Chaplin, claro, cuando quiera!

Había escrito *La condesa de Hong Kong* para Paulette Goddard, una de sus muchas ex, la inolvidable protagonista de *El gran dictador* y *Diario de una camarera*, y ahora la estaba adaptando para mí.

Ni que decir tiene que trabajar con Charlie Chaplin era el sueño de todo actor de cualquier rincón de la tierra. Era como recibir la invitación a la corte de un rey, de un príncipe a un baile. Era el cuento de hadas por excelencia, la culminación de un trabajo, de una vocación, de una carrera. ¡Bajo su dirección, hubiera podido interpretar hasta el listín de teléfonos!

Me contó la trama a grandes rasgos. Natasha, una prófuga rusa de origen aristocrático, se cuela clandestinamente en el camarote de un diplomático que viaja en un barco de vapor con destino a Hong Kong, desbaratando su vida.

Chaplin interpretó a algunos personajes, imitando sus voces. Mencionó a Marlon Brando como un posible protagonista masculino. Y nos invitó a Vevey, donde vivía con su familia.

Le respondí que debía respetar el contrato vigente, pero que en cuanto acabara de rodar *Arabesco* estaría a su completa disposición. Se levantó y se despidió de mí con una sutil inclinación de la cabeza.

—Entonces, hasta pronto —dijo.

Estuve a punto de pedirle su número de teléfono o una dirección donde encontrarlo, pero me mordí la lengua. Los genios no tienen teléfono ni dirección, pensé. Viven en algún lugar del mundo y lo iluminan cada día simplemente existiendo.

Cuando nos despedimos, ya éramos dos personas con un objetivo común. Habíamos adquirido algo de confianza y estoy segura de que si hubiéramos hablado en italiano habríamos empezado a tutearnos.

Carlo y yo fuimos a Vevey en cuanto pudimos. Charlie, que ya tenía casi ochenta años, vivía allí con Oona, su joven esposa, hija de Eugene O'Neill, que le había dado numerosos hijos. Formaban una pareja extraña y bonita que desprendía ternura en cada gesto. A pesar del calor de nuestro primer encuentro, estaba tensa y emocionada y el corazón me latía muy fuerte. Nunca te acostumbras a tratar con los genios.

La casa de los Chaplin se hallaba cerca de Montreux, en el lago Lemán. Estaba rodeada por un jardín encantador, o más bien un parque, lleno de un alegre alboroto infantil. No sabía qué pensar, qué hacer, qué decir. No tenía ni idea de por dónde empezar una conversación que tuviese el menor sentido. A Carlo, que quizá en aquella ocasión se habría mostrado más desenvuelto que yo, lo frenaba su escaso dominio del inglés. Por su parte Oona era una mujer dulce y tímida, acostumbrada a vivir a la sombra de ese hombre extraordinario que ella colmaba de afecto y de atenciones. Con su maravillosa elegancia, Charlie tomó las riendas de la situación. Tan pronto hablaba del guion como cambiaba de tema y se ponía a contar el relato de su infancia en los suburbios de Londres. Acto seguido volvía a hablar de cine, se levantaba y se sentaba al piano para tocar algunas notas de la banda sonora de la película, que había empezado a componer. Era un portento de imaginación, un gran fabulador inmerso en su magia.

Para demostrarnos su afecto, nos había preparado su plato preferido. Nos invitó a sentarnos, desapareció en la cocina y volvió con una sonrisa triunfante. «¡He aquí mis famosas patatas al caviar!», exclamó con un amplio gesto de prestidigitador mientras colocaba la bandeja en el centro de la mesa. Nos sirvió personalmente y nos mostró cómo se comían. «¿Veis? —decía abriendo el papel de plata—, hay que cortarlas así, a lo largo. Después se untan con un poco de mantequilla y se pone el caviar encima... y unas gotas de limón.» Era intenso en cada detalle y desconocía la superficialidad. Si no se veía capaz de hacer bien una cosa, prefería no hacerla.

Volví de nuevo a Vevey en otra ocasión, con Marlon Brando. Chaplin había acabado de escribir el guion y tenía interés en leérnoslo. Nos recibió con un abrazo y después de llevarnos a ver el lago que había al fondo del jardín nos invitó a ponernos cómodos en su despacho. Acto seguido abrió el baile. Nos leyó todo el guion de la película sin interrupciones, interpretando cada papel y cada frase. Estaba extasiada: lo escuchaba intentando retener cada inflexión de su voz, cada matiz. Observaba cómo se iba transformando en todos los personajes, uno por uno; de la seductora Natasha, mi papel, al guapo y gruñón embajador, siempre preocupado por su carrera; de la vieja heredera delicada de salud, al capitán del barco, débil, amable y un poco envarado.

Al igual que Vittorio, Chaplin era director, pero también actor. Ponía su talento a nuestra disposición para inspirarnos, para mostrarnos en cuerpo y alma qué esperaba de nosotros. Se preguntarán que hacía Brando. Bien, a pesar de su atractivo era un hombre que parecía no encontrarse cómodo en ninguna parte.

El primer día de rodaje, me presenté en el plató preparada, como siempre. Llegué con antelación, me sabía de memoria mi papel y tenía el corazón en un puño. La primera escena se desarrollaba en el salón del barco, atestado de parejas listas para abrir el baile. Yo llevaba un vestido de noche blanco que iba a acompañarme durante una buena parte de la película. Todos estábamos a punto: los extras, los encargados del atrezo, el director, pero faltaba alguien: Marlon Brando.

—¿Sabes dónde está Brando? —me preguntó Chaplin, un poco nervioso.

—Lo siento, no tengo ni idea —respondí abatida y apurada.

No era culpa mía, y sin embargo me sentía responsable sin motivo. Estaba frente a un mito del cine mundial y me costaba aceptar que algo no fuera como debía, que alguien le faltase al respeto. Chaplin no decía una palabra, evidentemente contrariado. Casi daba miedo. Caminaba arriba y abajo con el rostro sombrío como un padre esperando a que el hijo regrese, mirando el reloj cada tres minutos. Yo no sabía dónde mirar y lo mismo les sucedía a los demás. La tensión se podía cortar con un cuchillo.

Marlon Brando llegó con tres cuartos de horas de retraso, tan campante. Creo que ni siquiera se había dado cuenta de su falta de tacto, y desde luego no se esperaba lo que sucedió. Chaplin salió a su encuentro con una lentitud pesada, inexorable, marcial. Lo fulminó con la mirada, de abajo arriba, enfrentándolo sin piedad ante la *troupe* desplegada en posición de firmes.

«Si piensas llegar tarde mañana y pasado, y al día siguiente y al otro también, por lo que a mí respecta ya puedes abandonar el plató inmediatamente, y no volver nunca más.»

Brando se hinchó como un globo y balbució unas palabras de disculpa. Se colocó en su lugar con la cabeza gacha y por fin estuvimos listos para empezar. Pero cuando llegó el momento de decir su primera frase, no le salía la voz. Había desaparecido junto con su descaro.

No volvió a llegar tarde, pero las cosas no fueron mucho mejor. Creo que era una persona infeliz, atrapada en sus pensamientos, que no lograba encontrar su lugar en el mundo, que no sabía cómo utilizar su inmenso talento. Incómodo con su cuerpo. Al principio del rodaje estaba en plena forma, guapo como solo él podía serlo. Pero su malestar lo atormentaba y no lo dejaba vivir. No sé por qué, pero en un determinado momento decidió alimentarse exclusivamente de helado. El resultado fue que empezó a engordar en exceso... hasta tal punto que corrió el peligro de perder su papel.

Por otra parte, tampoco dudó en estropear nuestra relación profesional. Un día, unos minutos antes de rodar una de las escenas más románticas de la película, de repente intentó meterme mano. Me volví con aplomo: «No te atrevas a hacerlo nunca más. Nunca más», le bufé a la cara como una gata acariciada a contrapelo.

Mientras lo fulminaba con la mirada, de golpe se me antojó pequeño e indefenso, casi una víctima de la fama que le habían atribuido. No volvió a hacerlo, pero a partir de ese momento ya no me resultó fácil acercarme a él.

Chaplin pasó asimismo por momentos difíciles. Hacía mucho tiempo que no dirigía y durante la primera semana fue muy duro para él estar detrás de la cámara. Era como si le costase llevar las riendas. Un técnico maravilloso logró desbloquear la situación; con paciencia y delicadeza lo ayudó a retomar poco a poco el mando. Creo que la silenciosa presencia de Oona, que siempre estaba en el plató dispuesta a acudir en su ayuda, también le dio seguridad.

En compensación, unos días más tarde, Charlie me hizo el

cumplido más bonito que jamás me hayan hecho. El guión preveía que yo replicase a una frase de Brando con la mirada, sin hablar.

«Pareces una orquesta ejecutando las órdenes del director —me dijo emocionado—. Si levanto las manos subes el registro, si las bajo lo disminuyes... Es excepcional.»

Esas palabras fueron como semillas que crecieron dentro de mí, de las que brotó una planta exuberante que sigue dando frutos.

Trabajar con Chaplin fue una experiencia inolvidable. Era un director meticuloso, concienzudo hasta en los más mínimos detalles. Podía detenerse en una escena durante horas, sugiriendo la entonación, los ademanes y, sobre todo, el humor, que evocaba con las imágenes más extraordinarias. Pero cuando de repente dejaba de dar indicaciones, olvidando su papel de director, y empezaba a interpretar, exhibiéndose como actor, a pesar su edad, todo cambiaba y era un arma de doble filo: darse de narices con Charlot era electrizante, pero al mismo tiempo te cohibía, pues sabías muy bien que él era único e inimitable, que era el principio y el fin.

Chaplin era muy exigente y quería que todo saliese tal y como él lo había concebido, sin aceptar la más mínima variación. Era un hombre directo. Si te apreciaba, lo hacía sin reservas. Siempre decía lo que pensaba y si tenía la impresión de que alguien no era sincero con él, le daba la espalda y lo expulsaba de su vida.

Chaplin me dio una lección muy importante que marcó mis treinta años. Llevaba trabajando más de la mitad de mi vida, pero en algunos aspectos todavía era frágil e inexperta. También hay que decir que para una mujer los treinta no son una edad fácil. Se deja atrás la juventud —al menos en mis tiempos era así— y por más que hagas cosas estupendas ya nadie dirá de ti: «¡Mira qué joven es!».

Empecé a darme cuenta de que a partir de ese momento no siempre me esperarían cosas nuevas y que tenía, para bien y para mal, un pasado a mis espaldas. Había llegado el momento de enfrentarme a mis defectos, para aceptarlos o para vencerlos, si podía. Chaplin descubrió mi punto débil y con su proverbial sinceridad me lo reveló.

«Querida Sophia, tienes una gran limitación que superar si quieres convertirte en una mujer completamente feliz: aprender a decir que no. Deja ya de complacer a los demás a toda costa, de intentar contentar a todos en todo. No, no y no. Todavía no sabes decirlo y es un grave error. Aprender a decir que no es esencial para vivir como quieres. A mí también me costó, pero desde que comprendí que debía hacerlo todo cambió y mi vida se volvió infinitamente más sencilla.»

La condesa de Hong Kong fue la última película de Chaplin, la primera en color. Nunca podré olvidar su rostro asomándose a la puerta del camarote, un cameo en el que interpreta el papel de un anciano auxiliar de a bordo. Esa pequeña y humilde aparición me vuelve de vez en cuando a la mente y me hace compañía.

En aquellos días, mientras aprendía a decir que no, abandoné rápidamente el plató para decir que sí a Carlo, en Sèvres. Cuando por fin volví era una mujer casada y lo celebré con la *troupe*.

Lady Loren

Charlie Chaplin y Marlon Brando llegaron después de una serie de películas que en el curso de los años sesenta me habían permitido actuar al lado de las estrellas más brillantes del cine internacional: Gregory Peck, Paul Newman, Alec Guinness, Omar Sharif, Charlton Heston y el maravilloso e inolvidable Peter Sellers.

Con Paul Newman había rodado en 1965 *Lady L,* una película importante y difícil dirigida por Peter Ustinov. Con nosotros estaban David Niven y Philippe Noiret, otros dos actores excepcionales. Inspirada en una novela de Romain Gary, el escritor ruso-francés famoso por sus seudónimos y por haber ganado dos veces el premio Goncourt, la complejidad de mi papel me impuso un duro trabajo que tuve que preparar a conciencia. La protagonista era una duquesa de ochenta años que rememoraba su vida desde la época de Napoleón. Envejecer de manera tan drástica supuso un gran desafío porque además del maquillaje tenía que cambiar de voz. No sé cómo pude hacerlo, en qué me inspiré, sinceramente no lo recuerdo. Pero sí recuerdo que estaba muy orgullosa del resultado porque, para colmo, teníamos que recrear un ambiente muy británico. Me encantó volver atrás en el tiempo y también ver el aspecto que tendría cincuenta años después.

En la caja de los recuerdos aparece por sorpresa una bonita carta a mi madre:

> Querida mamaíta:
>
> Ayer hice las pruebas para interpretar el papel de una mujer mucho mayor que yo y me sacaron estas tres fotos con la Polaroid.
>
> Te las mando porque cuando me he visto me ha emocionado el increíble parecido que guardan con el retrato de mamá, ese que teníamos en el salón.
>
> Un beso muy grande,
>
> SOFIA
>
> P.S. ¡Tres horas de maquillaje con la piel arrugada a base de cola!

La vida, y el cine, nos juegan a menudo bromas extrañas. A veces me sorprendo al pensar que Lady L tenía la edad que tengo yo ahora. Sin embargo, casi siempre me siento tan joven como entonces, incluso más. Quizá porque el tiempo es algo subjetivo y todo depende de las metas que quieres alcanzar, de la serenidad que reina en tu interior. Envejecer puede ser agradable, e incluso divertido, si sabes cómo emplear el tiempo, si estás satisfecho de lo que has logrado y si sigues conservando la ilusión. Cuando me despierto por las mañanas, siempre procuro pensar en lo que me gusta y me propongo hacer cosas que dan un sentido a mi vida. Incluso pequeñas cosas, que tal vez no tienen mucha importancia, pero que dan a mis días un toque agradable, que hacen que me sienta bien.

Ustinov, que acababa de ganar el Oscar al mejor actor de reparto en *Topkapi*, era también un buen director, un hombre entero y carismático, a pesar de no tener ningún sentido del humor. No siempre era fácil estar a su altura. En compensación, Paul Newman era un chico dulce y sensible, algo tímido, pero en paz consigo mismo. Tuvo la suerte y el mérito de saber conservar un matrimonio largo y sereno que lo enraizó a la vida real. No se daba importancia ni desfogaba sus problemas con los demás, se conocía a sí mismo. Llegaba al plató con una pila de toallas. «¿Para qué las querrá? —me preguntaba— ¿Qué hará con ellas?» Un día no pude contenerme y le pregunté, quizá con una pizca de impertinencia:

—Paul, ¿qué haces con todas esas toallas?

Me miró con su hermosa sonrisa, abierta y transparente.

—Me sudan las manos, Sophia, siempre las tengo mojadas.

Un hombre adorable que no tenía necesidad de ocultar sus puntos débiles.

Con Omar Sharif compartí un increíble desafío culinario; todavía se me hace la boca agua al recordarlo. Ya habíamos rodado juntos *La caída del Imperio romano,* con Alec Guinness, que quizá fuera el actor más completo que he conocido. Alec era mi padre en la película, el emperador Marco Aurelio. Cuando interpretaba, el mundo se detenía para admirarlo y yo lo observaba con ojos soñadores.

Omar, por su parte, era un hombre lleno de vida y rebosante de ideas. Habíamos nacido en las orillas opuestas del Mediterráneo y compartíamos sus aromas, sus colores y su ironía. Nos encontramos en el verano de 1966 en el plató de un bonito cuento de hadas dirigido por Francesco Rosi cuyo título era *Siempre hay una mujer.* Un día, cuando la producción repartió el rancho que daba a los actores, alzó al cielo sus hermosos ojos negros y exclamó:

—¡Esta porquería no se puede comer! ¡Ah, si tuviésemos las berenjenas de mi madre...!

Era una salida que habría podido tener yo. Me eché a reír y repliqué:

—Si supieras lo buenas que son las de la mía... ¡Las mejores del mundo!

La discusión adquirió un cariz de seriedad.

—No puede ser, Sophia, puedo aceptar cualquier cosa. Romilda será una magnífica cocinera, pero con las berenjenas no cabe ninguna duda: ¡las de mi madre son insuperables!

—¿Qué nos apostamos? —dije lanzándole una mirada desafiante.

Omar llamó a su madre en Egipto y le propuso que viniera a verlo a Roma, sin decirle por qué. Ella aceptó con mucho gusto, contenta de pasar unos días con su hijo, al que no veía casi nunca. La llevó de paseo, la colmó de atenciones y le presentó a sus amigos italianos. Acto seguido, como quien no quiere la cosa, le tendió la trampa. «Mamá, la semana que viene cenamos con Sophia, su madre y la *troupe*. ¿Podrías preparar tus berenjenas?»

La señora se tomó muy en serio el encargo y repasó uno por uno todos los puestos del mercado, comprando una berenjena aquí y otra allá..., eligiendo solo las mejores. Mamaíta, por el contrario, jugaba en casa y no hubo necesidad de prepararla con tanta antelación.

La noche del desafío convocamos a las dos cocineras, que seguían estando al margen de nuestros tejemanejes, y las sometimos al veredicto de un jurado improvisado, pero motivado por un gran apetito. No fue fácil elegir a la vencedora. La receta era muy parecida: berenjenas a la parmesana. Tanto las de Pozzuoli como las egipcias se deshacían en la boca y tenían esa superficie crujiente que hace cosquillas en el paladar. Comimos a dos carrillos, tras días y días de bocadillos gomosos. Al final, después de un largo debate, ganó por poco la señora Sharif. Mi madre se lo tomó bien porque en aquella madre egipcia, simpática y cordial, había encontrado a una amiga. Más tarde me confesó riendo: «No hemos hablado más que de vosotros. Porque cada estrella es, sobre todo, la estrella de su madre».

La comida restituye el buen humor, te devuelve a casa, dice muchas cosas que las palabras no pueden expresar. Y cuando se marida con la música puede tener efectos asombrosos. Me lo había confirmado unos años antes Peter Sellers, animándome a grabar el disco que me había dado tantas satisfacciones. Pero por encima de todo estaba el cine. Nos conocimos en 1960 rodando *La millonaria* y nos caímos de maravilla desde el primer momento. Peter era un hombre sumamente inteligente, de un encanto sorprendente y arrollador. Nunca, ni siquiera una vez, interpretaba una escena tal y como esperabas. Era excéntrico, imprevisible, muy divertido. Me tenía mucho afecto y trabajábamos juntos con pasión. Me hacía reír como nadie, conocía Londres al dedillo y entre nosotros nació una amistad que duraría toda la vida.

La película era una adaptación libre de una comedia de George Bernard Shaw y el tema principal era el dinero. La heredera Epifania, vestida de Pierre Balmain de pies a cabeza, había recibido de su padre la orden de no casarse con un hombre que no fuera capaz de centuplicar en tres meses ciento cincuenta libras esterlinas. Tirándose al Támesis, en un torpe intento de suicidio, se topa con un médico indio que a su vez ha recibido de su madre el consejo de no casarse con una mujer que no sepa vivir tres meses seguidos con treinta y cinco chelines.

Una semana después de finalizar el rodaje nos encerramos en los estudios de Abbey Road —sí, los de los Beatles— para grabar «Goodness Gracious Me», compuesta por George Martin, su mítico productor discográfico, para promocionar la película. En pocas semanas encabezó la clasificación de los singles más vendidos, lo cual nos animó a seguir. El éxito siguiente fue «Bangers and Mash» que contaba el divertido matrimonio entre un soldado inglés y una napolitana, unidos y separados a la vez por culpa de la comida, porque Peter, Joe en la canción, quiere puré y salchicha con salsa *cockney*, como la hace su madre, y yo le propongo *minestrone*, macarrones, tallarines y espaguetis. Fue un estallido de improvisación y carcajadas que quedaron reflejadas en cada nota de la canción.

Fue absurdo que, precisamente durante el rodaje de *La millonaria,* mi camino y el de The Cat se cruzasen, o quizá sea mejor decir que el camino de The Cat se cruzase con mis joyas, todas las que por fin, gracias a mi trabajo, había podido permitirme o que me había regalado Carlo al final de cada película. Cada par de pendientes, cada anillo y cada collar tenía una historia: había costado un sacrificio o celebraba un éxito. Eran las medallas que coleccionaba con cada victoria. Después de haber dormido una noche en el Ritz, donde había guardado mi neceser negro en la caja fuerte del hotel, nos habíamos instalado en el Norwegian Barn, un *cottage* en el interior del Country Club de Hertfordshire. Además de Basilio e Ines, estaban conmigo la cocinera Livia y la peluquera, el pequeño séquito que me seguía de rodaje en rodaje. Pensando en las joyas, Basilio había pedido un guardia nocturno, pero el secretario del club le respondió con sequedad: «Estamos en Inglaterra, esto no es Nápoles. ¡No se preocupe!».

Nos instalamos en el *cottage* y cada uno se acomodó en su habitación. La mía, en el primer piso, tenía un grande y luminoso vestidor contiguo. El ladrón, como una sutil y silenciosa ráfaga de viento, se infiltró allí mientras estábamos todos en casa, a la espera del momento justo.

Y yo se lo ofrecí en bandeja de plata. Por la noche fui a buscar a Carlo al aeropuerto. Mientras Basilio e Ines charlaban ante el televisor, The Cat se deslizó del vestidor del piso de arriba, llevándose aquellos queridos fragmentos de mi vida.

Al volver, a eso de las once, subí a mi habitación. Era tarde y al día siguiente me esperaba una dura jornada de trabajo. En cuanto entré, me di cuenta de que había pasado algo. Miré a mi alrededor, intentando comprender qué era y por fin lo entendí. Vi el cajón de la cómoda y la ventana abiertos de par en par. Sentí que iba a desmayarme. «Dios mío —murmuré—, no puede ser...» Por esa ventana habían salido mis diamantes, mis zafiros, mis perlas y mis rubís..., mis recuerdos más queridos.

Llamamos a Scotland Yard y la policía llegó inmediatamente, pero ya no había nada que hacer. El ladrón había desaparecido y nunca lograron atraparlo. Muchos años después, cuando el delito prescribió, The Cat me escribió una carta firmada con ese nombre. Efectivamente, así me lo imaginaba: un gato de paso sigiloso vestido de negro, un doble de Cary en *Atrapa a un ladrón*.

Aunque en ese momento intenté fingir desenvoltura, a duras penas me aguantaba de pie. Me sentía profanada. Desde un punto de vista racional sabía muy bien que en la vida hay desgracias mucho peores, pero era como si alguien se hubiese colado dentro de mi cabeza y de mi corazón para robar mis éxitos y, sobre todo, el esfuerzo que había hecho para alcanzarlos. No solo las películas, sino también todas las emociones que implicaban y que yo revivía al ponerme las joyas en el cuello o en el dedo.

Cuando me retiré ya amanecía, aunque al día siguiente estaba en el plató, como si no hubiera pasado nada. Mi sentido del deber, la importancia de cumplir con mis compromisos y el respeto por el tiempo de los demás me impulsaron a ello. Además, en el plató volvía a recuperar el orden que había sido alterado. Haciendo lo que sabía y debía hacer tenía la impresión de retomar el control, el que The Cat me había arrebatado con habilidad en mis propias narices.

Aquella mañana, durante una pausa del rodaje, toda la *troupe* me rodeó de repente.

«¿Qué pasa?», pregunté asustada, con los nervios aún a flor de piel.

Peter me ofreció un paquete plateado con una cinta dorada. Era un precioso broche con el que mis compañeros me demostraban su afecto. Aquel gesto me hizo comprender que nada se pierde realmente; que llegarían muchas más películas que vivir, que celebrar, que recordar. Y que ponerse.

Pero una vez más fue De Sica quien tuvo la última palabra, ofreciéndome el regalo más valioso.

Había llegado a Londres hacía algunos días para interpretar un pequeño papel en la película y cuando supo lo del robo vino enseguida a ver cómo estaba. Me encontró llorando en la intimidad de mi habitación. Sentada en la cama, miraba la cómoda y la ventana, el vacío que The Cat había dejado tras de sí. Se sentó a mi lado y me dio su pañuelo.

—Sofí, no derroches tus lágrimas. Somos napolitanos, nacidos en la pobreza. El dinero viene y va. Piensa en el que pierdo en el casino...

—Qué dices, Vittò, no lo entiendes..., esas joyas eran parte de mí.

—Sofí, escúchame bien, nunca llores por algo que no puede llorar por ti.

11
Llegadas y salidas

```
+ 14 NEWYORK PUB187 26 19 1525===

= DEAREST SOPHIE CONGRATULATIONS ON REACHING 29 S
YOU ARE TOO YOUNG FOR ME STOP DOST LOVE = RICHARD
```

El milagro

Como todos los recién nacidos, Carlo Jr. no paraba de llorar. Y yo, como todas las madres, lo miraba feliz y preocupada a la vez. El verbo «llorar» —la memoria, ya se sabe, sigue caminos insospechados— evoca para mí un renacimiento y me conduce a la clínica de Ginebra donde, aquel enero de 1969, había dado a luz con la ayuda del doctor De Watteville.

Puedo afirmar que el día en que nació mi hijo yo también nací por segunda vez. La emoción de abrazar al que durante años había encarnado mi deseo más profundo, me arrolló. Para disfrutar completamente del momento, o quizá por temor a despertarme de ese sueño maravilloso, me atrincheré en mi habitación. Me sentía segura y protegida en ese nido mullido y cálido, con la sola compañía de mi hijo, en nuestro mundo hecho de miradas larguísimas, de leche y de caricias. Las enfermeras nos mimaban, nos cuidaban, nos mantenían alejados de las preocupaciones. El mundo que nos observaba desde fuera, ávido de espectáculo, no podía alcanzarnos. Contenerlo no fue fácil, por supuesto. Pero Carlo, con su determinación y su inteligencia, supo darles a los periodistas ese mínimo que los mantenía tranquilos, y preservar nuestra intimidad.

Estábamos en pleno apogeo del *star system* y Carlo Jr. recibía el mismo tratamiento que un príncipe real. Con ocasión de su nacimiento, fuera de la clínica se había agolpado un ejército de fotógrafos y cámaras llegados de todo el planeta.

La crónica señala que los italianos eran, por supuesto, los más ruidosos, los ingleses los más tenaces, los alemanes los más organizados, con dos helicópteros y un avión privado a su disposición, mientras que los más informados eran los estadounidenses, y los más astutos los japoneses, que habían puesto el equipo bajo la dirección de una mujer para acceder más fácilmente a mi corazón de madre.

Se organizó una rueda de prensa para contentarlos a todos de una sola vez; entré en la sala abarrotada en una cama de puérpera con mi hijo entre los brazos, con la mirada cansada pero al fin feliz, rodeada por mis paladines: Carlo, a un lado, y al otro mi hermana Maria, que acababa de llegar de Roma para asistir al gran acontecimiento. En cambio, Basilio se había perdido en algún lugar de nuestra felicidad, que también era la suya.

Los periodistas me bombardeaban a preguntas. No sé por qué, pero me hacía ilusión pensar que ellos también estaban emocionados. Por otra parte, la emoción es contagiosa y donde hay un recién nacido se respira el ambiente de un milagro.

—¿A quién se parece?

—¿De quién son los ojos?

—¿Y la boca?

—¿Cuánto pesa?

—Sophia, Sophia, ¿cómo se encuentra?

—¿Ha tenido miedo?

—¿Va a darle de mamar?
—¿Es más emocionante que recibir el Oscar?
—¿Cuándo volverá a rodar?

Yo sonreía e inmediatamente volvía a inclinar mi rostro sobre Cipi, como había empezado a llamarlo. «¡Eres precioso!», pensaba. La carita redonda, las manitas que me apretaban el dedo, un paquetito tibio que olía a paraíso. Todo lo demás estaba desenfocado, no tenía importancia, era como si no tuviese nada que ver conmigo.

Vivía suspendida. De repente, mi existencia había adquirido un sentido profundo, una estabilidad frágil y gratificante. No quería salir porque temía que el pequeño se enfriase y no me apetecía volver a casa. Así que iba echando raíces día tras día en mi habitación blanca y limpia, protegida de todos los peligros, negándome a pensar en el mañana.

Una vez más, el doctor De Watteville tuvo que venir en mi ayuda, empujándome con suavidad a salir de allí después de cincuenta días que se me antojaron un abrir y cerrar de ojos.

—Sophia, no puede quedarse aquí para siempre, la vida les espera ahí afuera…

Lo miré fijamente, aterrorizada, pero poco a poco me rendí.

—Tiene razón, como siempre…

Tras nueve meses de inactividad y casi dos de mullido puerperio, había llegado el momento de abandonar el nido, de enfrentarse a la realidad. Una realidad que, a diferencia de las películas, no tenía guión. Mi historia de madre y la suya de hijo estaban por escribir.

Es curioso cómo tener una criatura entre los brazos hace que nos sintamos fuertes y vulnerables a la vez. Es una sensación embriagadora, que aturde, que te acompaña durante el resto de tus días.

Me daba cuenta de que necesitaba que alguien me ayudase a salir del cascarón para volver al mundo, pero ninguna chica de las que me proponían acababa de convencerme. Las posibles niñeras que se presentaban iban vestidas demasiado vistosas, demasiado descaradas, llenas de encajes y puntillas..., parecían gogós. «Pero ¿adónde creen que van? Esto no es una audición para Cinecittà», me decía incrédula frente a tanta exuberancia. Yo necesitaba una persona fiable y tranquila, que comprendiese la felicidad que estaba experimentando y se concentrase exclusivamente en el niño. Y, sobre todo, que no cometiese disparates.

Una mañana, al asomarme a la ventana, vislumbré un cochecito en el jardín sumergido en la niebla invernal. Juzgué a la niñera que lo empujaba una imprudente, como poco.

«¿A quién se le ocurre sacar a pasear a un recién nacido a esta hora, con el frío que hace? ¡Qué locura! Nunca confiaría mi hijo a una mujer así», pensé. Quién lo habría dicho...

Al día siguiente, el doctor De Watteville entró triunfante en mi habitación. Había encontrado a la persona adecuada, a la niñera que podía serme de ayuda y en la que confiaría como para decidirme por fin a abandonar la habitación y dejarla libre a las demás mujeres cuyos hijos estaban a punto de nacer.

Por detrás de él asomaba la cabeza Ruth Bapst, una enfermera de aspecto amable y competente. ¡La reconocí enseguida! «Es ella, la loca que llevaba el cochecito en la niebla...», pensé. La saludé con desapego, sin mostrar la más mínima curiosidad. En mi fuero interno ya la había descartado.

Ruth no se dejó abatir y me tendió la mano, profesional. Me

fijé en su sonrisa sincera, en sus modales sencillos, en su mirada directa. Se leía en sus ojos el amor por los niños y las ganas de trabajar. Mi imán interior, esa misteriosa capacidad que siempre he tenido para atraer y reconocer a las personas adecuadas, con las que congenio, me lanzó una señal de alarma, haciéndome dudar de mi juicio negativo. «Hagamos una prueba», dije titubeando.

En nuestro idioma familiar, Ruth se convirtió en Ninni. Cuarenta y seis años después sigue con nosotros. Me ha ayudado a criar a mis hijos y ahora mima a mis nietos con el mismo entusiasmo de entonces.

Con su apoyo, hice acopio de valor y abandoné la clínica, Ginebra y Suiza, rumbo a nuestra villa de Marino.

Las dos caras del paraíso

Villa Sara era una antigua finca sumergida en los olivares de Castelli, a media hora de Roma. Un oasis de paz y de silencio donde nos purificábamos del caos de la ciudad, de los platós, de la vida mundana, donde volvíamos a una dimensión familiar. Dondequiera que mirara solo veía belleza. Los suelos cubiertos por mosaicos romanos, los jardines exuberantes con fuentes de mármol, las numerosas habitaciones decoradas con muebles antiguos y piezas de anticuario de gran valor... Pero lo que de verdad me hacía soñar eran los frescos de las paredes: banquetes, cacerías, cenefas de fruta y flores, drapeados y guirnaldas, así como animales, árboles, estrellas, rodeados del dulce paisaje italiano. ¡Mejor que el cine! Mirar a mi alrededor era siempre una fiesta.

Habíamos comprado la villa en 1962 y, después de restaurarla a fondo, nos habíamos trasladado allí, dejando el piso de piazza D'Aracoeli, ese en el que pasé la noche del Oscar. Aunque en 1964 nos habíamos ido a vivir a París, siempre volvíamos para pasar breves períodos en cuanto nos era posible. Quizá era demasiado joven para disfrutarla a fondo, pero el encuentro mágico entre arte y naturaleza me regalaba una experiencia inestimable.

En realidad no significaba nada si lo comparaba con el milagro de Carlo, que crecía, empezaba a sonreír, echaba los brazos para que lo levantáramos por el aire y se ensimismaba mirando cómo el viento movía las hojas de los árboles.

Por fin era plenamente feliz, por primera vez en mi vida no me faltaba de nada. Si hubiese podido detener el tiempo lo habría hecho entonces, sentada en el borde de la piscina —que era asimétrica para no cortar un hermoso albaricoquero del que Carlo se había enamorado— mirando cómo mi hijo salpicaba agua por todas partes con su flotador en forma de patito. Pero a los pies de la tumbona me llamaba el deber, en forma de guion. Con todo, me abandonaba a mis pensamientos, acunada por el rumor de las dos cascadas artificiales que habíamos hecho construir para hacerme compañía.

Tengo que admitir que no me acostumbré fácilmente a tanta maravilla. Al principio, el fasto de la villa me cohibía y a menudo me refugiaba en mi habitación, entre revistas y películas. Una vez más, Carlo me sacó del apuro.

«Sofia, las casas son como las personas, hay que irlas conociendo poco a poco, entablar amistad...»

Y tenía razón. Muy pronto Villa Sara y yo empezaríamos a comprendernos y a querernos.

Pero como todos los paraísos, la villa tenía su lado oscuro. Era un lugar aislado, y por ello peligroso. Atractivo para maleantes y delincuentes. Hubo uno en particular que logró asustarnos. Se había escapado del manicomio y una mañana se coló en el jardín. Poco faltó para que llegara a la terraza de la piscina. Llevaba unos papeles en la mano, que quería quemar para incendiarlo todo y gritaba a voz en cuello que Cipi era suyo y que había venido a llevárselo. «Mi hijo, mi hijo, devolvedme a mi hijo…», deliraba preso de la locura. Logró alcanzar la puerta de la casa, que golpeó a hachazos.

En un primer momento nos quedamos paralizados, pero afortunadamente enseguida supimos reaccionar. Logramos calmarlo sin problemas, aunque él, con la misma facilidad, volvía a su obsesión y a nuestra casa. Se escapó varias veces del hospital psiquiátrico, me acribilló de cartas… Vigilábamos sus movimientos sin dejarnos intimidar. Con todo, no me abandonaba nunca una sensación de miedo, de profundo malestar, con la que me costaba vivir. A ello contribuía el hecho de que Italia estaba entrando en el período oscuro de los secuestros.

Aparte de unas amenazas, que no tuvieron consecuencias, a principios de los años setenta Carlo corrió grave peligro un par de veces. Se salvó gracias a su rapidez de reflejos y a la oportuna actuación de la policía.

Una noche en que volvía tarde del despacho, un coche atravesado en la Appia Antica lo obligó a detenerse. Por el retrovisor vio que otro automóvil le había cerrado el paso por detrás. La portezuela se abrió y de él salió un hombre con el rostro cubierto que se dirigió hacia él armado con un fusil.

Carlo era un hombre seguro de sí mismo, rápido de reflejos, acostumbrado a tomar decisiones en situaciones de emergencia.

Pisó a fondo el acelerador y arrancó derrapando. Faltó poco para que se llevase por delante el coche que le obstruía el paso. El bandido disparó, pero él, inclinándose sobre el volante, no se dejó atemorizar y prosiguió. Cuando llegó a casa, su Alfa Romeo estaba acribillado de disparos como si volviera de la guerra.

La policía no pudo hacer nada, a excepción de darle algunos consejos en el caso de que sucediese de nuevo.

«Don Carlo, avísenos la próxima vez que vuelva a casa tarde.»

Al cabo de un tiempo, siempre en la via Appia, vislumbró un extraño incendio no muy lejos de allí y se preocupó. Cuando, poco después, un coche se le arrimó e intentó sacarlo de la carretera, una patrulla móvil salió de la oscuridad y los secuestradores se dieron a la fuga. Porque de eso se trataba: encontraron un microbús sin matrícula con el motor en marcha, escondido entre los arbustos de Villa Sara. En la maleta había cuerdas, cinta adhesiva, jeringuillas y cloroformo. Todo lo que necesitaban para un secuestro en toda regla. Fue demasiado incluso para nosotros. Corría 1974. Cogimos a nuestros hijos, pues ya teníamos dos, y nos trasladamos a París.

Unos años antes, en octubre de 1970, cuando Cipi era muy pequeño, me habían dado un buen susto en Nueva York. Ocupábamos una suite en el vigésimo segundo piso del Hampshire House, en el corazón de Manhattan, cuyos grandes ventanales se asomaban a un Central Park deslumbrante de colores otoñales. Era la casa de Alex, el hijo de Carlo, y en el edificio también vivía Greta Garbo, con la que nunca llegué a cruzarme a pesar de ir continuamente al ascensor con la esperanza de encontrármela.

Estábamos en Estados Unidos para promocionar *Los girasoles*, con Vittorio y Marcello. Carlo había vuelto a Milán repentinamente, pues su padre, al que estaba muy unido, agonizaba, y yo me había quedado sola con Ines, Ninni y Cipi.

A la mañana siguiente de su partida, me despertaron extraños ruidos que parecían gritos sofocados. No entendía qué pasaba y, todavía medio dormida, creí estar soñando. Cuando me quité los tapones, con los que tenía la costumbre de dormir, volví a oír gritos, esta vez con más claridad. Mientras intentaba orientarme entre el estado de vigilia y el sueño, dos hombres irrumpieron en mi habitación: uno, con un voluminoso manojo de llaves en las manos y más blanco que la pared, era el conserje del hotel; el otro, que iba detrás, llevaba un utensilio que en un primer momento me pareció un estetoscopio. «Dios mío, mi hijo no se encuentra bien», fue lo primero que pensé. En realidad, era una pistola.

—Esto es un atraco —soltó como en una mala película policíaca.

Fingí no entenderlo. El hombre se puso aún más nervioso.

—¡Basta de bromas! —gruñó, apoyándome el cañón en la sien.

Era una situación surrealista. Un ladrón disfrazado de carnaval, con peluca, bigotes postizos y gafas de sol, me apuntaba con un arma que parecía de verdad. Mis ojos en los suyos, más azules que los de Paul Newman. Y a pocos metros, en la habitación contigua, mi hijo, frágil e indefenso.

—¡Deprisa! ¡Saca las joyas! —gritó el ladrón, revolviéndolo todo en busca del botín.

La joyería Van Cleef & Arpels me había prestado un juego de pulsera, collar y pendientes para lucir en la gala Rockefeller, que se celebraría esa misma noche. «¿Cómo lo sabe?», me pregunté confundida, presa del pánico.

—Están en una bolsa, dentro del último cajón de la cómoda —confesé para proteger a Cipi.

El hombre de ojos azules siguió histéricamente mis instrucciones. Encontró la pulsera de brillantes y rubís, con el collar y los pendientes a juego, y se los metió en el bolsillo, pero no era eso lo que buscaba. Gritaba como un poseso, tan alto que resultaba difícil comprender qué decía.

—Esto es quincalla..., el anillo, quiero el anillo, el de la televisión...

Por fin, cuando me di cuenta del malentendido, maldije mi vanidad. Durante una larga entrevista que Marcello y yo habíamos concedido a David Frost unos días antes, había lucido un vistoso brillante de Van Cleef & Arpels que ya había devuelto. Ese inútil capricho, que valía unos quinientos mil dólares, estaba poniendo en peligro la vida de mi hijo y la mía. Traté de explicárselo, de decirle la verdad, pero él me cogió por el cabello y me arrojó al suelo.

—¿Dónde está el niño? —gritó después, helándome la sangre.

Presa del pánico, ni siquiera me di cuenta de que el compinche que vigilaba el pasillo, demasiado asustado para seguir esperando, le había gritado: «¡Vámonos!». Mientras huían con las joyas de Van Cleef & Arpels en los bolsillos, les arrojé una bolsa que contenía todas mis joyas personales. No sé por qué lo hice, quizá fue un gesto catártico o una provocación. O quizá solo una ofrenda para que se alejasen lo antes posible de nosotros.

Corrí a la habitación de Cipi, lo abracé muy fuerte y me hundí en un llanto desesperado. Me juré a mí misma que a partir de ese momento no volvería a llevar otras joyas que no fueran los brazos de mi hijo.

«The (Im)possible Dream»

Poco después del nacimiento de Carlo Jr. llegó Edoardo, duplicando una felicidad que creía irrepetible. Otro de los insondables misterios de la maternidad.

Me quedé embarazada de mi segundo hijo mientras rodaba *El hombre de La Mancha*, con Peter O'Toole, inspirada en un gran éxito de Broadway de Dale Wasserman. Fue el primero y único musical de mi vida, a excepción de un pequeño papel en *Nine*. La trama cuenta la historia de Miguel de Cervantes, cuando prisionero de la Inquisición y para distraer a sus compañeros de desventura pone en escena la historia de don Quijote y sus amoríos con la criada Aldonza, que convierte en la noble princesa Dulcinea.

Peter era un actor extraordinario, un hombre de una inteligencia sorprendente y transgresiva, divertido como un actor cómico e intenso como un personaje de tragedia. Me encantaba trabajar con él y recuerdo que, llena de admiración, estaba pendiente de todo lo que hacía y decía. Cuando interpretaba parecía que cantase, pero si tenía que cantar no siempre era tan sencillo. Ninguno de los dos éramos cantantes profesionales y teníamos plena conciencia de ello. A decir verdad, ambos estábamos muertos de miedo…

La mayoría de las veces grabábamos en el estudio, pero también teníamos que cantar en el plató porque, como en todo musical digno de ese nombre, las palabras y la acción requerían una sincronización perfecta. Una mañana, al llegar el momento de rodar, me quedé sin voz y sin palabras, peor que Marlon Brando frente a la rabia glacial de Chaplin. Peter me llevó a un lado.

—No te pongas nerviosa, Sophia, no sirve de nada. Está claro que se trata de una laringitis psicosomática... —sentenció con su ilimitada sabiduría.

Intenté defenderme, pero su mirada cargada de ironía no concedía escapatoria. Cuando la enfermera me dio el termómetro y resultó que tenía treinta y nueve de fiebre, hallé las fuerzas para replicarle.

—Lo ves, Peter, nada de enfermedades psicosomáticas, ¡tengo gripe! —susurré, tranquilizada al saber que estaba bien de la cabeza.

Pero él no cedió.

—¡Nada de eso, Sophia! Tienes miedo de cantar delante de toda esta gente.

Tenía razón. Dos días después, solos los dos, Peter logró analizar en profundidad qué me ocurría. Sin embargo, el aprendiz de Freud acabó por convertirse en una víctima de su juego. Cuando le llegó el turno de cantar «The Impossible Dream», la principal pieza musical de la película, que con el tiempo interpretarían Sinatra, Elvis Presley, Jacques Brel y Plácido Domingo, me quiso a su lado.

Fuimos compañeros de gloria y de desventuras y permanecimos unidos hasta el final. Durante las pausas lo desafiaba a jugar al Scrabble e, ironías del destino, si bien él era un culto shakespeariano y yo una napolitana trasplantada, siempre le ganaba. Quizá, aunque dejé de estudiar muy pronto, tuve tiempo de aprender los rudimentos del latín que me permitían inventar, y a menudo adivinar, las palabras. ¡Qué bien lo pasábamos! O debería decir ¡qué bien me lo pasaba tomándole el pelo!

El recuerdo más vivo que tengo de él se concentra en una imagen nítida y concreta. Una noche llamó a la puerta de mi suite, donde estaba con Ninni y Cipi. Cuando abrimos nos lo encontramos vestido con una estrambótica túnica verde y los brazos extendidos como si fuera Jesucristo recién bajado de la cruz.

—¿Puedo quedarme con vosotros?

Estaba como una cabra, pero la suya era una locura creativa, afectuosa, que cambiaba tu manera de ver el mundo.

Al final de la película, realizada en Roma, descubrí que estaba embarazada. La noticia me cogió mucho más preparada que la vez anterior. Me había convertido en una especialista en estrógenos y la modista de la *troupe* me puso las inyecciones. Trabajé hasta el quinto mes y en septiembre de 1972 cogí un avión para Ginebra.

Pasé unos meses tranquilos, sin demasiadas presiones. Leía, cocinaba, miraba la televisión. Iba preparando el lugar que acogería a mi otro gran amor. Pero aunque el ambiente era más sereno, la emoción era la misma de la primera vez. El niño estaba en la posición correcta para nacer, pero en vista de mi historial clínico el doctor De Watteville decidió practicar de nuevo una cesárea para no correr riesgos inútiles. Tenía miedo, ese miedo sano, mezcla de excitación y sorpresa, que tiene toda madre antes de dar a luz. Como el de Carlo, el nacimiento de Edoardo fue el regalo más hermoso que me ha hecho la vida…, hasta que llegaron mis nietos.

Y a propósito de regalos, cuando el 6 de enero de 1973 Edo vino al mundo, precioso, Peter, mi don Quijote, no me decepcionó. Se presentó con un huevo de avestruz auténtico autografiado: «With all my love, Peter». Tuve encima de mi mesita de noche mucho tiempo ese recuerdo de un querido amigo surrealista y, sin duda, excéntrico.

El tío Richard

A propósito de queridos amigos algo excéntricos, durante la primavera de 1973 llegó a Villa Sara un invitado de excepción para alegrar, y en cierto sentido complicar, nuestra rutina. Carlo había llamado a Richard Burton para interpretar el papel de actor protagonista de *El viaje*, la última película de De Sica.

Una mañana de abril, después de dar de mamar a Edo, que se había quedado plácidamente dormido mientras Cipi, un poco celoso de su hermano, exigía con insistencia mi atención, disfrutaba de los primeros y tímidos rayos de sol primaverales cuando Ines me pasó una extraña llamada.

—*Sophia? Is it you? This is Richard speaking.*
—*Richard?*
—*Yes, Richard, Richard Burton.*

No nos conocíamos en persona y no esperaba su llamada, pero me gustaron sus modales directos, su sinceridad. Y además... ¡menuda voz! Una voz que parecía atravesar la distancia.

Por supuesto, sabía que íbamos a trabajar juntos y no veía la hora de conocer a uno de los dioses de mi Olimpo. Pero él no se contentó y dio un paso más.

—Si estáis de acuerdo voy a quedarme con vosotros antes de empezar el rodaje. Tengo que ponerme en forma y no me apetece vivir en un hotel... No me dejarían respirar.

En efecto, todas las revistas publicaban noticias sobre su atormentada historia con Elizabeth Taylor y los cronistas y *paparazzi* no dejarían escapar una presa tan apetitosa. Por otra parte, Villa Sara tenía una bonita dependencia para invitados que nos permitía alojar allí a amigos y parientes sin molestarnos los unos a los otros.

—Eres bienvenido, Richard —respondí sin dudarlo, contenta de poder ayudar.

Llegó con su grupo de íntimos, que incluía a un médico, una enfermera y una secretaria. La verdad es que intentaba desintoxicarse del alcohol y de su amor por la bella Cleopatra de ojos violeta. Solo hablaba de ella, y yo lo escuchaba pacientemente. A menudo comía conmigo y con los niños junto a la piscina, y nos hicimos amigos enseguida. A Cipi también le gustaba y juntos formaban una extraña pareja.

En la caja de los recuerdos aparece una bonita fotografía suya con un traje de época, que mandó a su pequeño amigo algunos años después.

> *To my beloved Cipi,*
> *This is uncle Richard when he was a bit younger and you and Edoardo and E'en So were not even born!* ¡Increíble!
>   RICHARD

Estas pocas líneas son suficientes para evocarme su voz, su calor, su inteligencia.

Galés, penúltimo de los trece hijos de un minero, había llegado a frecuentar Oxford y a estudiar arte dramático. A caballo entre el cine y el teatro, donjuán y bebedor empedernido desde joven, se enamoró de Elizabeth Taylor durante el rodaje de *Cleopatra* y poco después, en 1964, dejó a su mujer para casarse con ella. Justo en esos primeros meses de 1973, su matrimonio había llegado a una crisis que desembocó en divorcio un año después. Divorcio que no impidió que volvieran a casarse en 1975 y a divorciarse de manera definitiva en 1976. Prácticamente una sorpresa al año.

Durante su estancia en Marino, Richard era un manojo de nervios, quizá por culpa del tratamiento de desintoxicación al que se estaba sometiendo. Con todo, era simpático, brillante y afectuoso, un volcán de ideas y de citas. Su amor por la literatura se filtraba por todos sus poros y hacía que su compañía fuera una experiencia única.

Sin embargo —sé que es difícil de creer—, él también fue una víctima de mi ingenio en el Scrabble. A pesar de que su cultura era tan vasta como su vocabulario, sucumbió, como Peter, a mi supremacía. Se quedaba sin palabras ante la evidencia, mirándome desconcertado. Yo me reía por lo bajo, satisfecha, disfrutando de mi triunfo.

Jugábamos para pasar el tiempo mientras esperábamos que empezase el rodaje. Pero las condiciones de salud de De Sica empeoraron, y tuvo que someterse a una operación que lo aplazó un mes entero. A esas alturas, Richard se había convertido en un miembro más de la familia; Cipi lo llamaba tío y Edoardo lo miraba con la boca abierta, con esa expresión de sorpresa de los recién nacidos. Aunque los dos estábamos muy preocupados por Vittorio, cultivábamos nuestra amistad doméstica, a base de juegos, de bromas, de confesiones. Daba la impresión de que hubiera hallado un equilibrio, que, por desgracia, estaba destinado a no durar mucho.

El viernes antes de empezar el rodaje, Liz lo llamó desde Los Ángeles para darle una noticia fatídica.

—Me operan mañana, Richard. Tienes que venir.

«¿Bromea?», estuve a punto de decir, pero me mordí la lengua. En el fondo no era asunto mío y era mejor que no me metiese.

Puede que él me leyera el pensamiento porque me miró con impotencia, como diciendo «¿Qué quieres que haga? ¡No puedo negarme!».

Carlo comprendió la situación y, como era su costumbre, cogió el toro por los cuernos.

—No te preocupes, ve. Pero el lunes por la mañana te quiero de vuelta.

Richard partió. Voló durante quince horas de ida y quince de vuelta solo para cogerle la mano a Liz unos minutos. Después, con la conciencia tranquila, cumplió con su deber y el lunes por la mañana llegó puntual al rodaje de las primeras secuencias.

Liz viajó a Roma unas semanas después y se repartió entre nuestra casa y el hotel. Para Richard, Liz era como una ola gigante, un electrón libre, una flecha que apuntaba derecho a su corazón destrozado.

Cuando empezamos a rodar *El viaje*, Richard estaba presente físicamente pero su mente viajaba muy lejos. Seguramente en busca de una solución a sus problemas que, por el momento, parecían imposibles de resolver.

Cuando por fin la halló, si bien provisional, no dudó en decírmelo. Era 1974 y nos estábamos preparando para trabajar otra vez juntos en *Breve encuentro*, una nueva versión de la famosa película de David Lean que rodaríamos en Inglaterra bajo la dirección de Alan Bridges. En su carta, aunque como de costumbre bromea, también habla de sí mismo con sinceridad y profundidad, confiando en la amistad que nos unía.

Dearest Dost and Divine Ashes [juego de palabras entre Richard y Sophia]

He leído el guión. ¿Quién podría tener la desfachatez de hacerlo sin mí? ¡Qué increíble impertinencia! Nos vemos dentro de una semana. Te quiero, eso está claro, pero no se puede negar que es un guión extraordinario...

El director parece un tipo serio, aunque muy nervioso también. ¿Crees que trabajaremos a gusto con él? Me espero alguna absurdidad del pueblo de Churchill, dejaremos que se ocupen Frings y los demás idiotas. Te quiero.

Me he recuperado completamente de mi reciente locura y pocas veces he estado tan contento. Elizabeth nunca abandonará su lugar dentro de mí, pero por fin ha abandonado mis pensamientos y el amor que sentía por ella se ha transformado en compasión. Es un desastre total y no puedo hacer nada por ella sin destruirme a mí mismo. Te quiero.

No veo la hora de abrazarte, no quepo en mi pellejo. Y también de ver a Cipi, Edoardo, Ines, Pasta y Carlo..., e incluso Inglaterra. Hace mucho que no voy por allí. Si lo pienso, me sorprende cuánto.

Me comportaré como un actor modélico, la última vez fui un maldito idiota.

Nos vemos dentro de una semana.

Tuyo,

RICHARD

P.S. Me he olvidado de decirte que te quiero.

Adiós, Vittorio

Cuatro años antes de rodar *El viaje*, madre desde hacía muy poco, había vuelto al cine con *Los girasoles*. Corría el otoño de 1969 y mientras el mundo enloquecía con la revolución cultural, nosotros rodábamos entre Milán y Rusia. Yo me sentía en familia, como en el jardín de casa. Los tres mosqueteros —Vittorio, Marcello y yo— estaban de nuevo juntos. Invitado especial, Carlo Jr. en el papel de sí mismo, es decir, de mi hijo en la vida y en la película. Aunque fuera muy pequeño era el compañero ideal de viaje. Lo llevaba conmigo a todas partes y no lograba estar alejada de él más de unas pocas horas. El tema de *Los girasoles* era de nuevo nuestra guerra, pero ampliaba su radio de acción hasta Rusia. Durante la gran retirada, el soldado Antonio, que por poco se muere congelado, encuentra a una muchacha del lugar que le salva la vida, y con la cual forma una nueva familia. Su mujer italiana parte en su búsqueda y desgraciadamente da con él. Al encuentro entre las dos mujeres, arrasadas por un mismo dolor, asiste un Mastroianni que una vez más encarna de manera magistral a un hombre sin cualidades, como el Dummì de *Matrimonio a la italiana*, como el Carmine, agotado por la paternidad, de *Ayer, hoy y mañana*, y como el don Mario de *La mujer del cura*, una comedia agridulce dirigida por Dino Risi que volvió a reunirnos.

Vittorio no se encontraba bien. La enfermedad de los pulmones se abría camino lentamente, pero él no había perdido la sensibilidad por el detalle, el amor por los niños —rusos o napolitanos, daba igual—, el gusto por la descripción del trabajo cotidiano de las mujeres, por los desgarradores adioses en las estaciones y los sentimientos frustrados por la violencia de la vida.

Cipi —no es pasión de madre— había interpretado muy bien su papel y recibido muchos cumplidos, sobre todo en Estados Unidos. Viéndolo hoy, ese amarillo intenso de los girasoles, a los que los cuerpos de soldados rusos, italianos y alemanes habían servido de abono, parece un último llamamiento a la vida, un soplo de esperanza, un toque de color en un mundo que se apagaba lentamente antes del gran viaje final.

Precisamente *El viaje* fue el título de la última película de De Sica, rodada entre octubre de 1973 y enero de 1974, y protagonizada por Richard y por mí, ya amigos después de meses de convivencia. La película se inspiraba en una novela de Pirandello ambientada en Sicilia, Nápoles y Venecia, en los albores de la Primera Guerra Mundial. Era una historia de amor y de muerte, un clásico melodrama a la italiana. Vittorio se encontraba mal, Richard tenía la cabeza en otro sitio y yo era más madre que actriz. Sin embargo, era una bonita historia que conmovió al público y, como solía pasar, gustó mucho en el extranjero.

Dos días antes de finalizar el rodaje hice algo que no había hecho nunca. Mientras hojeaba con De Sica las fotos, fue a parar a mis manos una suya, preciosa.

—¡Vitto', mira qué bien estás, escríbeme algo bonito!

Me miró conmovido y obedeció.

«Sofí, Sofí, a los quince años me dijiste que sí.»

No es por casualidad que sea una de las fotos a partir de las cuales he iniciado mi largo viaje a través de la memoria.

Tras finalizar el rodaje, en enero de 1974, seguí trabajando sin descanso, pasando de *El veredicto*, con Jean Gabin, a *Breve encuentro*, con Richard Burton, hasta reunirme de nuevo con Marcello en *Pupa, Charlie y su gorila*. Pero la preocupación por Vittorio no me abandonaba nunca.

Cuando aquel 13 de noviembre Carlo me llamó por teléfono estuve a punto de colgar. No quería oír lo que iba a decirme, lo que ya sabía dentro de mí, lo irremediable. De Sica había fallecido en París, a pocos kilómetros de mi casa. Estábamos cerca y lejos al mismo tiempo, separados por un río en cuyas aguas fluía nuestra historia en común.

Había muerto en el American Hospital y la familia había dado órdenes muy estrictas de respeto de su intimidad, que incluían a sus amigos más cercanos. Llamé a María Mercader, pero no me respondió y me sentí impotente, paralizada por el dolor. No sabía a quién dirigirme, qué tenía que hacer ni dónde encontrar consuelo. Sin embargo, sabía que no podía quedarme en casa como si nada, sin despedirme de él antes de que se lo llevaran a Roma.

Llamé al hospital cientos de veces, y la respuesta era siempre la misma: «Lo siento señora, no estamos autorizados».

Al final, tras mil intentos, encontré una manera de colarme. Un empleado complaciente me acompañó hasta la sala del tanatorio, pero estaba cerrada a cal y canto. Miré por la ventana, incrédula, el ataúd. Al lado había una camilla donde su cuerpo había reposado hasta poco antes. Y a la altura de la cabeza noté una mancha más oscura. Evoqué el perfume de su brillantina y me eché a llorar como no había llorado en toda mi vida.

Ni soldado ni marido ni padre

Estaba segura de que sin De Sica no trabajaría nunca más. O mejor dicho, que seguiría trabajando pero que nunca más encontraría un papel que me conquistase y me hiciese volar. Pero la vida es imprevisible y te reserva ocasiones especiales, ya seas una actriz o un ama de casa resignada que vive para limpiar y criar lo mejor que puede a un pequeño ejército de las juventudes del régimen fascista. Si Vittorio hubiera vivido estoy segura de que se habría sentido orgulloso de mí al verme en *Una jornada particular*. Por otra parte, nunca habría podido llegar a ser Antonietta si antes no hubiese sido Cesira, Adelina y Filumena.

En 1977, Ettore Scola, un gran director, riguroso, coherente e idealista, presentó el guión a Carlo. La historia parecía escrita expresamente para Marcello y para mí. Se trataba de una historia delicada y profundamente humana que una vez más hablaba de nuestras vidas, de nosotros.

La «jornada particular» a la que se refiere es el 6 de mayo de 1938, cuando una Roma disfrazada de capital del imperio recibe al Führer con un gran desfile carnavalesco. Toda la ciudad se vuelca en las calles. Toda o casi. En via XXI Aprile hay quien prefiere quedarse dentro de un edificio popular que rezuma conformismo y normalidad. Allí, atrapados entre los pliegues del régimen, permanecen Gabriele, un locutor radiofónico, y Antonietta, la mujer de un fascista, un ama de casa consumida por una soledad de la que ni siquiera tiene conciencia.

Se conocen siguiendo un mirlo que se ha escapado por el balcón hasta la azotea, entre las sábanas secándose al sol. Su encuentro, que ilumina el cielo descolorido, es intenso, contenido, y deja entrever tras las ojeras y las caderas demasiado anchas, los pasos de una rumba, los granos de café esparcidos por el suelo, el deseo de experimentar emociones, de salir de los estereotipos, de cambiar algo de la propia vida, aunque solo sea un rizo coqueto hecho delante del espejo en el último minuto.

Mientras Gabriele y Antonietta se conocen, se confiesan sus limitaciones, su impotencia; la radio, el tercer protagonista de la película, transmite con insistencia, en directo, la crónica del desfile. La portera, mezquina defensora del edificio, vigila para que todo permanezca inalterado. Sin embargo, incluso ella se da cuenta de que este tímido encuentro, como todos los encuentros, lleva consigo una parte de verdad, inevitablemente transgresiva.

La única distracción de Antonietta es pegar fotos del Duce en su álbum. Gabriele le confiesa que él no responde a ninguno de los modelos fascistas en los que ella cree. Con su dulzura insuperable le susurra que no es ni soldado ni marido ni padre, que solo es un hombre, del cual esa mujer prematuramente envejecida y abatida se enamora.

No fue fácil para Carlo encontrar quien financiase la película, pero al final lo encontró en Canadá y pudimos empezar a rodar. Era un desafío que dos actores como Marcello y yo, símbolos de belleza y juventud, encarnasen personajes intencionadamente marginados y modestos. Scola era muy amigo de Marcello y no albergaba ninguna duda acerca de él, pero sí de mí. Temía que mi físico exuberante fuese un obstáculo para interpretar el papel de una mujer consumida y sin maquillar, vestida durante toda la película con una mísera bata de algodón.

Noté enseguida su desconfianza inicial y los primeros días de rodaje no fueron fáciles. Sentía que el personaje me pertenecía, pero necesitaba saber que se fiaba de mí para poder acceder a él.

Al cabo de unos días, Carlo llamó a Ettore sin que yo lo supiera.

—Hola, Scola, soy Ponti. ¿Qué está pasando? Has hecho llorar a Sofía...

—¿Yo? —respondió—. ¿Por qué?

—Quizá no se siente a gusto con esa ropa...

Scola no dio un solo paso atrás.

—Sophia es una gran actriz y es ella la que tiene que adaptarse a la ropa de su personaje y no al contrario.

Carlo tuvo que darle razón. Había sido el primero en reconocerme dentro de la bata de algodón de Antonietta, y no era la clase de hombre que buscaba compromisos donde no los había. Creía en la historia, creía en el director y creía en mí. Eso era suficiente para él.

Pero aquella llamada quizá sirvió para darnos un poco de tregua, para que todos entendiesen que el proceso de identificación de un actor con su personaje es delicado y necesita paciencia.

Al cabo de poco me enamoré perdidamente de aquella mujer tan normal y tan particular al mismo tiempo. Siempre se lo agradeceré a Ettore. La película fue un éxito y le llovió una avalancha de premios, conquistó al público y a la crítica y se ganó un lugar muy especial en mi corazón.

Riccardo Scicolone murió durante el rodaje de *Una jornada particular*.

Mi hermana me llamó una mañana al plató, estaba llorando: «Sofí, ven enseguida, papá está muy mal».

Fui corriendo al hospital y lo encontré rodeado por las mujeres de su vida: mamaíta, Maria, y su última compañera, una alemana. Me acerqué y le apreté la mano. Él me clavó los ojos y yo sostuve su mirada, como paralizada. Le sonreí y luego me acerqué a la ventana donde estaba Maria, deshecha en lágrimas. Miré afuera. Desde lo alto, los coches, los transeúntes y las bicicletas parecían de juguete. Intenté llorar, pero no pude.

12

Diecisiete días

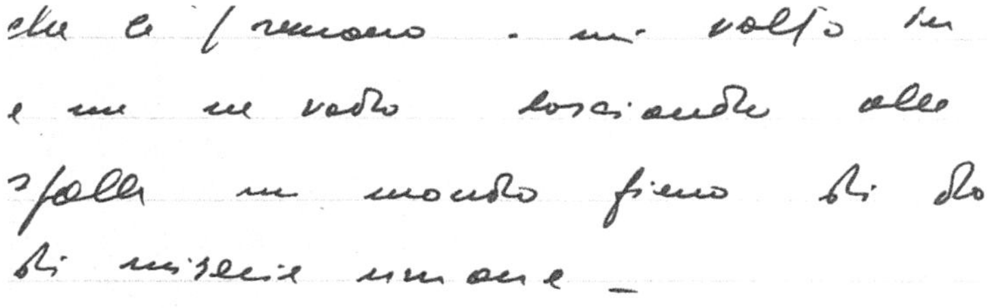
che ci fermano - mi volto in
e non ne vedo lasciandole alle
spalle un mondo pieno di dolore
di miserie umane —

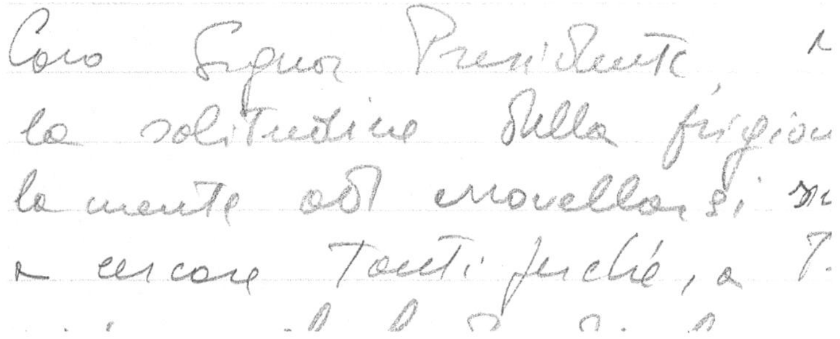
Caro Signor Presidente, e
la solitudine della prigione
la mente ad arrovellarsi
e cercare tanti perché, a

Jarros de agua fría

Una mañana de febrero de 1977 dos coches de la policía cruzaron la verja de Villa Sara, en Marino. Registraron la casa e hicieron un detallado inventario de muebles, cuadros y objetos de valor. En ese momento sucedía lo mismo en las oficinas romanas de la Champion, la productora de Carlo. La investigación había sido puesta en marcha por el fiscal Paolino dell'Anno, que acusaba a Carlo, al que consideraba residente en Italia —en realidad era ciudadano francés y residente en el extranjero desde hacía muchos años—, de irregularidades monetarias relativas a ventas en el mercado internacional y de haber realizado coproducciones con sociedades extranjeras amparándose en los beneficios que ofrecían las leyes italianas —beneficios a los que, según él, no tenía derecho, dado que se trataba de películas financiadas completamente con capital extranjero.

Fue un jarro de agua fría que nos arrebató la tranquilidad y la seguridad. Habíamos sido honrados y habíamos mantenido una conducta correcta toda la vida; siempre habíamos respetado la ley y no estábamos en absoluto preparados para afrontar los que se nos venía encima. Intentamos reaccionar, proteger nuestro equilibrio familiar, no dejarnos dominar por el pánico, pero no fue fácil y tuvimos que hacer acopio de todas nuestras fuerzas.

El siguiente jarro de agua fría llegó al mes siguiente, el 8 de marzo. Estaba en Roma para promocionar el estreno de *Una jornada particular* y cuando fui a Fiumicino con intención de coger el último vuelo con destino a París, me detuvieron en la aduana y pasé toda la noche siendo interrogada. Los agentes me hacían preguntas a las que no sabía responder. «Soy una actriz, no una mujer de negocios», decía intentando defenderme en vano. Tuvo que intervenir mi abogado para que me devolviesen el pasaporte y pudiera embarcar en el primer avión que salía al amanecer. En el aeropuerto parisino Charles de Gaulle me esperaba, además de Carlo, una multitud de periodistas en pie de guerra. Fue una experiencia desagradable, y quise creer que aquello no tendría mayores consecuencias.

Desgraciadamente, ya nos habíamos adentrado en una especie de laberinto del absurdo. La investigación de Paolino dell'Anno concluyó con la condena a Carlo a cuatro años de prisión por fraude fiscal en primera instancia, de lo cual fue absuelto sin cargos en segunda, mientras que por la acusación relativa a las coproducciones internacionales obtuvo ya en primera instancia la plena absolución. Aunque al final todo se resolvió, fueron años difíciles en los que nos sentimos vulnerables e impotentes.

Pero nuestros problemas con la justicia parecían no tener fin. A raíz de otra acusación absolutamente infundada por fraude fiscal —falso domicilio en el extranjero de una sociedad que tenía su actividad y perseguía su objeto social en Italia—, nos embargaron y seguidamente nos expropiaron la colección de pintura que habíamos tenido la suerte y la oportunidad de reunir a lo largo de los años gracias a nuestro trabajo. La expropiación —que finalizó felizmente años después, tras una serie de largos y complicados juicios— nos dolió en lo más hondo. Más allá del importante valor económico, atacaba directamente una de las pasiones más importantes de nuestra vida. El final feliz no logró borrar del todo la amargura que nos habían causado.

La condena

Sin embargo, lo más traumático estaba aún por llegar.

En el mismo período fui injustamente condenada por una evasión fiscal que se remontaba a muchos años atrás. No podía creérmelo, la sentencia condenatoria del tribunal me cogió por sorpresa y me dejó sin aliento.

Entre finales de los años cincuenta y principios de los sesenta, viviendo y teniendo mi residencia fiscal en el extranjero, mi gestor de entonces no presentó la declaración de la renta en Italia. Años más tarde, otro gestor que ignoraba las gestiones realizadas por su predecesor, presentó un convenio preventivo relativo a ese período, contradiciendo el hecho de tener la residencia en el extranjero y, en resumidas cuentas, autoacusándome de incumplimiento del deber de hacer la declaración, lo cual dio lugar a la apertura de un procedimiento penal contra mí.

Después de la primera condena y la apelación, en 1980, la casación me condenó con sentencia firme a treinta días de prisión, pues, para colmo, mis abogados se olvidaron de pedir las circunstancias atenuantes genéricas. Un error detrás de otro. No me quedaba otro remedio que elegir entre el exilio, es decir, marcharme de Italia y no volver a ver a mi madre nunca más, y la cárcel.

Vivíamos en París desde hacía tiempo y, la verdad, no sabía qué hacer. La decisión que tomé fue madurando lenta pero inexorablemente: decidí volver a Italia y enfrentarme a la cárcel. Fue una decisión solitaria que obedecía al dictamen de mi instinto, a una voz interior que siempre me ha señalado el camino más recto y honrado, rechazando atajos y ventajas.

Estaba cansada y confundida y creí que entregándome a los jueces obtendría justicia y podría demostrar la verdad. Nunca tuve intención de estafar a mi país, pero sentía que una sombra se cernía sobre mí. Conocía el sabor amargo del exilio que nuestros problemas matrimoniales habían impuesto y, a punto de cumplir los cincuenta, ya no soportaba la idea de volver a pasar por eso. Quería ser libre para volver a casa, a visitar el mar de mi ciudad y abrazar de nuevo a mi familia, a mis amigos... Por culpa de un problema burocrático, mi nombre y mi reputación habían sido mancillados ante mis conciudadanos. Con todo, sintiéndome, entonces como ahora, italiana, quería que mi certificado de antecedentes penales y mi prestigio fuesen impecables ante mi gente.

El domingo antes de volver a Italia, el 16 de mayo de 1982, Carlo y Edoardo hicieron la primera comunión. Fue una fiesta íntima, un momento especial entre nosotros cuatro antes de hacer frente a la situación. El martes por la noche, mientras hacía las maletas, los niños entraron en mi habitación para despedirse. Al mirarlos con ternura, para grabar en mi mente sus rostros, me di cuenta de que eran precisamente ellos quienes me habían impulsado a tomar aquella decisión. ¡Cómo era posible que no me hubiese percatado antes! No habría soportado que mis hijos tuviesen una imagen ambigua de mí, empañada por un halo de cobardía y de falta de honradez. Desde pequeños les había enseñado el valor de la responsabilidad y la fuerza de la valentía. Y ahora que estaban creciendo y se asomaban al mundo tenía la oportunidad de predicar con el ejemplo.

Al día siguiente partí para Italia con la cabeza muy alta, a pesar de estar triste y preocupada. No sabía exactamente qué me esperaba y admito que, tras unas gafas oscuras grandes, mis ojos delataban el temor que sentía. Cuando aterricé en Roma, en la pista me esperaba una Alfetta blanca de la brigada móvil que me condujo al centro penitenciario de Caserta, a dos pasos de donde me había criado, esquivando una avalancha de periodistas y fotógrafos al acecho. Era una cárcel pequeña de veintitrés reclusas —yo era la vigésimo cuarta— ubicada en un edificio del casco antiguo, que pronto alcanzaría fama mundial. En la entrada se agolpaba una muchedumbre que me recibió con afecto, como si se tratase de una fiesta. La gente seguía queriéndome y sus aplausos me dieron ánimos para enfrentarme a mi complicado destino.

A pesar de las flores, de los telegramas, de las visitas de la tía Dora y de la afectuosa presencia de mi hermana Maria, que permaneció en Caserta durante todo el mes de mi cautiverio y pasaba todas las noches bajo mi ventana para hacerme compañía, experimenté el dolor de la soledad, del aislamiento. Nada es más humillante para un ser humano que privarlo de su libertad. Nada duele más que la marginación.

Nunca olvidaré la mañana en que me llamaron para interrogarme. «¿Dónde está la reclusa Scicolone?», preguntó el funcionario, sentado tras el escritorio.

Yo llevaba ya cinco minutos de pie ante él.

Me asignaron una celda individual que tenía —como tuvo a bien subrayar el presidente de la República, Sandro Pertini— hasta el lujo de una televisión, y me aconsejaron que me mantuviese alejada de las demás reclusas. En efecto, mi situación era delicada e incluso peligrosa. De todas formas intenté transmitir a aquellas desafortunadas chicas afecto, amabilidad y esperanza. Cuando me fui me despedí de ellas una por una. Había experimentado en primera persona, si bien por poco tiempo, lo que algunas de ellas vivirían durante años. Gracias a la ayuda de las magníficas monjas que nos cuidaban, les hice saber que nunca me olvidaría de ellas. Y he mantenido mi palabra.

Descubrí que en la cárcel el tiempo pasa despacio, llenando la mente de pensamientos sombríos y asumiendo un cariz amargo. Procuraba engañarlo, leyendo, observando, a veces cocinando y, sobre todo, escribiendo.

En mi caja de los recuerdos encuentro un cuaderno rojo, de esos que los niños suizos llevan al colegio. Es el diario de mi breve, pero no por ello menos traumática, experiencia de reclusa. Contiene mis pensamientos, mis reflexiones, apuntes intensos y fragmentarios. Y mi rabia, mi desconsuelo, unos sentimientos que normalmente me son ajenos. También una carta a Sandro Pertini, a quien pedí el indulto, que me negó. Encierra el porqué de mi decisión con mucha más claridad que cualquier especulación posterior.

Quiero reproducir aquí mi diario, tal y como lo escribí durante esos días sombríos que cambiaron —para bien o para mal es prematuro decirlo— mi modo de ver el mundo.

Apuntes del centro penitenciario de Caserta

Fame is steam
Popularity an accident
The only thing that endures is personality.

Harry Truman

Mi diario empieza cuando ya había cumplido casi la mitad de la condena, después de los primeros días de adaptación. Estas líneas desordenadas constituyen mi intento de dar un sentido y controlar mis emociones, de hacer acopio de valor y de resistir a los ataques de la prensa que, como siempre, experimentaba un extraño placer destronando a quien encumbraba hasta un momento antes. Al releer estas páginas, que afloran desde muy lejos, siento aún un escalofrío de miedo y desaliento. Una sensación de vulnerabilidad que nada podrá borrar.

Intento reaccionar a la tristeza con una rabia y una ira que me mantienen vigilante y activa.

Sábado

Aquí, en la prisión. Mi alegría es falsa y mi tristeza se ha convertido en una constante.

Domingo

Han transcurrido once días y me siento muy triste y melancólica, fuera del mundo. Todavía no puedo creer lo que está sucediendo. Es grotesco y se presta a consideraciones filosóficas acerca de la bajeza humana, la vanidad y las frustraciones del hombre corriente. Cuando un desgraciado pide que la justicia sea severa conmigo, en el fondo me da pena. A pesar de que no sabe nada de mí, hay una cosa que sí sabe: que vive en la injusticia, sometido al poder. Por eso invoca justicia cuando un caso importante se presenta ante sus ojos. Obviamente, no se aplica a los llamados periodistas, cuyos desvaríos ocultan envidia, miseria moral y constante frustración; ni uno solo ha profundizado en los hechos para informar a los lectores de lo grotescos que son, de lo injusta que es esta situación. Pero no quiero pensar más en ello, todo lo contrario, intentaré que me sirva de experiencia en el futuro.

Por fortuna cualquier experiencia, por dura que sea, reserva sorpresas, encuentros con personas especiales que tienen la capacidad de ver más allá de las apariencias y se niegan a aceptar juicios superficiales o hechos a la ligera. Son personas que marcan la diferencia, que enriquecen incluso las peores experiencias, que caen como un regalo del cielo, mirándote a los ojos y reconociendo tu humanidad más allá de los prejuicios y los lugares comunes.

La madre superiora es atenta y afectuosa como una verdadera madre en los momentos de dolor. Que Dios la bendiga por todo lo bueno que nos da. No sé qué habría hecho sin ella.

Entre tanta tristeza, haberla conocido ha sido una experiencia enriquecedora que me ha ayudado a no perder la fe en la bondad humana.

La cárcel no debe ser un infierno sin esperanza. En el corazón de quien está cumpliendo una condena, por grave que sea, siempre tiene que haber una chispa, una llama encendida de redención. He hablado mucho con mi querida superiora, la he observado. Cuánta sabiduría y cuánta firmeza alberga en su corazón.

Treinta años después, al revivir aquellos días terribles me pregunto por el significado de la libertad. La verdadera libertad no consiste en hacer lo que uno quiere, sino en poder compartir con los demás los propios puntos de vista. Leyendo de nuevo mis apuntes me doy cuenta de que mi sufrimiento residía en la sensación de abandono, de soledad, de falta de reconocimiento que, de repente, se había apoderado de mí. Me sentía transparente ante la mirada del mundo, como si nadie viese otra cosa que mi imagen de estrella caída en desgracia.

La privación de libertad es un infierno. No piensas más que en lo que harás cuando seas libre. Te conviertes en un ser egoísta.
Quizá en estos momentos alguien se aprovecha de mi cautiverio.

Solo siendo fuertes y humildes los grandes caerán a tus pies. Quienes podían ayudarme me prometieron la luna, pero después del entusiasmo inicial todo ha quedado en agua de borrajas, como siempre en Italia, y parece casi normal que yo esté en la cárcel, a pesar de ser inocente. Todo el mundo ha desaparecido y quien no lo ha hecho hace comentarios irónicos e indiferentes.
Todos se han convertido en seres transparentes. Espero que cuando salga y recobre mi libertad, desaparezcan también de mi corazón.

Me siento inútil sin libertad. Soy como una rama seca que no sirve para nada.

Todos me señalan con el dedo y se apresuran a condenar hasta mi gesto más insignificante. Es muy difícil hacerles comprender que tengo sentimientos.

Hago acopio de fuerzas, pero no puedo confiar en la justicia. Tengo que intentar superar esta mala experiencia, esta farsa.

¿Sabrá nuestro presidente que estamos en los albores de 2000? ¿Que el mundo ha cambiado? ¿De qué me sirve la televisión en la cárcel?

Nunca me ha gustado tanto como ahora escribir, escribo como una loca. Es la única manera de sentirme ocupada, el único alivio en este agujero negro. Me siento acompañada, menos sola, cuando escribo. Tengo la impresión de entrar en diálogo conmigo misma y si me sirvo de mi imaginación, me siento mejor.

Los días en la cárcel estuvieron marcados por la lectura, las charlas con las monjas, y a veces el fuego consolador de los fogones, a la espera de noticias. Y por la certeza de estar en un lugar donde el nivel del dolor era inversamente proporcional al de la esperanza. Un dolor que si bien para mí era pasajero, para muchas detenidas podía convertirse en permanente.

Martes
Hoy he pasado la mañana en la cocina.
No tengo noticias de Basilio, todos me han olvidado. La jus-

ticia es lenta y los expedientes larguísimos. No vislumbro el final. Espero tener noticias de Basilio.

El ambiente, ya tétrico de por sí, ha empeorado al difundirse la noticia de que una chica ha intentado suicidarse y otra se ha cortado en un brazo.

Espero las noticias de Basilio. Por fin, a las seis y media, recibo una carta suya.

Velada trágica: otra chica se ha cortado y la han trasladado al hospital. No logro dormir. Las preocupaciones se agolpan en mi mente.

Miércoles

Pienso, leo, escribo, observo. ¿Me consuela pensar que cada experiencia tiene su lado positivo y que dentro de pocos días seré libre? Pienso en quien se quedará aquí, quizá durante años y quizá injustamente.

La melancolía es mi estado dominante. Tengo que recurrir a toda la vitalidad y la ironía de que soy capaz para no caer en la desesperación, lo cual es fácil cuando falta la libertad.

Nadie ha dudado ni por un instante, nadie ha pensado que el objetivo fuese la publicidad, nadie se ha parado a pensar en lo grotesca que es la situación que me ha convertido en el Al Capone del día, nadie ha escrito: «Cuidado. ¿No estaremos exagerando?». ¿Qué ocultan reacciones tan exaltadas? Sin mencionar que muchos han pedido expresamente al presidente que no tenga clemencia.

Me había quedado sin certezas y cuando se acercó el final de la pesadilla no me comunicaron ni el día ni la hora de mi liberación. Nada dependía de mí, la única cosa que podía hacer era superar la prueba con dignidad.

Jueves

He pasado otra noche en blanco. Ayer, mientras seguía la rutina y hacía los gestos cotidianos, pensaba: «Es la última vez. La última vez que cierro las ventanas, que oigo la llave en la cerradura, su sonido metálico al cerrarse, que duermo en esta cama...». Y esta mañana me he despertado pensando: «Es la última vez que me despierto en esta cama». Miro con atención a mi alrededor para fijar las imágenes en mi mente. El armario color salmón, las dos camas con sus mantas militares, un baño minúsculo y un cuadradito al que llaman terraza, rodeado de barrotes de hierro. Si levantas la cabeza se ve un pedazo de cielo siempre azul donde da el sol unas dos horas al día.

La habitación es clara. Hay una mesa cubierta por un hule a cuadros, un cesto de violetas, fruta y muchas flores. Mensajes y fruta que llegan cada día. Es la primera vez que hablo de mi habitación, quizá porque sé que voy a abandonarla.

En el diario hay fragmentos en inglés y en francés. Puede que cambiar de idioma me ayudase a liberarme de la sensación de claustrofobia, a ver las cosas desde otro punto de vista que hacía que me sintiese menos prisionera, menos paralizada.

Viernes

Obviously it's very very tough. I am facing a world that I would have never known. It's pain, suffering, frustration. Being secluded it's I think the worst punishment that human soul may bare.

Y finalmente el adiós, con un pensamiento especialmente dirigido a mi madre superiora, que siempre contará con mi gratitud eterna.

Sábado
Últimas miradas, últimos gestos en esta celda que ha sido mi tortura durante diecisiete días.

Último adiós a las monjas, emocionadas, y un último abrazo a la guardiana. En un rincón lejano del pasillo una figura pequeña y triste, la madre superiora. Me espera y rehúye mi mirada. Es la única que no me acompaña abajo y se despide delante del ascensor, con la boca temblorosa. Me vuelvo rápidamente y dejo atrás un mundo lleno de dolor y de miseria humana.

Cartas

Al final del cuaderno encuentro, transcrita de mi puño y letra, la carta de un amigo, un regalo anónimo y valioso que me sirvió de consuelo en los peores momentos.

Si hubiera sido uno de sus consejeros o amigos le habría impedido que tomase una decisión tan radical. Un solo día de cárcel en Italia es una experiencia tan terrible como inútil. Le escribo más por gratitud que por solidaridad, por lo que usted ha representado y representa para la cultura cinematográfica mundial y por la valentía que demuestra en cada elección de su vida. […]

Pero escúcheme bien, cuando se enfrente con la necedad y con la soledad, haga acopio de la enorme reserva de humanidad y de capacidad de reacción que sin duda posee. Tome distancia y no permita que la violencia le haga daño.

Con amistad.

También hay una carta mía de respuesta a un periodista que supo entender en lugar de juzgar y especular.

Carta a un periodista napolitano

Gracias, permíteme que te tutee. Sinceramente, desde aquí la formalidad del «usted» me resulta superflua.

Gracias, no puedes imaginar el consuelo y la bendición que tus líneas han traído a mi corazón. Cuánta verdad cuando dices: «Se comprenden las entrañas del mundo..., de una humanidad inexistente, enferma de locura, que no sabe qué es la serenidad, que no duerme por las noches...».

Tú lo has entendido y has tenido valor para escribirlo, rechazando las palabras pomposas de esos chupatintas que han aprovechado mi caso para mostrar una moralidad muy cuestionable. Pero tú, que eres un verdadero escritor, no desaparecerás como ellos, que durarán lo que dura una moda pasajera o un cambio de chaqueta.

Te agradezco tus palabras honradas, civilizadas, con voz propia, ajenas a los salones pseudointelectuales y próximas a la gente, la que me quiere y sabe muy bien que la injusticia y el atropello están al acecho a la vuelta de la esquina, en cualquier momento de nuestras vidas.

Perdona por el desahogo, pero aquí las horas, los minutos, son largos y eternos.

El corazón late más deprisa, si bien la mente reduce su velocidad, se pierde el ritmo y a veces cuesta mucho poner en orden las ideas. Este es uno de esos momentos, y lo primero que he hecho ha sido responderte a ti, que con napolitana sencillez has logrado traer algo de dulzura a mi amarga experiencia. Creo que la comprensión, cuando a nuestro alrededor imperan la intolerancia y la mala fe, es uno de los regalos más hermosos que puede recibir un ser humano. Tú me has hecho ese regalo sincero y auténtico, a la napolitana, y te lo agradezco.

Y finalmente mi carta a Sandro Pertini, que quizá sea el documento que mejor resume mis razones y mis sentimientos.

> Querido señor presidente:
> La soledad de la cárcel obliga a dar muchas vueltas a las cosas, a buscar los porqués, a intentar llegar hasta el fondo de los asuntos.
> Cuando los periodistas le mencionaron mi caso, usted acogió la noticia evocando su cautiverio, y yo me sentí pequeña y casi me avergoncé de la comparación. Envidio su gran fe, la pasión por unos ideales que lo sustentaron en aquel angustioso y oscuro túnel que es la vida en la cárcel. Pero en mi caso, nada puede confortarme moralmente porque soy inocente, una víctima de los entresijos jurídicos y burocráticos. La única cosa que me ha impulsado a aceptar la condena ha sido la nostalgia insuperable de mi país, Italia, el no poder resignarme a la idea de perder mi lugar entre sus ciudadanos libres.
> La cárcel, señor presidente, no es solo la celda individual, el trabajo o el televisor. Usted ha experimentado el dolor que causa en su propia carne. Es la soledad total, el estar encerrados en una habitación cuya llave está en manos de otras personas. Son los gritos de rabia, los ataques de ira de las demás infelices que también están aquí dentro. Las noches insomnes y el alma reducida a su estado primordial.
> La mente se embota, mientras que el corazón late enloquecido, por su cuenta.
> Señor presidente, ¿está usted seguro de que me lo merezco?

¿De que me lo merezco por ser quien soy? ¿La fama y el éxito son una culpa? ¿La difamación y el odio sádico por los ídolos no son aberraciones que hay que condenar cuando están impulsados por el simple gusto de destruir a los demás?

Perdóneme, señor presidente, le he robado algunos minutos de ese valioso tiempo que usted dedica al bien de nuestro país, que lo quiere como a un padre afectuoso y leal. Pero los minutos y las horas que paso aquí dentro me han ayudado a vencer la barrera de la timidez y he querido compartir con usted un momento de emoción y de infelicidad personal, segura de que sabrá comprenderme.

Un afectuoso saludo y mis mejores deseos.

El 5 de junio, a las seis y veinte de la mañana, salí de la cárcel para cumplir el resto de la pena bajo arresto domiciliario, en casa de mi madre, en Roma, según lo previsto por la ley. Estaba más delgada, más desengañada, y era más sabia. Pero, sobre todo, libre de abrazar a mis hijos sin pesos en el corazón. Con la esperanza de que la verdad acabaría ganando.

Casi treinta años después, en octubre de 2013, ha concluido otro asunto judicial que se remonta a 1974 cuando, según la acusación, siempre infundada, cometí otro delito de omisión de la declaración de la renta. Años de juicios y recursos de apelación ante la comisión tributaria hasta que la casación ha hecho por fin justicia afirmando expresamente que mi comportamiento fue correcto y en el cumplimiento de la ley en lo que al pago de impuestos se refiere.

Otro ejemplo clamoroso de la lentitud de la justicia italiana.

13
La sonrisa de Mona Lisa

Una mañana en el museo

¿El atractivo? ¿Qué es el atractivo? Si lo supiéramos estaría al alcance de todos. Sin embargo, es un don de la naturaleza, o mejor dicho, un misterio que, a diferencia de la belleza física, cuenta con la ventaja de no marchitarse con el paso del tiempo. Pienso, por ejemplo, en Teresa de Calcuta, en Rita Levi-Montalcini, en Katharine Hepburn y en Greta Garbo. Y también en Mona Lisa.

Aquella fría mañana de invierno de principios de los años ochenta, el Louvre estaba insólitamente vacío. Las salas, casi siempre abarrotadas de turistas, se encontraban sumidas en una tranquilidad dulce y relajante que permitía a los visitantes dialogar con las pinturas, como viejos amigos. De repente me percaté de aquella tabla, sorprendentemente pequeña comparada con su fama. Ante la Gioconda suele desfilar una cola interminable de admiradores. Aquella mañana estaba sola y por fin podía disfrutar contemplándola en paz.

La miré durante mucho rato, buscando una respuesta a mis preguntas en su enigmática sonrisa. El tiempo pasaba también para mí y la prisión había hecho mella en mí, dejando una huella de cansancio y de dolor, aunque la verdad es que mis hijos crecían guapos y fuertes, llenos de energía, y cada día estaba más orgullosa de ellos. Me acercaba a los cincuenta y ya no daba por descontada la belleza, que me había acompañado desde los tiempos en que fui coronada Princesa del Mar, lo cual me hacía reflexionar.

Mi carrera había sido fulgurante y no me había dejado tiempo para mirar atrás. Ahora por fin podía tomar distancia y pensar en el sentido de mi éxito, en la relación existente entre apariencia y realidad. Estaba acostumbrada a sentirme guapa, pero mi belleza no lo era todo. Por otra parte, era consciente de que si se apuesta solo por ella puede convertirse en una desventaja. Te abandona cuando menos te lo esperas, cuando estás en lo más alto; de repente te deja caer y es una caída desastrosa si has concentrado en ella toda la atención.

Además, aquella mañana, Mona Lisa no me pareció tan hermosa como dicen. Tenía algo masculino, unos kilos de más, y no habría superado una audición en Cinecittà. Eso fue lo que me ayudó a comprender la esencia de ese magnetismo que había seducido a la humanidad. La Gioconda me miraba absorta, como si estuviese a punto de revelarme el secreto que cambiaría mi vida. La escuché y de repente todo cobró sentido.

Mientras nos escudriñábamos como dos desconocidas un momento antes de presentarse, comprendí que su atractivo tenía su origen en una especie de serenidad interior, en el conocimiento profundo que esa dama tenía de sí misma. Y como dice George Cukor: «Ninguna belleza puede competir con el conocimiento y la aceptación de sí mismo».

Yo ya sabía quién era y me sentía realizada gracias al amor de mi familia. El cine seguía siendo mi pasión, pero la experiencia de los años me impulsaba explorar otros ámbitos. Estaba en paz conmigo misma, cómoda en mi propia piel, a gusto con la vida. Me conocía mucho mejor que antes y, gracias a los valiosos consejos de Charlie Chaplin, había aprendido a decir que no. En resumidas cuentas, sabía cómo emplear mi energía y cómo ser feliz. Por más sensato que se sea, solo la edad nos concede esa seguridad, la única que puede alimentar la belleza que se oculta en cada uno de nosotros.

La verdadera belleza, además de ser una forma de expresión, es un regalo para los que nos rodean. Cultivarla es una forma de respeto para con nuestros seres queridos. Cierto es que con los años hay que esforzarse un poco más y se convierte en una cuestión de disciplina. El cuerpo requiere cuidados, atenciones y también algo de paciencia. A quienes me preguntan cuál es mi secreto, siempre respondo con sentido común: encontrar el justo equilibrio entre el descanso y la actividad, entre los placeres de la cocina y una dieta sana y equilibrada... Pero el verdadero elixir de la juventud reside en la imaginación con la que nos enfrentamos a los desafíos cotidianos, en la pasión que se pone en lo que se hace y en la inteligencia con la cual se saca provecho de las propias capacidades y se aceptan los propios límites.

La vida no es un juego fácil, requiere seriedad y buen humor, dos virtudes que iba entrenando desde hacía tiempo.

Hombrecitos

En 1980 nos trasladamos de París a Suiza, donde nos sentíamos más protegidos y tranquilos. Cuando no trabajaba y estaba en casa, me ocupaba todo lo posible de mis hijos, de sus estudios, de sus necesidades. Los iba a buscar al colegio, los acompañaba a sus actividades extraescolares y observaba con admiración cómo florecía su talento.

Carlo Jr. había empezado a tocar el piano a los nueve años, y se dedicaba en cuerpo y alma a la música. En el curso de largas conversaciones con su padre, que tenía un extraordinario instinto para detectar las dotes naturales de las personas, ya había empezado a imaginar su futuro.

—¿Por qué no te planteas la idea de convertirte en director de orquesta? —sugirió Carlo—. Es un enfoque más profundo y completo de la música que tanto te gusta...

Tenía razón, como siempre. Años más tarde, después de obtener la licenciatura en el Pepperdine's Seaver College de Malibú y un máster por la Universidad del Sur de California de Los Ángeles, Carlo Jr. frecuentó un seminario para directores de orquesta en Connecticut que le abrió las puertas, tras otros estudios en la UCLA y en la Academia de Música de Viena, a la profesión de su vida.

Por su parte, Edoardo soñaba con el cine desde que era pequeño. Nosotros intentábamos respetar su libre elección, animándolo pero sin forzarlo. Precisamente por haber nacido en una familia de artistas era importante darle tiempo para comprobar si su vocación era auténtica.

En 1984 trabajamos juntos en el rodaje de un melodrama *on the road* cuyo título era *Aurora*. Él tenía once años y yo cincuenta recién cumplidos. Era un niño ciego y yo, su madre; recorría Italia en busca de mis antiguos amantes, sus posibles padres, con la finalidad de reunir dinero suficiente para la operación con la que recobraría la vista.

El papel de Edoardo no era fácil, por eso intenté aconsejarlo como madre y como actriz.

—Edo, ¿quieres que hablemos de tu papel? Podría serte de ayuda...

Pero él, con altivez infantil, me respondió seco, casi ofendido:

—No, gracias. Ya sé qué tengo que hacer.

Me alejé, y seguí observándolo.

Me pidió consejo al cabo de pocos días, en cuanto se topó con los primeros obstáculos.

—Mamá, tenías razón, no podré conseguirlo sin ti. Ayúdame, por favor.

Lo recibí con una sonrisa y me lo llevé de paseo.

—Tienes que olvidar que eres ciego, Edoardo. Tienes que serlo y ya está.

Durante los días siguientes repasamos juntos su papel, intentando identificarnos con el personaje, comprendiendo cómo se mueve y qué siente un niño invidente. Superó las dudas, lo hizo bien y ganó el premio Young Artist. La experiencia le fue muy útil cuando pasó al otro lado de la cámara.

La adolescencia es así: un oscilar entre lo grande y lo pequeño, entre la dependencia y la autonomía, entre las ganas de huir y las de quedarse. Mientras observaba a mis hijos, presa de lo cotidiano, se hicieron mayores ante mis ojos.

«¿Y qué hago ahora? —me dije—. Ahora que ya no me necesitan...»

Sabía que no era del todo cierto, pero la realidad me obligaba a adaptarme, a modificar el equilibrio que nos había guiado hasta ese momento. Después de haberlos cuidado y acudido en cada paso de sus vidas, hasta en los más mínimos detalles, había llegado el momento en que los vería, desde la orilla, emprender el vuelo. Es una etapa delicada, llena de satisfacciones y de nostalgia, por la que todos pasan. Las madres continúan siendo madres para siempre, pero tienen que permitir que sus hijos emprendan su camino.

Carlo Jr. partió para Aiglon, un prestigioso colegio inglés de Suiza. Cuando llegó el momento de elegir la universidad se fue a California. Carlo y yo asimismo nos trasladamos a nuestro rancho, La Concordia, en Hidden Valley, cerca de Los Ángeles, donde pasábamos los veranos desde hacía años. Era una época de paso en nuestras vidas, y el rancho, un oasis de tranquilidad donde detenernos a reflexionar sobre el camino que habíamos recorrido y sobre el que nos quedaba por recorrer. Edoardo también había entrado en el Aiglon y venía a vernos durante las vacaciones, si bien nosotros volvíamos a menudo a Europa. A pesar de la distancia seguíamos queriéndonos como siempre y nos reuníamos con frecuencia para apoyarnos, alegrarnos y divertirnos.

Nuestro vecino era Michael Jackson. Los chicos no veían la hora de conocerlo. Se empeñaron con tal ahínco que al final lo consiguieron. Una mañana, Michael nos llamó para invitarnos a comer y aceptamos de buen grado.

Michael, con su cascada de rizos, sus gafas de sol y su inseparable sombrero negro, nos recibió como un rey.

Nos sirvieron gambas en la comida y después, con su timidez delicada y algo infantil, nos mostró su gran casa, que era un inmenso parque de atracciones lleno de fantasía. Parecía Disneylandia. Carlo y Edoardo no se lo podían creer, era como ir de viaje a la luna. Para no desilusionarlos, Michael improvisó su legendario *moonwalk* en la sala de grabación.

Los chicos vivían entre Europa y California, su vida estaba completamente ocupada por la música, por el cine, por la literatura. Yo seguía trabajando, pero me había convertido en una actriz selectiva y solo aceptaba papeles que me convencían plenamente. En armonía con mi madurez, no miraba a las mujeres más jóvenes con envidia sino con una ternura indulgente.

No siempre es tan sencillo, por supuesto. Cada etapa de la vida tiene sus trampas y sus caprichos. A los treinta años somos jóvenes e inseguros; a los cuarenta años fuertes, pero a menudo nos sentimos cansados; y a los cincuenta somos sensatos, pero melancólicos. Y cuando se llega al umbral de los ochenta te dan ganas de volver a empezar de cero. Renaces en los recuerdos y te enamoras del futuro.

Gracias a mis hijos, hoy la edad no me da miedo. Desde que me convertí en madre he vivido proyectada hacia el futuro y sigo haciéndolo, siguiendo mis pasiones y las suyas. Nunca se deja de aprender. Lo importante es conocerse y quererse.

Madres

Desde hacía ya algún tiempo, interpretaba cada vez más a menudo papeles de madre. Ya lo había hecho antes —en *Dos mujeres* y en *Matrimonio a la italiana*—, pero ahora era diferente; después de nacer mis hijos podía aportar a mis personajes una gama de sentimientos que Carlo Jr. y Edoardo habían sembrado en mí a lo largo de veinte años.

El papel más intenso fue el de Lucia en *El peregrino afortuna-*

do, una serie de televisión que se retransmitió en 1988 en Canale 5, basada en la novela del mismo título escrita por el gran Mario Puzo, también autor de *El padrino*. John Turturro interpretaba el papel de Larry, mi hijo mayor. John, que tiene orígenes italianos, era perfecto para ese papel, y con el tiempo estrechó sus lazos con Italia, por eso tituló *Passione* su documental sobre la música napolitana, que se estrenó en 2010 y tuvo mucho éxito.

Con nosotros estaba Anna Strasberg, la viuda de Lee Strasberg y una gran amiga mía en aquella época, que acogió a Carlo Jr. y a Edoardo en sus primeros pasos en el mundo del arte en el célebre Actor's Studio, heredado de su marido. Nos veíamos mucho durante los largos períodos en que vivíamos en Estados Unidos, antes de que nos instaláramos definitivamente. Pasábamos las vacaciones de verano en el rancho y por las tardes llevaba a los niños al Actor's Studio, en Santa Monica Boulevard, para pasar el rato y sondear lo que más les gustaba de nuestra profesión. Tocaban e interpretaban papeles en pequeños espectáculos improvisados bajo la reputada guía de Anna, y se divertían e iban acumulando experiencias decisivas para sus futuras carreras.

Pero volviendo a *El peregrino afortunado*, tengo que decir que los tiempos de la televisión, más amplios con respecto a los del cine, cuando están bien dirigidos permiten recrear mejor las ambientaciones, construir atmósferas de trescientos sesenta grados. La película se desarrollaba en la Little Italy neoyorquina de principios del siglo XX, reproducida para la ocasión en una Yugoslavia a punto de ser asolada por la guerra. En ese barrio a mitad de camino entre el campo y la ciudad vive Lucia, una mujer independiente y valiente que se ha quedado viuda dos veces y que, como ella misma dice, lucha cada día para sacar adelante a sus cinco hijos. Un personaje apasionado que parecía hecho a mi medida.

Los hijos de Lucia se convierten en hombres y mujeres en la Décima Avenida, cortada en dos por las vías de un tren de vapor que invade la escena resoplando tensión desde principio hasta el final, mientras ella envejece siguiendo su sueño, que de italiano se va transformando en americano. Lo arriesga todo, y a punto está de perderlo, pero, fiel a sí misma, logra no perder la esperanza. A pesar de las dificultades, preserva el sentido de la familia, con la que se reúne finalmente en Long Island, en una casa blanca y pulcra donde alimentar el deseo de una nueva vida y recordar a los que ya no están.

Por desgracia, poco después de acabar la escena en la que uno de los hijos de Lucia, el más bueno y vulnerable, se quita la vida, vivimos la tragedia de un suicidio de verdad. Mientras rodábamos la escena en que los ataúdes de los soldados estadounidenses regresan de la guerra, Ninni, que siempre me acompañaba al plató a pesar de que mis hijos ya eran mayores, salió para distraerse un poco. En ese preciso instante, un muchacho que parecía pasar por casualidad sacó una pistola y se mató. Fue un momento trágico en el que el cine y la vida real se mezclaron de manera inquietante, dejándonos sin palabras y con un terrible peso en el corazón.

También recuerdo una anécdota, afortunadamente cómica, protagonizada por Turturro que me dejó aturdida. John tenía que rodar una escena de la película en la bañera mientras yo, que interpretaba a su madre, miraba por la ventana, perdida en la melancolía. Cuando de repente me volví, como preveía el guión, me lo encontré delante completamente desnudo. ¡Me quedé de piedra! Nunca llegué a entender si fue una casualidad, una simple falta de pudor o un acto de exhibicionismo. Sin duda son cosas que no suelen pasar, o que no deberían pasar. Me di la vuelta en el acto para permitir que se tapase, mientras me preguntaba sobre la imprevisible vanidad masculina.

El peregrino afortunado fue una película intensa y conmovedora que me dio muchas satisfacciones. Cuando el argumento y la historia proceden de un gran escritor, como en este caso, todo resulta más sencillo y hay más posibilidades de que salga bien. Si, además la banda sonora es de un artista como Lucio Dalla, el éxito está garantizado.

Unos meses antes de empezar el rodaje, iba en coche una mañana con Edoardo, que se había puesto a canturrear, como solía hacer. Le gustaba y además se le daba bien, quizá había salido a su tía Maria...

—*Qui dove il mare luccica e tira forte il vento...*

—¿Qué canción es esa? —pregunté, curiosa.

—*Ti voglio bene assaje, ma tanto tanto bene, sai...* —prosiguió, sonriendo al darse cuenta de que me había sorprendido con aquel toque napolitano.

Fue así como me enamoré de Lucio Dalla. Poco después, hablando con Carlo de la banda sonora de *El peregrino afortunado*, no lo dudé un instante.

—¡Tenemos que poner «Caruso», sea como sea, es la canción perfecta!

Carlo la escuchó y le encantó, pero no tuvo bastante. Como siempre, puso su sello personal y eligió al mejor intérprete que se podía imaginar, el más adecuado para el tipo de ambiente de la película.

«Caruso», en *El peregrino afortunado*, fue interpretada nada menos que por Luciano Pavarotti, que supo traducir en música el alma antigua y atormentada de esa gran saga familiar.

Mientras estaba grabándola, Luciano me llamó una mañana.

—Sophia, tengo que confesarte algo...

—¿Qué te pasa? —respondí, dándome cuenta de su apuro.

—Lo siento, pero tengo que dejarlo...

—Pero ¿qué dices, Luciano? ¿Qué ha pasado?

—Estoy intentando grabar... ¡pero nunca cantaré «Caruso» como Lucio Dalla, nunca!

Me quedé sin palabras, sorprendida por su humildad, su inseguridad. Eché mano de todos los argumentos que se me ocurrieron para convencerlo, para animarlo.

—Pero, Luciano..., con esa voz tuya... Lucio Dalla canta su versión, que ni debes ni puedes imitar. Tú crea la tuya y ponle todo lo que sientes y lo que eres...

Solo los más grandes dudan de sí mismos. Y dudando se superan día tras día, mejorando cada vez más.

Habían pasado pocos años desde que había interpretado *Madre coraje*, una producción televisiva de Canale 5 que se retransmitió en 1987, en la cual una mujer lucha para arrancar a sus hijos de la droga y acaba desenmascarando un tráfico de estupefacientes a gran escala. Está basada en hechos reales y su protagonista es Martha Torres, una madre latinoamericana emigrada a Queens que se infiltró en el mundo de la droga y logró arrastrar ante los tribunales a catorce narcotraficantes colombianos. Por desgracia, no pude conocerla, pues por su seguridad vivía en el anonimato, pero intenté hacer justicia a su personaje, transmitiéndole todo el amor —con las preocupaciones, atenciones, y reflexiones— que dedicaba a mis hijos. Un amor misterioso que abarcaba a todos los hijos del mundo. Es algo difícil de explicar racionalmente, pero creo que las madres comprenderán a qué me refiero.

Ya había experimentado intensamente esa misteriosa extensión del amor maternal cuando estuve en África como embajadora de las Naciones Unidas, durante la tragedia somalí.

Mis privilegios, que se habían dado de bruces ante la miseria y el indecible sufrimiento que vi tan de cerca, dejaron paso a una terrible sensación de impotencia. Habría querido hacer algo por todos esos niños, abrazarlos, darles comida y amor, y sin embargo lo único que pude hacer por ellos fue interpretar mi papel, un papel insignificante pero necesario. Tenía la esperanza de que un día, en algún lugar, lograse aliviar, quizá solo por unos instantes, su dolor.

La última madre que interpreté en los años ochenta fue nada menos que la Cesira de *Dos mujeres*, el personaje que me regaló un Oscar.

Dino Risi volvió a ponerla en escena al cabo de mucho tiempo, pidiéndome que volviese a dar vida al gran personaje que De Sica había creado para mí. Habría sido imperdonable olvidar o minimizar la grandeza de la película que había cambiado mi existencia, y en eso consistía el desafío: en superarme a mí misma.

Después de titubear un poco, me dejé tentar por el diálogo con la Sophia de veintisiete años antes, que de joven estrella de Hollywood se había transformado milagrosamente en una madre italiana pobre y desesperada, dispuesta a todo con tal de salvar a su hija del más atroz de los dolores.

La aguda inteligencia de Dino Risi, que me había dirigido

muchos años atrás en algunas comedias que ya forman parte de la historia del cine, como *El signo de Venus, Pan, amor y...* o *La mujer del cura*, sin duda me ayudó mucho.

Durante el rodaje tenía la constante sensación de que la Cesira de entonces estaba observándome como espectadora detrás de la cámara. Acudían a mi mente los miedos y la vehemencia juvenil de entonces. Bajo la sensible guía de Dino, inspirados por el recuerdo de Vittorio, puse en esta nueva versión toda la experiencia como madre que no tenía la primera vez.

Dos mujeres se retransmitió en dos episodios —en abril de 1989— siempre en Canale 5. Tuvo éxito y volvió a emocionarme profundamente. Mezclar varias épocas de mi vida me animaba a seguir adelante y daba un nuevo sentido a mi ya larga experiencia como actriz. El pasado vive en el presente y en el futuro más de lo se cree. Me lo demostró la experiencia de volver a trabajar con Marcello y con un director genial por el que tuve la suerte de ser dirigida algunos años después.

Feliz cumpleaños

Cuando Robert Altman nos invitó al plató de *Prêt-à-porter*, yo había cumplido sesenta años, y Marcello, setenta. Corría 1994 y ambos estábamos contentos de celebrar nuestro cumpleaños de ese modo.

> Querido Marcello:
> Llega un momento en la vida en que nos sorprende que nos feliciten. ¿Que vamos a cumplir sesenta y setenta años respecti-

vamente? ¿Nos hemos vuelto locos? ¡Creo que el tiempo debe parar ya! ¡Lo digo en serio! Bromas aparte, la única injusticia del destino humano es que pasamos la mitad de nuestras vidas añorando la otra mitad —la primera, naturalmente— y los dulces recuerdos de la juventud. Sin embargo, el balance de lo que dejamos atrás nos proporciona la alegría en la madurez.

Querido Marcello, amigo y compañero de tantas aventuras, la galería de personajes, de sentimientos y de emociones con que contamos a nuestras espaldas es tan amplia que podría alimentarnos con creces durante el resto de nuestras vidas. Piensa por un momento en el vacío y en la desolación de quien no recuerda un solo momento de alegría o no halla un poco de amor en su pasado.

Hoy, pensando en nuestro trabajo común y reflexionando con orgullo sobre el tiempo transcurrido, quiero darte las gracias de nuevo por haber sido el insustituible compañero de esta larga aventura hecha con todos los personajes que —permíteme la presunción— el público no olvidará jamás.

La respuesta de Marcello no se hizo esperar.

Queridísima Sophia:
Tus líneas me han emocionado y enternecido. Pero, sobre todo, quiero darte las gracias porque han aliviado la preocupación que me ensombrece estos días. Digan lo que digan, cuando se tienen muchos años el cumpleaños nos coge por sorpresa e, incrédulos, intentamos defendernos del tiempo que pasa: «¿Nos hemos vuelto locos? Creo que el tiempo debe parar ya. ¡Lo digo en serio!». Tus palabras apasionadas son un consuelo y me han ayudado a disfrutar de una fecha tan difícil. Por otra parte, el

hecho de que hayamos vuelto a estar juntos en el plató con Altman parece un signo apacible del destino. Quién sabe, quizá exista un sabio demiurgo que nos ofrece sorpresas y alegrías... Es difícil hacerse a la idea de que todo acabe con nosotros, de que este maravilloso concierto de sensaciones y de pasiones cese de repente y no siga expandiéndose en el universo. Sí, creo que una parte de nosotros permanecerá unida a la tierra, al mundo.

Desgraciadamente no le quedaba mucho tiempo, ni él ni yo podíamos imaginar que fallecería dos años después. Pero mientras tanto, arraigados en la tierra, al mundo, vivimos nuestra última y fantástica aventura juntos.

«Abat-jour»

En cuanto terminé de leer el guion de *Prêt-à-porter* comprendí que íbamos a reírnos y que, como de costumbre, nos divertiríamos. La trama tenía sabor a *thriller*, pero en realidad era un retrato despiadado del mundo de la moda, reunido en París durante la semana de los desfiles.

En la película yo soy Isabella de la Fontaine, viuda del director de la Cámara Nacional de la Moda, que acaba de ser asesinado, y ex mujer de un modisto ruso interpretado por Marcello, Sergej, que en realidad no es ruso, y con quien me reencuentro cuarenta años después.

La *troupe* estaba formada por centenares de personas y por un reparto de estrellas: treinta y un personajes principales además de célebres cantantes, modelos y estilistas auténticos. Julia Roberts,

Rupert Everett, Kim Basinger, Tim Robbins, Ute Lemper, Anouk Aimée, Lauren Bacall, Jean-Pierre Cassel y muchos más compartían escenas con Cher, Harry Belafonte, Nicola Trussardi, Gianfranco Ferré y Jean Paul Gaultier, que se interpretaban a sí mismos. El encuentro entre estos espléndidos personajes en el circo de la alta costura, con sus neurosis y sus perversiones, reflejaba como en un espejo las pasiones y la fragilidad de nuestras vidas.

Durante el rodaje, entre aquel torbellino de cámaras —cinco o seis a la vez, nunca sabías la que te enfocaba—, yo estaba siempre al lado de Marcello. Su presencia familiar me ponía de buen humor y me daba seguridad. Por otra parte, también me sentía segura dirigida por Altman, que supo satisfacer mis exigencias más profundas.

Cuando llegué al plató el primer día y no lo vi, me sentí fatal.

—Sophia, ¿cuál es el problema? ¡No me digas que das importancia a esas pequeñas formalidades! —dijo con una sonrisa un poco incómoda cuando se dio cuenta de que no aprobaba su conducta.

—Bob, cada uno tiene su manera de ser. Yo estoy aquí para que me dirijas, y te necesito. Necesito que me sonrías, que me transmitas confianza.

A partir de ese día vino a darme los buenos días cada mañana. Y nos transmitió mucha seguridad y confianza, dándonos plena libertad para rodar la escena más importante de toda la película.

—¿Qué hacemos? —preguntó sonriendo, irónico, cuando llegó el momento de rodarla—. Hablad en italiano, si lo preferís. ¿Qué escena os gustaría repetir de las muchas que habéis rodado juntos?

Marcello y yo nos apartamos un momento buscando un refugio para hablar lejos de los focos. Me miró con malicia, como un chaval a punto de cometer una travesura. Yo lo miraba divertida, temiendo lo peor.

—¿Qué te parece, Sophia? ¿Hacemos el *striptease*?

—¡Eres un sinvergüenza! —respondí fingiendo sorprenderme. En realidad la idea me tentaba. Había dejado atrás la inseguridad y ya no necesitaba a ningún experto del Crazy Horse porque había hecho mías las enseñanzas de De Sica. En cuanto a los años, la experiencia me había enseñado a convertir al tiempo en mi mejor aliado y en lugar de luchar contra él lo secundaba, dejando, como Mona Lisa, que mi belleza madurase en paz.

Marcello y yo fuimos a hablar con Altman con la seguridad de haber elegido el camino correcto. Nos miró, lo entendió y gritó: «¡Acción!».

A pesar de que el destino nos había conducido a lugares, trabajos y costumbres distintos, todo lo que nos alejaba se desvaneció como por encanto cuando empezamos a rodar. Durante unas horas volvimos a ser los jóvenes que fuimos, dispuestos a comernos el mundo, a querernos.

El *striptease* de Mara en *Ayer, hoy y mañana,* con las lánguidas notas de «Abat-jour» de fondo, interpretado treinta años después, recibe con una sonrisa el paso de tiempo y revela que la esencia de la vida reside en la vulnerabilidad que se oculta dentro de cada uno de nosotros.

En ese momento pensé en Vittorio, en su sensibilidad, en su maestría. Y me acordé también de María Mercader, su segunda esposa, que estaba en el plató el día en que interpretamos nuestro primer *striptease*, en aquel lejano verano de 1963. Mientras me vestía, cuando ya había rodado la parte más difícil, me miró y dejó escapar: «¡Pero qué guapa eres!». Su salida sincera, casi masculina, me sorprendió entonces y todavía sonrío cuando lo recuerdo.

Si Marcello, observando el *striptease* de Mara, aúlla de placer, en *Prêt-à-porter* parece más bien bostezar y, justo en medio de la escena, aprovechando que me doy la vuelta, se duerme envuelto en su suave albornoz blanco. Una salida que hasta De Sica habría juzgado genial.

Un estilo sin tiempo

El circo de la moda tiene sus propios príncipes y sus genios, personas que revolucionan nuestra manera de ver el mundo. El rey de reyes, el mago de la belleza, es Giorgio Armani, que me viste, me interpreta y me transforma desde hace años.

En efecto, el cine y la moda son dos universos muy cercanos, continuamente interrelacionados. Richard Gere, vestido de Armani de pies a cabeza en *American Gigolo*, dio a conocer al mundo al rey Giorgio en 1980. A partir de ese momento Hollywood ya no pudo prescindir de él. Giorgio ha vestido desde entonces a las divas y a las estrellas, pero también a las debutantes y a las futuras promesas del cine. Con esa misma disponibilidad siempre ha dado cabida en su teatro a los jóvenes estilistas que realizan sus primeros desfiles, quizá porque no ha olvidado sus primeros pasos o quizá porque está convencido de que a menudo la mujer de la calle oculta una elegancia más auténtica y natural que la de una celebridad. Todas podemos ser chic si no cedemos a las últimas tendencias y no buscamos la novedad a toda costa.

Conocí a Giorgio Armani cuando aún trabajaba para Nino Cerruti, en París. Era un chico guapísimo de ojos penetrantes, que transmitía seguridad y desprendía clase por todos sus poros. De joven quería ser médico de familia, pero durante un permiso del servicio militar el azar lo condujo a los almacenes La Rinascente, a la sección de moda femenina, para ser más exactos...

Además de ser coetáneos, Giorgio y yo tenemos muchas cosas en común. No me había parado a pensarlo antes de ahora, y quizá en ello resida el secreto de nuestra amistad.

A los dos nos gusta apasionadamente nuestro trabajo, y ambos hemos crecido conviviendo con nuestra timidez. A pesar del éxito, seguimos siendo personas introvertidas que prefieren su círculo de amigos íntimos a una vasta red de conocidos. Los dos somos muy testarudos y siempre estamos dispuestos a alcanzar las metas que nos fijamos.

Tenemos en común el desprecio por la hipocresía y las apariencias, no soportamos la superficialidad y la negligencia y nos impulsa el deseo de atrapar la esencia que se oculta detrás de la forma.

En el curso de mi carrera he conocido y respetado, antes que a él, a otros grandes estilistas: el entusiasta Emilio Schuberth, que me vistió para el debut en la alfombra roja; el talentoso Valentino, con quien he compartido una larga época de mi vida y de cuyos vestidos no logro aún separarme; el príncipe de los sombreros Jean Barthet; Pierre Balmain, que confeccionó mi vestuario para *La millonaria*; Christian Dior, Cristóbal Balenciaga... Pero entrar en el universo de Giorgio —si no me equivoco corría el año 1994— ha sido como aterrizar en una serenidad perfecta, en la quietud del ojo del huracán; su estilo es inmune a los vientos del sensacionalismo.

Sus colecciones poseen un alma indefinible. Lo único que se te ocurre decir es simplemente «¡Qué maravilla!». Sus prendas son creatividad en estado puro, ropa para ponerse, para vivir. Como dice Phillip Bloch, uno de los grandes estilistas de Hollywood, cuando llevas un vestido de Armani te sientes rico, te encuentras a gusto. Ni siquiera necesitas un espejo, sabes que te cae a la perfección, que resalta lo mejor de ti.

Lo que empuja a Giorgio a seguir trabajando es, además del miedo a detenerse, brindar tanto a los hombres como a las mujeres la oportunidad de descubrir su propia belleza.

Para Giorgio y para mí, la moda tiene una dimensión profunda, oculta tras la fachada a menudo exagerada y ridícula que triunfa en los desfiles. Es la suma de una serie de elementos fundamentales que, siguiendo las leyes naturales del buen gusto, no cambian nunca. No tiene nada en común con ese carrusel enloquecido de imágenes chocantes que en lugar de vestir disfrazan o desnudan, con ese mecanismo a menudo perverso que ha impuesto durante años peligrosos modelos anoréxicos, influyendo sobre el imaginario de las chicas y desfigurando el concepto de la elegancia.

Giorgio no. Giorgio reinterpreta lo más clásico, lo más sencillo, lo más natural. Su genialidad reside precisamente en esa operación ligera y creativa, basada en los detalles y en los matices. Y convierte su vida en una sublime obra de arte.

Con todo, el regalo más grande que me ha hecho Giorgio va mucho más allá. Tiene un nombre, un rostro, una gran alma tras la mirada sincera y joven. Se llama Roberta. Me recibe cada dos o tres meses, cuando bajo en coche a Milán desde Suiza. Repasamos las últimas colecciones, elegimos las prendas más adecuadas para mí y comemos juntas en el restaurante del hotel Armani. Sentadas a la mesa más apartada, entre flores, chocolate y champán, fingimos darnos mucha importancia, como dos niñas jugando a ser mayores.

Roberta, la sobrina de Armani, es una mujer extraordinaria con un marcado y original sentido estético. Ha nacido y crecido rodeada por la belleza y ha ido abriéndose camino poco a poco en ese mundo.

Con ella todo es un juego serio y divertido al mismo tiempo, como suelen serlo los mejores juegos. «¡Qué collar tan bonito, Roberta!», susurro, admirada.

Sin dudarlo un instante, se lo quita y me lo pone dulcemente en el cuello, como si coronara a una reina. No me voy una sola vez sin llevarme algo suyo: una pequeña joya, un abrigo, una bufanda. Es como si llevase conmigo una señal de nuestra delicada amistad.

Secretos

La amistad es uno de los regalos más valiosos de la vida, y sin embargo, a pesar de la confianza, todos tenemos secretos que no queremos o no podemos revelar a nadie. Por más pulposo o maduro que sea un fruto, en su interior siempre hay un hueso que no se puede compartir. Y quizá de ahí nazca el atractivo de cada hombre y mujer. Mona Lisa lo sabía muy bien.

Durante muchos años escribí un diario personal, un refugio donde me abandonaba por completo, como si fuese una cámara oculta ante la cual podía interpretar por fin mi papel sin reservas. Lo empecé en la cárcel y no había dejado de escribirlo. Hallaba consuelo y compañía en la soledad que proporciona la escritura y gracias a ella descubría matices de mis pensamientos que desconocía. Me sentía segura en mi intimidad, como si solo allí estuviese real y finalmente en casa.

Pero en la vida se aprende, y una mañana de primavera me miré al espejo y de repente tuve miedo. «¿Qué ocurrirá con mi diario cuando me muera?», me dije pensando en el futuro.

Soy una mujer emotiva y vulnerable, pero sé tomar decisiones.

«¡No estoy para nadie!», le dije a Ines y a Ninni, y me retiré a mi habitación. Estuve mirando aquel cuaderno negro, con la cubierta dura, durante mucho rato. Era mi compañero de pensamientos y emociones. Lo hojeé por encima, sin prisas. Pasando las páginas podía oler el aroma de los años, percibir mis cambios de humor, evidenciados por mi caligrafía, ahora áspera, ahora nerviosa, ahora relajada.

Al final fui al baño y cogí una caja de cerillas. Con un gesto mis palabras se convirtieron en fuego y después en ceniza. No me arrepentí, aunque de vez en cuando siento nostalgia. Pero no dejé de escribir. Desde entonces, cada fin de año entrego mi cuaderno a una cerilla, como si fuese el mágico instrumento de un rito donde solo participo yo.

14
Volviendo a casa

Mamaíta

«Chère petite maman…» La caligrafía infantil y diligente de Carlo Jr. se pierde entre las alas azules de una mariposa que la maestra le hizo pegar en la carta para mí. Es una de esas poesías que los niños copian en las tarjetas de felicitación del día de la Madre, que te entregan con orgullo después de haber logrado superar su desorden y su inexperiencia. Cada cajón de nuestra casa está lleno de ellas. Y no podía faltar una en mi caja de los recuerdos, que ya ha llegado a su última sorpresa.

Mientras la miro con ternura entreveo otros papeles escritos por mí.

> ¿Te han dicho alguna vez que eres la mejor madre del mundo? ¡Feliz cumpleaños!
>
> Sophia

El membrete, en una cursiva dorada pasada de moda, lleva una dirección: Palazzo Colonna, piazza D'Aracoeli, 1, Roma. Es de 1961 o 1962, no lo sé. Se trata de una de las muchas cartas que le he escrito a mamaíta a lo largo de mi vida, uno de los pensamientos diarios que le he mandado desde cada rincón del mundo.

Encuentro otra carta de unos años antes:

Querida mamaíta:
Me gustaría que tus cartas fuesen un poco más largas y divertidas... ¿Por qué no me cuentas lo que haces cada día? ¿Cómo van las cosas en casa? Aquí todo bien. Si ves en los periódicos algo que se refiere a mí, te ruego que lo pongas en un sobre y me lo mandes. La película tiene mucho éxito aquí en Estados Unidos. Echo de menos Italia y quizá tú seas el motivo principal.
Te adoro, mamá.

Y otra de fecha 27 de enero 1958:

Querida mamaíta:
Las cartas al principio de un rodaje son siempre iguales. Sembradas de preocupaciones y dudas, sobre todo en esta película...

«¿Será *Orquídea negra*?», pienso mientras sigo leyendo.

Es especialmente difícil y muy dramática; necesito mucha concentración, por eso no te enfades si no te escribo tan a menudo como antes. No puedo decir lo mismo de ti porque sé que puedes dedicarme diez minutos al día si quieres. Sabes que me hace mucha ilusión recibir noticias vuestras, en especial de Italia.

A pesar de los miles de kilómetros que nos separaban, mamaíta y yo siempre hemos estado muy unidas. Gracias a Dios, también estábamos juntas cuando murió de repente, lo cual me ha servido de consuelo. Ahora debo detener mi largo recorrido a través del tiempo y dar un paso atrás. La muerte, especialmente la de una madre, rompe la cronología de la existencia y el desarrollo de la narración, dejándote suspendido en un espacio vacío, hecho de silencio y de oscuridad.

Estábamos a principios de mayo de 1991 y volvía de un viaje, quizá de la fiesta de graduación de Carlo Jr. en el Pepperdine's Seaver College. Como de costumbre, el avión hacía escala en Zurich y después proseguía hasta casa. Pero como no tenía nada urgente que hacer, algo me indujo a llamar a mi madre a Roma. Tenía ganas de verla. «No me cuesta nada —pensé—. Cambio de avión en un minuto.»

La llamé, contenta de darle la sorpresa.

—¡Mamaíta soy yo, Sofía! ¿Cómo estás?

—¿Cómo quieres que esté? ¡No nos vemos nunca!

—Prepara mi habitación y pon los pimientos en el horno. ¡Ya llego!

Se puso a llorar de emoción, y tuve la certeza de que había hecho bien en ir.

Pasamos dos días charlando en el sofá. Yo dormía mucho para recuperarme del *jet lag* y cuando me despertaba comía los platos apetitosos que me preparaba, condimentados con su amor: salsa *genovese*, rollitos de ternera, berenjenas a la parmesana. Fueron horas de paz, como si el destino me hubiese concedido convertirme de nuevo en una niña antes de que ella falleciera.

Aquella noche ya estaba en la cama cuando de repente mamaíta apareció en la puerta, apoyada en el marco y con la mirada velada.

—¿Qué te pasa, mamaíta? —dije medio dormida.

—No me encuentro bien, Sofí. —Enseguida me di cuenta de que no era un capricho. Me levanté rápidamente y corrí hacia ella—. Me siento extraña, acompáñame al baño, por favor.

Le puse un brazo sobre los hombros y la sujeté con el otro, y cruzamos despacio el largo pasillo. Se me antojó una distancia infinita. Le abrí la puerta, entró, se quedó mirando fijamente el lavabo y empezó a vomitar sangre. Me miraba aterrorizada, como preguntándome qué estaba sucediendo. Yo intentaba tranquilizarla, sonreírle, pero tenía un miedo espantoso.

—Llévame a la cama —me dijo con un hilo de voz.

La acompañé y la ayudé a echarse, ella cerró los ojos como si quisiera descansar.

—¿Mamaíta? —le dije.

Llamé al portero.

—¡Suba, suba, dese prisa!

Cuando llegó, la miró y se encogió de hombros, impotente.

—Señora Sofia, tenemos que llamar a alguien...

Llamé a Maria, estaba en el coche, iba al campo con una amiga. Volvió como un rayo, agitando el pañuelo blanco fuera de la ventanilla, pero era demasiado tarde.

Cuando falleció mi padre, catorce años antes, me había esforzado por sentir algo, pero no pude.

Sin embargo, con mamaíta se iba una parte de mí.

A medida que pasa el tiempo, la herida de su ausencia se hace más profunda. Echo en falta nuestra cita telefónica diaria, sus arrebatos de ira, su amor combativo y exclusivo. Con mi hermana, especialmente cuando estamos a solas, basta una mirada para que la añoranza, su ausencia irreparable, nos arrolle a ambas.

La historia de mi madre siempre me ha interesado como actriz, además de como hija. Es un personaje emotivo, inocente, dramático, histérico. A los diecinueve años de su muerte, en 2010, la interpreté en *Mi casa está llena de espejos,* una serie de televisión retransmitida por la RAI que se inspira en la novela autobiográfica de Maria. Por otra parte, ya la había llevado a la pequeña pantalla treinta años antes, en la producción televisiva *Sophia Loren, Her Own Story* inspirada en el libro *Sofia: vivir y amar,* escrito por Aaron Edward Hotchner, amigo de Paul Newman, y autor, en el lejano 1979, de mis primeras memorias. Esa vez el desafío fue muy emocionante porque interpretaba su papel y el mío propio, ejercitando un divertido y a veces inquietante ejercicio de desdoblamiento. Bien mirado, quizá la verdadera estrella era ella y no yo.

Con *Mi casa está llena de espejos*, la emoción fue más intensa debido a que mamaíta ya no estaba con nosotros. No me resultó fácil aclararme las ideas para darle una voz y una apariencia verosímiles. Pero quería ofrecerle algo más, quería tributarle un homenaje de la única manera que sabía: interpretando.

No sé si lo logré, pero interpretar el papel de mamaíta me obligó a revivir nuestra vida juntas, nuestra estrecha relación, más parecida a la de dos hermanas que a la de madre e hija. Poniéndome en su lugar he comprendido cosas que antes se me habían pasado por alto. Y, de alguna manera, he vuelto a casa.

«La Inmaculada»

Hoy en día, volver a casa para mí significa estar con mi hermana Maria. Nuestras vidas, aun siendo tan diferentes, fluyen entrelazadas. No importa si vivimos lejos, si hemos nacido bajo signos zodiacales opuestos —ella es Tauro, exuberante y luchadora, y yo Virgo, luchadora pero reservada—, si tenemos trabajos muy diferentes. Siempre nos hemos ayudado y sostenido la una a la otra y nunca nos hemos fallado en los momentos importantes. Cuando voy a Roma y entro en la casa que comparte con Majid, el médico iraní con el que está felizmente casada desde 1977, regresan a mi mente los aromas de la infancia, como si el tiempo se hubiese detenido. En el guapo príncipe persa reconozco al hermano que nunca tuve y en ella vuelvo a encontrar todo el cariño de mi familia de origen, condensado en un largo y fuerte abrazo.

En cuanto cruzo el umbral, veo a la reina de su casa, *La Inmaculada*, un cuadro que en tiempos remotos ocupaba el cajón de un armario de espejos de nuestra casa de Pozzuoli, uno de esos cajones donde se mezclan los objetos más heterogéneos: carretes de hilo y pañuelos, cartas y flores secas, billetes de tren, fotografías, pinzas y gomas de pelo, medallas, listas de la compra... *La Inmaculada* pertenecía a la hermana de mamá Luisa, que a principios de siglo había partido hacia Estados Unidos. Maria la salvó del olvido y no volvió a separarse de ella. Le pone una vela y flores frescas cada día y apoya sobre el mueble angelitos de papel y muñequitos que le hacen compañía.

—Sofí, ¿ves qué bien esta la Inmaculada? A fuerza de protegernos, ella también envejece y necesita distraerse un poco...

—Pero Maria, ¿qué dices? —digo, fingiendo reprenderla. Y sin embargo, en el fondo la entiendo. Cada uno de nosotros oculta una dimensión espiritual y encantada que se alimenta de maneras misteriosas, dejándose guiar por el corazón.

Cuando Maria y yo nos vemos, pasamos el tiempo charlando y cocinando. Mejor dicho, ella charla y yo escucho, ella cocina y yo como...

—¿Te acuerdas de aquella vez en España? Tú estabas durmiendo y yo...

—¿Y tú?

—Yo salí con la *troupe*, lo hacía siempre, en cuanto te dormías. Iba a bailar sevillanas como una loca...

—¿Ah, sí? ¡Si lo hubiese sabido! Pero pensándolo bien, en Estados Unidos también...

—Sí, sí, ya te lo he dicho, en cuanto te dormías me levantaba, me maquillaba y bajaba. El coche de Frank Sinatra me estaba esperando. Iba a oírlo cantar a los cabarets y a veces cantaba con él.

—¡Me has robado la vida! —le digo sonriendo—. ¡Como una ladrona!

Y como una ladrona a veces intenta robarme mis secretos... Me azuza, me engaña, me pone la zancadilla. Yo, como la actriz que soy, intento desorientarla con una mirada, con un gesto o con una frase, pero sé que con ella no funciona y acabo cediendo a su magistral dirección.

—Es inútil que finjas, Sofia, te conozco demasiado bien —exclama divertida, orgullosa de su victoria.

Estas escaramuzas entre hermanas nos mantienen vivas, nos proporcionan alegría y ternura. Alrededor de los fogones alcanzan su apogeo.

—¿Qué haces, Maria? ¿Pones ajo en los grelos?
—Si no te gusta lo quito...
—Pero ¿dónde se han visto unos grelos sin ajo?
—Sofí, decídete, ¿con ajo o sin ajo?

Es bonito saber que nada en el mundo podrá separarnos, que nada nos ha separado. Mientras ella exista siempre podré hallar el camino de vuelta a casa.

Cuando estoy en Roma, además del sofá de Maria y Majid, mi casa es el hotel Boscolo, donde los maravillosos propietarios, Angelo y Grazia, me han reservado una suite. Para mí es un oasis de paz donde pasar días serenos, protegida de las miradas de los curiosos, cuidada por un personal impecable y cordial. El señor Giuseppe se ha convertido en mi amigo y cada vez que me voy nos despedimos con un afecto que tiene sabor a nostalgia.

La chica de las gafas blancas con la risa contagiosa siempre está de buen humor

A principios de los noventa, también volvió a llevarme a casa, una gran directora: Lina Wertmüller, la chica de las gafas blancas y la risa contagiosa. No había vuelto a experimentar esa sensación íntima y familiar en el plató desde los tiempos de Vittorio. Me puse en sus manos sin reservas e hice lo adecuado. Ahora creo que no fue una casualidad que en mi madurez me dirigiese una mujer.

Lina es excepcional; aun siendo muy sofisticada sabe estar con la gente, posee una gran fantasía, calor humano y positividad. Es hermosa por dentro y por fuera, parece una niña, con esas ganas de vivir y de disfrutar. Aunque no nos llamamos a menudo, siempre hemos tenido una relación maravillosa.

Ya habíamos trabajado juntas a finales de los años setenta en una película cuyo título italiano, larguísimo, es muy difícil de recordar. A los productores les gustaban los títulos cortos y ella los provocaba proponiéndolos muy largos, y se divertía viendo cómo los trabucaban. En España se tituló *La viuda indomable.*

Lina tiene un lado pícaro que la hace irresistible. Ahora que lo pienso se parece un poco a Gian Burrasca, el personaje de la serie musical de televisión interpretado por Rita Pavone, tan inolvidable como su canción «Pappa col pomodoro». Espero que le guste el título de este capítulo dedicado a ella.

Como Lina cuenta en su apasionada biografía, en *La viuda indomable* utilizó el maquillaje para resaltar mi lado más trágico y mediterráneo, que era el que le interesaba. La película está ambientada en la Sicilia de los años veinte, envuelta en un ambiente salvaje y lleno de contrastes.

Me acuerdo muy bien de aquella tarde. Estábamos en París, en nuestra casa de la avenue George V. Lina había venido a visitarme y a traerme el guión recién acabado. Mientras hablábamos de ello, empezó a emborronarme la cara.

—Vamos a bajar estas cejas, ¡como si fueran el frontón de un templo griego! —reía, atormentándome con el lápiz delante del espejo.

Quería estar segura de borrar todas las huellas de la estrella internacional y poner en la escena a una italiana del sur de Italia de pies a cabeza.

—Lina, ¿qué haces? —decía intentando defenderme, sin mucha convicción. En realidad mi corazón me decía que me fiase de ella. Así que la dejé hacer, con la condescendencia que se usa con los niños vivarachos, que normalmente son los más turbulentos, aunque también los más interesantes.

Pero no la tenía tomada solo conmigo, Lina castigó a Marcello, que trabajaba en la película con Giancarlo Giannini, con una barba larguísima de auténtico socialista que lo atormentó durante todo el rodaje.

Habíamos empezado con una comedia y acabamos sumergidos en un melodrama con las conmovedoras notas de «Casta diva» de la Callas como música de fondo. Y nos divertimos mucho.

En 1990 volvió a la carga con Eduardo De Filippo y me metió de cabeza en la cocina de mamá Luisa, en Pozzuoli, gracias al ragú, «¡el rito sagrado del domingo!».

En el plató de *Sábado, domingo y lunes*, el ragú no dejó de hervir en el fuego un solo instante, pues su preparación en la cocina de mayólica de Rosa Priore era el principal argumento de la película. Rosa era una madre de familia empeñada en restablecer su honor, puesto en duda por su celoso marido. Además, todos los miembros de la *troupe* —empezando por Luca De Filippo en el papel de Peppino, Luciano De Crescenzo y Pupella Maggio y acabando por los técnicos, los electricistas, los maquinistas y yo misma— pretendían tener en sus manos la verdadera receta y se desafiaban en grandes duelos a base de inolvidables espaguetadas. Basta con ver el comienzo de la película, ambientada en una carnicería, para comprender que en la indomable anarquía napolitana cada uno da su propia opinión y es prácticamente imposible ponerse de acuerdo.

—Doña Ceci', le tengo cariño, pero ahora también tengo prisa... —dice doña Rosa—. Deme un kilo de solomillo, un kilo y medio de carne de ternera en trozos, tres kilos de redondo de buey, un filete de nalga, falda, dos kilos de costillar de cerdo y lomo.

—Y también un poco de morcillo y salchichas, ¿no?

Cada comadre intenta imponer su receta, frase a frase.

—Mi suegra, cuyo ragú tiene fama, me ha enseñado a hacerlo dorando la carne sin cebolla...

—¡Dios mío! —dice incautamente Rosa—. ¡Qué sacrilegio!

—Perdonen la intromisión, pero tiene razón la señora porque dorando la carne aparte de la cebolla, el ragú queda más delicado, tiene un sabor más fino...

—¡Ah! ¿Por qué? ¿Dorar todo junto es más basto? Perdone, señora, ¿de dónde es usted?

—¿Y eso qué tiene que ver? Soy de Afragola, ¿por qué?

—¡Aaah!

Con ese «Aaah» se desencadena la pelea y empieza el glorioso fin de semana.

Por fortuna, en el plató nos mostrábamos más tolerantes, aunque bien pensado no éramos muy diferentes de Rosa y las comadres. En cualquier caso nos aplicamos mucho en el ragú y obtuvimos óptimos resultados.

Como recuerda Lina, su aroma atrajo a nuestra mesa a Al Pacino, que también estaba rodando en Cinecittà.

—¿Qué hay para comer? —preguntó un día el gran actor asomándose a la puerta corredera de nuestra cocina improvisada. Le ofrecimos una silla y nos apretamos para dejarle sitio a la mesa. Fue una sorpresa y un honor para nosotros; para él una buena ocasión de probar el verdadero ragú napolitano, tan diferente del que normalmente propone la cocina internacional.

Karl Malden, que había interpretado el personaje de Peppino en Broadway, también llegó a probarlo. En efecto, la comedia de Eduardo era famosa en todo el mundo y había sido representada incluso en Londres por Laurence Olivier, pero su esencia era intraducible. ¿Cómo se pueden traducir al inglés esos diálogos, esas peleas, ese ambiente?

Trabajando en el guión con Raffaele La Capria, Lina anticipó la ambientación de principios de los años cincuenta a 1934, en Pozzuoli, permitiéndome una completa identificación con el personaje. Por otra parte, para mí no supuso una complicación: conocía perfectamente ese mundo, y no lo había olvidado. Rodamos en Pozzuoli, Nápoles, Trani y Cinecittà, donde el escenógrafo Enrico Job, amado marido de Lina, había reconstruido mi ciudad natal tal y como la recordaba entonces. Hoy en día ya no queda nada de aquel mundo.

Entre el reparto también estaba mi sobrina Alessandra, que interpretaba el papel de la hija de Rosa, Giulianella. Ya había sido mi hija en *Una jornada particular*, pero en esa ocasión su papel era mucho más importante.

Una mañana, mi hermana Maria apareció en el plató muy preocupada por un problema de salud. Cogió aparte a su hija y la hizo partícipe. Yo no sabía nada, las veía cuchichear en un rincón y no comprendía qué pasaba. Pero muy pronto tuve ocasión de notar los efectos de aquella conversación en el ánimo de mi sobrina. Rodando una pelea de amor, los ojos de Ale se llenaron de lágrimas, logrando una escena muy realista. La chica tenía talento, pero muy pronto elegiría otro camino.

Por fortuna, lo de Maria no fue nada y también su marido Majid, que estaba muy preocupado, se tranquilizó. Lo había conocido muchos años atrás en una clínica romana. Él era un joven médico a punto de volver a Persia y ella una periodista combativa con un matrimonio acabado a sus espaldas que se buscaba a sí misma. En cuanto cruzó la mirada con aquellos maravillosos ojos medio orientales, Maria juró que no lo dejaría escapar. ¡Lo cortejó tanto que lo logró!

Sábado, domingo y lunes fue un gran éxito en Italia y en el extranjero. Me dejó en herencia a uno de mis personajes más queridos, con los que más me prodigué. La primera vez que vieron la película, Carlo Jr. y Edoardo no pararon de reírse y de darse codazos con descaro: habían reconocido en Rosa actitudes, ademanes, gestos y salidas de la Sofia de cada día y les había parecido muy gracioso.

Pero ahora ha llegado el momento de cerrar la puerta de la cocina y volver al gran mundo; me esperaban diez años que se extendían ante mí como una larga y maravillosa alfombra roja.

«Standing ovation»

La Academia de Artes y Ciencias Cinematográficas me encargó la entrega del premio al mejor actor masculino de 1963. Vestida con un elegantísimo vestido blanco, diseñado por Emilio Schuberth, y con uno de esos peinados cardados que estaban de moda en aquella época, dije con voz firme, como era de esperar: «It is my privilege to present the Oscar for the best performance as an actor…». Y después, dirigiéndome a los organizadores entre bastidores, dije en italiano: «La busta, per favore…», provocando la risa de la platea. El ganador era Gregory Peck por *Matar a un ruiseñor*.

Veintiocho años después, en el Shrine Civic Auditorium de Los Ángeles, los papeles se invertían pero la emoción en la sala era la misma.

En esa ocasión —el 25 de marzo de 1991—, un Gregory de pelo blanco y bigote canoso era quien me esperaba al final de la larguísima escalera, que bajé, prudente y emocionada, enfundada en un brillante vestido de Valentino.

Lo había visto la noche antes en el hotel. No habíamos vuelto a coincidir desde la época de *Arabesco* y de eso ya habían pasado treinta años. Cuando se abrió la puerta del ascensor y de repente me topé con él, fue como si el tiempo se hubiera detenido. Un flash, un instante que duró una eternidad. En su mirada sorprendida y en la ligera vacilación con que se había apartado para dejarme pasar, adiviné todo lo que hubiera querido decirme y no dijo. Cosas que nunca pronunciaría.

Cuando me entregó mi segundo Oscar, esta vez por mi trayectoria profesional, el público se puso en pie y rompió en una ovación mientras yo intentaba sin éxito contener el llanto. Si alguien pensó que fingía, se equivocaba. Hablé de la gratitud y de la generosidad, de la felicidad y del orgullo, del miedo que me infundía esa estatuilla; miedo que en 1962 me había impedido volar a Hollywood para recibir el Oscar por *Dos mujeres*.

«Esta noche también estoy asustada, pero no estoy sola —concluí, escrutando al público en busca de mis seres queridos—. Quiero compartir esta velada especial con los tres hombres de mi vida: mi marido, Carlo Ponti, sin el cual no me habría convertido en quien soy, y mis hijos, Carlo Jr. y Edoardo, que me han enseñado a conjugar el verbo "amar". *Grazie, America*.»

Unas semanas antes, Karl Malden, uno de los mejores actores

de Hollywood, me había comunicado la victoria, que no me esperaba en absoluto. Noticia que mantuve en secreto para sorprender a mi familia.

«¡Mamá! —gritó Edoardo por teléfono al día siguiente—. ¡El Oscar a tu trayectoria profesional! Lo acabo de oír en la radio, pero ¿por qué no has dicho nada?»

Me reí para mis adentros. ¡No todos los días se pueden dar sorpresas tan increíbles!

Pensaba que no volvería a sentir una emoción parecida a aquella, pero me equivocaba. En 1993 volví al palco de los Premios de la Academia para «homenajear a un querido amigo con una imponente trayectoria cinematográfica»: doce nominaciones y cuatro Oscar a la mejor película extranjera, de los cuales dos habían sido consecutivos, uno por *La strada*, producida por Carlo en 1957, y otro por *Las noches de Cabiria* al año siguiente. Mi querido Marcello, quizá aún más emocionado que yo, compartió conmigo ese privilegio. Cuando le tocó el turno a Federico Fellini, el público también estalló en una larga ovación en pie, entre lágrimas y sonrisas.

—Sentaos, por favor —dijo el maestro en su inglés deliciosamente macarrónico—. ¡Si alguien tiene que sentirse incómodo, ese soy yo! —Al recibir la estatuilla, que conocía muy bien, me besó y le dijo a su amigo de toda la vida—: Gracias, Marcellino, gracias por estar aquí...

—De nada —respondió Marcello, apurado y divertido.

Seguían hablando como si siguieran sentados en el rápido Rímini-Roma, treinta años antes, pero frente a ellos tenían a la élite del cine mundial. Tras sus ademanes algo torpes y emocionados, el público supo ver la intensidad de su relación humana y profesional, que hundía sus raíces en el pasado y había hecho soñar al mundo entero.

El primer pensamiento del gran Fellini, que moriría pocos meses después, también fue para su familia.

—Gracias, Giulietta. Y, por favor, ¡deja ya de llorar!

Tres años después Marcello también desapareció. La última vez que lo vi, en Milán, estaba entrando en su coche para ir al teatro, donde ensayaba *Las últimas lunas*, de Furio Bordon. Yo estaba subiendo al mío para ir al aeropuerto. Marcello me dirigió una mirada larguísima, presintiendo quizá que no volveríamos a vernos.

Todavía me cuesta mucho trabajo rememorar los días de su muerte. El mundo hablaba de él, lo homenajeaba, lo recordaba. Yo me aislé en mi habitación porque no quería mezclar mi dolor con el de los demás, el pudor me impedía mostrar mis sentimientos para uso y consumo de los medios de comunicación. Hundida en la soledad, intentaba hallar el modo de entender todo lo que había pasado. El día del funeral le envié una corona de orquídeas para que lo acompañasen con su delicada frescura y le llevasen el mensaje de mi amor incondicional.

La década de los Oscar nos reservaba aún otra gran satisfacción: en 1999, vestida de Armani, entregué el premio a la mejor película extranjera a Roberto Benigni, que con *La vida es bella* ganó nada menos que tres estatuillas.

«And the Oscar goes to... —dije mientras en la sala se oían las primeras exclamaciones de expectación—. Robbbertooo!!!» Una alegría típicamente italiana arrolló el auditorio. Mientras agitaba el sobre, como una chiquilla, Roberto se arrojó en una cómica carrera de obstáculos franqueando de pie las filas de butacas que lo separaban de mí. Steven Spielberg tuvo que sujetarlo cuando estuvo a punto de caerse sobre las enjoyadas estrellas.

Cuando por fin llegó al palco y corrió a mi encuentro, nos fundimos en un abrazo contundente y vertiginoso. Como su discurso, irrefrenable, desternillante, rebosante de brío y de cultura. Lo miraba atónita mientras hablaba de zambullidas en el océano, granizadas, amaneceres y eternidad. Recordó a quienes habían perdido la vida para que pudiésemos decir que la vida es bella y mandó un beso a Giorgio Cantarini, el niño protagonista. Y después de haber dado las gracias a sus padres, que lo veían desde Vergaio, por haberle hecho el regalo más grande, la pobreza, dedicó la victoria a su mujer, Nicoletta Braschi, que lloraba de felicidad.

Fueron años de premios, de reconocimientos, años en los que coseché el fruto de mi trabajo, cultivado a base de sacrificios y de esfuerzo, pero en el que no faltó la alegría y la diversión. En 1996 Carlo y yo recibimos la distinción honorífica de la Orden al Mérito de la República Italiana de manos del entonces presidente Oscar Luigi Scalfaro. También llovieron los premios a toda una trayectoria profesional: desde el César honorífico de la Academia del Cine francés al Oso de Oro de Berlín, del David de Donatello al Globo de Oro, el Premio Cecil B. DeMille y muchos más. Pero aunque sea imposible mencionarlos todos, cada uno de ellos trajo consigo su bagaje de sentimientos, de recuerdos especiales de personas que me han apreciado, querido y elegido, iluminando mi vida con perspectivas diferentes. Para todos guardo un sentimiento de gratitud y de admiración.

En 1998 Venecia también quiso premiarme con el León de Oro, pero esa hermosa noticia me llegó en un momento de especial fragilidad. Me sentía cansada y vulnerable, quizá a causa de un cúmulo de emociones que habían sometido a una dura prueba mi sensibilidad, cada vez más a flor de piel. Carlo y los chicos, una vez más, me apoyaron y me sostuvieron, recibiendo el premio en mi lugar y emocionándose conmigo, que los miraba desde lejos con amor.

Durante aquellos meses difíciles volví a dedicarme a la cocina, que desde siempre encarnaba mi universo de paz, el baluarte que me protegía de las amenazas del exterior. Así nació *Recetas y recuerdos,* que fue el modo más natural que encontré para compartir los sabores de mi vida, relacionándolos con encuentros y episodios que me habían ocurrido a lo largo de esta. El libro tuvo mucho éxito y llegó incluso a ganar un premio en la Feria del Libro de Frankfurt, recordándome que el secreto del verdadero triunfo se oculta entre las cosas más sencillas.

Los trastos

Mis premios ocupan todas las repisas. De vez en cuando les quito el polvo y sonrío para mis adentros. Me gusta recordarlos uno por uno, ordenarlos, viajar con la imaginación de Hollywood a Berlín, de Cannes y Venecia a Nueva York. Y después, si puedo, me gusta volver a oler el aroma de mi tierra.

Francesca, producción televisiva sucesivamente llevada al cine en una versión más corta, inspirada en la novela de Maria Orsini Natale, cuenta la historia de dos fabricantes de pasta en la Nápoles a caballo entre el siglo xix y el xx. La autora mandó el manuscrito a Lina Wertmüller antes de publicarlo y ella se quedó prendada de él. Pero, como a menudo ocurre en el cine, tuvieron que pasar diez años para que el proyecto se convirtiese en realidad. En los albores del siglo xxi, Lina y yo estábamos de nuevo juntas acompañadas por un reparto maravilloso, cuya excelente sintonía se refleja en cada fotograma.

Sin duda, nos ayudó la localización. Rodamos en la encantadora isla de Procida, que nos acogió con entusiasmo, revelándonos poco a poco sus rincones más ocultos y auténticos. Aunque estaba muy cerca de Pozzuoli no la había visitado nunca y me quedé prendada de ella. En la bahía de la Corricella, en Punta Pizzaco, había una carretera panorámica frente a la costa de Capri. Allí, entre palacios antiguos rodeados de naranjos y limoneros, respirábamos el ritmo lento y natural que suavizaba el trabajo en el plató.

Pero como el cine tiene sus trucos, no todas las tomas fueron realizadas en el golfo de Nápoles; por poner un ejemplo, Villa Montorsi no estaba en Sorrento sino en Franciacorta, en la provincia de Brescia, mientras que la fábrica de pasta en torno a la que se desarrolla la película estaba en Frascati, en Lacio; allí pusimos a secar al sol kilómetros y kilómetros de espaguetis de plástico.

En cualquier caso, interpretar bajo la guía experimentada de Lina, con su actor preferido, Giancarlo Giannini, que lucía un bonito bigote decimonónico, y dos chicos jóvenes, guapos y buenos actores como Claudia Gerini y Raoul Bova, hizo que me sintiera como en familia.

Y sí, de una gran familia se trataba. Yo interpreto el papel de doña Francesca, una empresaria orgullosa e inconformista que, salida de la nada, ha acumulado una gran fortuna. Tengo el cabello gris y llevo tantos collares de perlas como hijos tengo, que no son pocos, y a los que una promesa a la Virgen añade una huérfana, Nunziatina, la única que seguirá mis pasos. Todo va a las mil maravillas hasta que un buen día el príncipe Giordano Montorsi, cansado de su papel de consorte, se despierta de su aristocrático sopor para convertirse en banquero improvisado, con resultados desastrosos para el destino de la familia. «Tú has nacido príncipe, haz de príncipe, que la pasta es cosa mía...», le advierte Francesca, olfateando el peligro. Pero de nada sirve su clarividencia.

La película me regaló una hermosa historia, quince sombreros grandes y llamativos a los que llamábamos en broma los «trastos», y un personaje que es como yo, fuerte y frágil a la vez. Y el gran monólogo final, digno de una de mis mejores interpretaciones, fue el mejor regalo que Lina pudo hacerme: «No se muere de dolor, Nunziatina, pero qué daño...»

Mis papeles de madre no habían acabado. Cinco años más tarde volví a la gran pantalla con el musical *Nine*, de Rob Marshall, en el papel de madre de Guido Contini, alias Fellini. Era una película ambiciosa inspirada en la célebre versión musical de Broadway de *Ocho y medio*. Acepté sin pensármelo dos veces, en recuerdo de Federico, con quien, por un capricho del destino o porque en realidad no era su tipo de actriz, nunca llegué a trabajar. Y también porque me gustaba la idea de actuar con Daniel Day-Lewis, que es sin duda el mejor actor de nuestro tiempo.

La inspiración original y los grandes intérpretes, de Penélope Cruz a Judi Dench pasando por Nicole Kidman y Marion Cotillard, no bastaron para que el resultado estuviese a la altura de las expectativas. Guardo en mi corazón el recuerdo de un baile dulce y conmovedor con Danny, personaje que cultiva una creatividad neurótica a la sombra de su madre. Y la nostalgia por aquella época extraordinaria del cine italiano que tuve el privilegio y el honor de vivir en primera persona.

15
Voces

Los hombres de mi vida

Madre dentro y fuera del plató. Y con mi hijo Edoardo, las dos cosas a la vez. Mi vida es un auténtico cuento de hadas que, como todos los cuentos, abre y cierra sus capítulos con grandes alegrías y grandes penas.

Carlo falleció en Ginebra el 10 de enero de 2007 a los noventa y cuatro años, debido a una diabetes que en las últimas semanas lo había consumido poco a poco, y a una fatídica complicación pulmonar. Con él estábamos Edoardo y yo, mientras que sus hijos Guendalina y Alex, y Carlo Jr. acudían en avión desde Estados Unidos y desde Roma.

Recuerdo cuando nos llamaron de la clínica aquella triste noche de invierno, diciéndonos que acudiésemos de inmediato porque el final estaba muy cerca. Recuerdo una noche infinita y sin esperanza, el frío de aquel amanecer, cuando nos despedimos de él antes de su último viaje a Magenta, donde había nacido y donde íbamos a enterrarlo.

La fealdad de la muerte reside en su normalidad, pero hay algo profundamente innatural en dejar ir a las personas que hemos querido. Miras a tu alrededor tratando de encontrar consuelo, consciente de que no lo hay. Y te quedas solo, incluso las palabras te abandonan.

Por otra parte, ¿qué se puede decir cuando, después de cincuenta y seis años de vida en común, todo se acaba? Cada mañana, cuando me despierto, me cuesta creer que Carlo no esté. Lo busco por los rincones de nuestra casa, lo reconozco en la voz de nuestros hijos, idéntica a la suya, en las expresiones de nuestros nietos, que viniendo al mundo han iluminado mis días y han completado, de una manera que nunca habría creído posible, la maternidad.

Lucia, Vittorio, Leonardo y Beatrice me han convertido en la abuela más feliz del mundo. En mi caja hay un dibujo con mi retrato que me enorgullece más que una foto de autor. Con ellos me anulo, no existo. Al no tener la responsabilidad de educarlos, puedo mimarlos todo lo que quiero, dejarles comer chocolate hasta lo inverosímil, acunarlos y cubrirlos de besos hasta que se cansan. En sus sonrisas y en sus dotes proyecto mi alegría, mi sueño de un futuro más sereno, de un mañana mejor. Son niños afortunados y espero que un día devuelvan al mundo lo mucho que han recibido, como han hecho sus padres.

Siguiendo los consejos de su padre, Carlo Jr. se ha dedicado a la música y hoy en día es director de orquesta. Cuando lo veo en el podio, tan satisfecho y seguro de sí mismo, mi corazón late enloquecido, henchido de orgullo.

Ha trabajado con grandes maestros como Mehli y Zubin Mehta y Leopold Hager, ha dirigido grandes orquestas en todo el mundo, desde la Orquesta Nacional Rusa hasta la Orquesta Sinfónica Simón Bolívar, la Orquesta Filarmónica de Estrasburgo, la Orchesta del Teatro San Carlo de Nápoles y la del Maggio Musicale Fiorentino. Y en el mundo de la música encontró a su gran amor: la violinista húngara Andrea Mészáros que comparte con él su pasión y la educación de sus dos maravillosos hijos.

Pero el podio no es suficiente para él. Desde hace tiempo cultiva la aspiración de poner su experiencia al servicio de los jóvenes, pues está convencido de que la música es un potente instrumento de crecimiento individual y de emancipación social, y en la actualidad está trabajando en ello. Edoardo, por el contrario, ha seguido la llamada del cine, para el que tiene mucho talento. Todavía lo veo de pequeño, jugando con las marionetas, improvisando historias y escenas mientras su hermano toca el piano. Quizá sea verdad que la vocación existe, y cuando la hay se ve desde el principio. Ser director de cine ha sido siempre un objetivo que ha perseguido con la razón y con el corazón. Sasha Alexander, su guapísima esposa, es actriz e intenta encontrar un equilibrio entre el trabajo en las series de televisión y el cuidado de sus hijos. Con respecto a mi época, hoy en día las mujeres son más afortunadas, pues se las juzga por lo que saben hacer y no por su aspecto. Pero al aumentar las oportunidades también aumenta la dificultad para mantener el equilibrio entre la familia y el trabajo. Ahora la vida, más complicada, exige a las chicas sacrificios proporcionales a las metas prefijadas. Sin embargo, al final se vuelve al punto de partida: cada mujer tiene que rendir cuentas a sí misma. Nadie puede comprender a Sasha mejor que yo.

Sé que lo he mencionado muchas veces, pero lo vuelvo a repetir: ellos, mis hijos, son mis mejores películas. Y su felicidad es el premio que más me honra.

—Mamá, ¡Sasha y yo nos casamos! —dijo un día Edoardo en

la puerta de casa. Carlo ya no estaba entre nosotros y Lucia, primera hija de Edordo y Sasha, acababa de cumplir un año.

Siempre he tenido debilidad por las bodas y la de Carlo Jr. y Andrea, en Ginebra primero y en la estupenda catedral de San Esteban en Budapest después, me había derretido el corazón, pero me había dejado con ganas de más velos y vestidos blancos.

—¡Qué magnífica noticia, Edoardo! —Él me miraba en silencio, para darme la oportunidad de hablar—. ¿Dónde vais a celebrarlo? —pregunté tímidamente, esperando una ubicación hollywoodiana.

—En la iglesia rusa de Ginebra... Sasha es ortodoxa y además a papá le gustaba mucho...

Carlo no era un hombre religioso, pero esa pequeña joya en el corazón del casco antiguo ejercía una misteriosa atracción sobre él. Cuando salía a caminar con Edoardo, lo cual hacía muy a menudo en los últimos años, siempre intentaba pasar por delante.

—Vamos allí... —decía con pudor.

Y Edo sabía que «allí» significaba *l'eglise russe*. No podemos elegir dónde y cómo expresar el soplo más sagrado de nuestra alma. La verdad es que él nos elige a nosotros.

Homenajes

A estas alturas de mi vida y de mi carrera, a la vuelta de cada esquina se oculta un homenaje, una sorpresa. Como la velada que me dedicó Hollywood el 4 de mayo de 2011.

«Cuando oigo el nombre de Sophia salto. Salto porque es una

explosión de vida ¡Como un beso en la cara! Es maravilloso, se puede ver cómo mi corazón late y hace ¡pum, pum! ¡Ella es Italia! Es muy italiana. Su forma de caminar, de moverse, ¡es Italia caminando! Puedes ver cómo se mueven Sicilia, la Toscana y Lombardía. Y Milán, Florencia, Nápoles, la torre inclinada de Pisa, el Coliseo, la pizza, los espaguetis, Totò y De Sica… ¡Todo está ahí!»

Las palabras se quedan cortas comparadas con los gestos y la mímica, con la comicidad que contiene cada expresión de Roberto Benigni. Pero el gran cómico no tuvo bastante con el arrollador videomensaje que mandó para la ocasión, y me dedicó una canción con la melodía de «'O sole mio». Luego concluyó con aire pillo: «Gracias, Sophia, amor mío, cuerpo inagotable. Bye bye».

Menos mal que me hizo reír, de lo contrario el río de lágrimas que manaba de mis ojos no se habría detenido jamás. Aquel homenaje fue para mí como un tercer Oscar por lo feliz que me hizo, por la importancia y por la emoción. Mis hijos fueron mis paladines, mis nueras me sostuvieron, Billy Crystal presentó el acontecimiento y John Travolta, Rob Marshall, Christian De Sica, Jo Champa, Sid Ganis y muchos amigos más estuvieron conmigo, recordando nuestras vidas juntos. Todo lo que una actriz, una mujer y una madre pueden desear.

El 12 de diciembre de ese mismo año, fecha en que Carlo habría cumplido noventa y nueve años, mis hijos y yo le rendimos homenaje en el Auditorio de la Música de Roma. Sentada en la platea, mientras miraba a Carlo Jr. dirigiendo con su fuerza y su maestría la banda sonora de nuestra vida en común, y a Edoardo, que leyó una breve pero conmovedora carta de recuerdo, sentí por un instante acallarse el vacío que su muerte me había dejado. Las bandas sonoras de *Doctor Zhivago*, *Dos mujeres* y *La strada*, compuestas por Armando Trovajoli y Nino Rota, transformaron la nostalgia en gratitud por todo lo que nos había conducido hasta allí. Por un instante volvimos a estar los cuatro juntos.

El retrato que Edoardo hizo de su padre fue mucho más intenso que cualquier imagen, que una escena de cualquier película. Habló de las tardes que pasaban escuchando a Chaikovski, de sus cenas con Fellini, entre anécdotas sorprendentes, chistes y perlas de sabiduría regadas con vino, de la delicadeza de sus manos grandes, que de niño —y también de mayor— le daban seguridad. Nos ofreció su imagen de espaldas, en bata y zapatillas, con las piernas al aire, mientras salía al jardín, que era su orgullo y su alegría, envuelto en la niebla del amanecer para ir a ver su rosal: hileras de rosas rojas, blancas, amarillas y rosas que cuidaba con esmero, con una atención fuerte y frágil a la vez.

—¿Por qué te gustan tanto las rosas, papá?

—Porque son como los sueños, los grandes necesitan paciencia y trabajo duro.

Carlo ya no está entre nosotros, pero sigue inspirando nuestros proyectos y su recuerdo nos mantiene unidos. Mis hijos y yo vivimos separados, pero nos queremos, nos ayudamos y nos llamamos. Estamos pendientes los unos de los otros y siempre que podemos nos reunimos. Y de vez en cuando nos hacemos regalos maravillosos.

En busca de la verdad

En vísperas de un cumpleaños tan importante como este, Edoardo me ha regalado un sueño que tenía cuando era joven. Un sueño quizá común a todas las actrices. Pero no se ha limitado a eso. El amor y la paciencia con los que lo ha planeado, a la espera de que llegase el momento justo, son el regalo más hermoso.

En la actualidad, después de trabajar tan duramente, Edoardo es un director sensible y riguroso cuyo punto fuerte es la empatía. Le gusta la gente, intenta comprender a los demás e interpretarlos. Le interesa la verdad que contiene el sentimiento común.

A veces, una breve conversación es suficiente para comprender qué camino hay que tomar.

A Edoardo le sucedió con Miloš Forman, el gran director de *Amadeus* y *Hair* con el que tuvo la suerte de charlar una tarde de hace ya muchos años. «Lo importante no es que el drama sea dramático o la comedia sea cómica —dijo el maestro aquel día—. Lo que cuenta es que todo sea verdad.»

Edoardo no lo ha olvidado y se acuerda de su consejo cada vez que dice: «¡Acción!».

En 2001 me dirigió en *Entre extraños*, su primera película. Rodamos en Toronto y el reparto contaba con Mira Sorvino, Malcolm McDowell, Klaus Maria Brandauer y, sobre todo, con Gérard Depardieu, uno de los actores más grandes que he conocido. Como Alec Guinness y Peter O'Toole, Gérard logra crear un mundo lleno de matices y de claroscuros en cuanto abre la boca.

En el día a día es una persona nerviosa y sin reglas, pero en el plató es un gran profesional, amable y concentrado. A la genialidad, al talento, añade la precisión del artesano. Conoce tan bien su cara que moviendo un solo músculo cambia la expresión. ¡Como mi primer maestro, Pino Serpe! Y el ritmo..., su sentido del ritmo está tan desarrollado que no necesita ensayar. Sus interpretaciones son perfectas desde la primera toma.

En otro momento, en otras circunstancias, no habría hecho más que observarlo, admirarlo y secundarlo, pero en esa ocasión mi atención estaba concentrada en mi hijo; el hecho de que me dirigiese la atraía por completo.

No fue fácil para mí hallar un equilibrio entre mi papel de madre y el de actriz. La responsabilidad de entregarme a mi papel en cuerpo y alma, que siempre había sentido, era más viva, pues se trataba del debut de Edoardo, una historia complicada en la que se entrelazan las vidas de tres mujeres que se conocen por casualidad en el aeropuerto. Pero una mañana, de repente, comprendí qué debía hacer y la solución era mucho más fácil de lo que creía.

Aunque parezca mentira, di con ella gracias a un perro.

Estábamos rodando una escena en la que un caniche tenía que cruzar la calle. Era un detalle aparentemente sin importancia, pero esencial para Edoardo. El caniche no obedecía: cruzaba media calle cuando el adiestrador lo llamaba y se detenía en seco, o se empecinaba en no andar. No había nada que hacer, no atendía a las órdenes ni a las galletas, ni a los gritos o los tirones con correas transparentes. El caniche estaba paralizado allí en medio, quizá atemorizado por la gente o quizá simplemente tozudo.

Era tan testarudo que tuvimos que rodar la escena muchas veces, al final actuábamos con el piloto automático, y gracias a aquella repetición hipnótica logré deshacer el nudo de inquietud que tenía dentro. Observando a Edoardo que, con paciencia, volvía a rodar una y otra vez, me di cuenta de que estaba completamente absorto en la dirección. En aquel momento para él no existían ni las madres ni las esposas ni la familia, sino solo la película, los actores y la *troupe*.

Comprendí que en el plató no contaban nuestros lazos; Edoardo era el director y yo una actriz. Él dirigía y yo debía limitarme a interpretar mi papel, seguir sus instrucciones y dejarme llevar. De ese modo abandoné mi papel de madre y me concentré en el guión y en mi actuación.

Fue una experiencia importante para ambos, que nos enriqueció profesionalmente y reforzó nuestra relación, preparándonos para enfrentarnos juntos, diez años después, a otro gran desafío: el regalo que guardaba para mí. La historia de una mujer madura que, encerrada en su habitación, pierde al último amor de su vida y se siente acabada. Todo gira alrededor de una dramática conversación telefónica hecha de palabras, silencios y vacilaciones.

Berenjenas a la parmesana

La primera vez que me habló de ello por teléfono, me cogió desprevenida.

—¿*La voz humana*? Te refieres a la de la Magnani, la Bergman, Simone Signoret, la de...

—Mamá no hace falta que las menciones a todas. Claro que me refiero a esa. *La voz humana* de Cocteau.

Como de costumbre, en mi interior estalló el conflicto.

—¡Qué maravilla! Siempre he soñado con interpretarla, desde que se la vi hacer a Nannarella cuando era una chiquilla.

E inmediatamente, puntual, la vocecita interior: «¿Estaré a la altura?».

Conociéndome bien, intenté concentrarme en lo positivo, el entusiasmo de la novedad, y de olvidarme de lo demás, de ese miedo a la primera vez que hace que afronte cada nueva película como si fuera una principiante. Mientras trataba de convencerme a mí misma, Edoardo se ocupaba de buscar un productor, un emplazamiento y reflexionaba sobre cómo enfocar el guión.

El proyecto en ciernes empezó a tomar forma gracias a los intercambios de opiniones, vitales y creativos, a las divagaciones que siempre acompañan el nacimiento de una película. Nuestra imaginación y los sentimientos iban ampliando el círculo y todo dentro de mí se iluminó. Hacía mucho tiempo que no me ocurría.

Tuve la tentación de volver a ver las interpretaciones de las actrices que habían protagonizado la obra en el pasado, pensando que podía inspirarme en ellas.

—No, mamá, no te dejes influir —dijo Edoardo—. Cada actriz da su versión.

Yo lo obedecía, intentando hablar poco y escuchar para comprender lo que él esperaba de mí.

—¿Y si lo hiciésemos en napolitano? —dijo Edoardo un día, de buenas a primeras. No podía creérmelo. Lo que proponía era muy audaz, pero tan considerado para conmigo que me emocionó profundamente. Edoardo, al otro lado del teléfono, intuyó la emoción que ocultaba mi silencio y prosiguió—: Una mujer abandonada solo puede expresarse en su idioma materno, el idioma de cuando era niña...

Erri De Luca tradujo la obra de Cocteau. Nadie podía hacerlo mejor que él. Tanto a Edoardo como a mí nos gustaba como escritor y nos fiábamos de su escritura límpida y precisa, capaz de ahondar en lo más profundo. Hablamos con él y al poco tiempo el texto estaba listo.

—Erri, ¿cómo has logrado traducirlo tan deprisa? —pregunté, admirada.

—Pensaba, oía tu voz, y tu voz me dictaba las palabras... —respondió con sencillez.

Ahora me tocaba interpretarlo, dar lo mejor de mí. Pero me di cuenta de que esta vez mi instinto no sería suficiente. Ensayamos, atentos y concentrados, durante un mes y medio seguido, encerrados en una habitación de hotel que parecía un camerino, como si estuviéramos preparando una obra de teatro. Y después estuvimos listos —si es que uno llega a estarlo— para empezar.

Rodamos en el estudio De Paolis, en Roma, el mismo de *Una jornada particular*, en la playa de Ostia que fue escenario de *La ladrona, su padre y el taxista*, y finalmente en Nápoles, entre el Palacio Real, los callejones del Pallonetto de Santa Lucia, el barrio histórico Sanità, el Belvedere de Sant'Antonio y Posillipo.

Sí, porque Edoardo, además de traducir la obra al napolitano, había decidido abrir de par en par las puertas de la «habitación del abandono», entre cuyas paredes Cocteau había relegado a su personaje, al mar, a la ciudad, a los recuerdos dolorosos —un olor, un paisaje, una caricia— que, como flechas, se clavan en el corazón al final del amor. Recuerdos vívidos e intensos que se muestran con brevedad para cerrarse inmediatamente después, dejando paso al hilo del teléfono que se retuerce alrededor del dolor de Angela. En medio de todo está su amante, un Enrico Lo Verso que la cámara encuadra deliberadamente de perfil o de espaldas, mientras la besa con pasión, cuando todavía eran felices. Es un hombre que viene del norte y ni siquiera comprende su dialecto; una metáfora sobre la incomunicación que hay entre los dos, una manera de decir que seguramente no es digno de ella.

Trabajamos muy duro, superando reticencias y pudores. A nuestro lado, Carlo, que nos ayudó en la elección de la banda sonora, Guendalina, productor asociado, y Alex, que se entregó en cuerpo y alma en la producción del DVD. Cada vez que pienso en todos nosotros me emociono. Hay dolores en la vida que no se pueden evitar, pero muchos problemas pueden resolverse. En cuanto a mí, es cierto que ya había comprendido que tenía que comportarme como una actriz y no como una madre, pero no fue fácil dejarme llevar por un papel tan expuesto. Cuando te abandonan es como si te quedaras desnudo, una desnudez que tuve que estimular dentro de mí para interpretar el personaje, superando el pudor que se siente ante un hijo.

Creo que a él también le costó trabajo. Como director buscaba la verdad y, conociéndome como me conoce, no paró hasta encontrarla. Al final de una escena especialmente dura, seguí llorando después del «Stop». No era la única. Cuando me acerqué a Edoardo, me di cuenta de que él también tenía los ojos llenos de lágrimas.

Con respecto a la obra original, en la película se abre otro punto de vista que si bien no deja lugar a la esperanza, ofrece un contraste muy napolitano entre la desesperación y la normalidad perdida. Mientras el dolor de Angela se transforma en luto, en la habitación contigua, la criada, como cada martes, pone la mesa para dos y saca del horno las berenjenas a la parmesana, plato que se comparte con amor y representa la casa, la fuerza y la determinación de Angela, incluso en la derrota. El plato que ha acompañado mi vida y que hace que mi voz sea aún más humana.

—Señora, son las ocho y cuarto. Me voy...

Érase una vez

Al final de este largo camino se abre el futuro, aún lleno de sueños. Volver a Nápoles, mi amada ciudad, entre mi gente que me vitorea alegre desde los balcones, ha hecho que me sintiera joven otra vez, feliz. Pero si estuviera completamente satisfecha de todo, empezaría a sentir el peso de los años. Vivir es tener cada día una nueva meta que alcanzar.

Mis pensamientos me conducen a un proyecto que acaricio desde hace algún tiempo... Pero se ha hecho tarde y tengo que intentar dormir un poco. Mañana es Nochebuena y mi familia me espera.

Cuando estoy a punto de cerrar la caja, aparecen dos hojas descoloridas que hablan de mí. Quizá las escribí yo, quién sabe cuándo y por qué. Leo mientras fuera el mundo se adormece en la nieve.

> Érase una vez una niña con las piernas muy delgadas, los ojos muy grandes y la boca inquieta.
>
> Érase una vez una niña que amaba cada hilo de hierba de la naturaleza, los bonitos y los feos.
>
> Érase una vez una niña que nació en una maraña de raíces amargas en cuya flor descubrió el mundo: montañas por conquistar y caminos por recorrer.

Érase una vez una joven que amó todo su vasto universo, todo el universo que deseaba atravesar.

Érase una vez una mujer que quiso vencer todos sus miedos y vivir con los ojos muy abiertos y la boca inquieta.

Érase una vez una mujer que se convirtió en actriz y ofreció a los demás los mil rostros que había soñado y que quizá nunca había vivido.

Érase una vez una mujer que quiso ser esposa. Fue muy difícil alcanzar ese sueño.

Érase una vez una mujer que quiso ser madre, como muchas mujeres, y tener sus propios hijos.

Érase una vez una actriz que interpretó distintas películas, cumbres por conquistar todas ellas. No todas las cumbres son como la del Himalaya, y tampoco lo son todas las películas... Pero todas fueron dignas de ser vividas.

Érase una vez una vida amarga y estupenda que una niña, una mujer y una actriz continúan repitiéndose.

Siempre habrá una oportunidad para cada niña que mire el mundo con los ojos muy abiertos y con esas ganas de vivir.

Epílogo

—¡Chis! ¿Qué haces? ¿No ves que está durmiendo?

—Pero dentro de poco es la hora de comer...

—¡Al-bón-di-gas, al-bón-di-gas, al-bón-di-gas!

—¡Abuela, abuela, abuela Sofía!

Dios mío, me he dormido. ¿Qué hora es? Ya hay claridad, el sol está alto, se me ha hecho tarde. El río de la memoria me ha transportado dulcemente hasta aquí, a merced de su corriente caprichosa.

Los susurros de los apaches, al otro lado de mi puerta entreabierta, se hacen cada vez más insistentes.

—Adelante, niños. ¿Qué hora es?

Entra Lucia la primera, haciendo una serie triple de ruedas y volteretas. Esta niña no anda, vuela.

—Son las diez, abuela —dice, sonriendo.

—¡¿Las diez?!

Creo que es la primera vez que me despierto tan tarde en toda mi vida.

Vittorio llega tras ella. Lo precede su mirada, tan intensa que a veces casi me hace daño.

—Abuela, esta mañana tenemos que hacer las albóndigas, ¿no?

Justo después llega Leonardo; lleva en la mano un plato de porcelana fina que ha robado de la mesa y juega a que es un volante.

—Bruuum, bruuum, dejadme pasar.

Y por último, aparece Beatrice, que se encarama fatigosamente a mi cama, demasiado alta para ella, y me susurra al oído mi canción.

—*Zoo Be Zoo Be Zoo...*

Esta criatura tiene talento, me digo.

—Niños, la abuela ha dormido poco esta noche, ahora me arreglo. ¡Esperadme en la cocina!

Cuando me uno a ellos, Ninni ha despejado la mesa, ha preparado la carne en la tabla, ha puesto la harina en un recipiente grande y ha cortado el pan seco en rebanadas. Los pequeños chefs tienen los puños remangados y me miran como potros en la línea de salida.

—Bien, yo preparo la carne y vosotros hacéis las bolitas, ¿vale?

Los niños gritan de alegría, sus ojos brillan como estrellas de Navidad. Se ponen inmediatamente manos a la obra.

«No hay dos albóndigas iguales. Qué monos, todavía son tan ingenuos, tan libres...», pienso, maravillada.

—A ver, niños, ¿Qué queréis ser de mayores?

—Piloto de Fórmula Uno —responde Leonardo, seguro de sí mismo.

—Bailarina —susurra su hermana, dulce como la miel.

Beatrice me mira con perplejidad.

—¿Mayor? ¿Yo?

—No sé, pianista quizá. Pero aún es pronto… —dice Vittorio, el más reflexivo de todos.

—¿Y tú, abuela? —gritan en coro mis apaches—. ¿Qué quieres ser de mayor?

Me echo a reír a carcajadas.

—¿Yo? No lo sé…, todavía tengo que pensarlo.

Créditos de las ilustraciones

Página 3 (abajo) © Archivio GBB Contrasto; página 4 (arriba) © Archivio GBB Contrasto; página 5 (centro) © Archivio GBB Contrasto; página 5 (abajo) © Mondadori/Getty; página 6 (arriba) © Fedeli/Reporters Associati & Archivi; página 6 (abajo) © Reporters Associati & Archivi; página 7 © Vitali/Reporters Associati & Archivi; página 10 (arriba) © Reporters Associati & Archivi; página 13 (arriba) © Fedeli/Reporters Associati & Archivi; página 14 © Vitali/Reporters Associati & Archivi; página 16 (arriba) © Publifot/Olycom; página 17 © Auguste; página 18 (arriba) © Pierluigi/Reporters Associati & Archivi; página 22 © Vitali/Reporters Associati & Archivi; página 23 © Pierluigi/Reporters Associati & Archivi; páginas 27 (centro y abajo), 28-29-30 (arriba) © Pierluigi/Reporters Associati & Archivi; páginas 31-32-33 (arriba) © Reporters Associati & Archivi; página 34 © Klaus Collignon; página 35 © Pierluigi/Reporters Associati & Archivi; página 36 © Tazio Secchiaroli/David Secchiaroli; página 37 (arriba y centro) © Reporters Associati & Archivi; página 41 (arriba) © Pierluigi/Reporters Associati & Archivi; página 41 (abajo) © Keystone/Getty Images; página 42 (arriba) © Tazio Secchiaroli/David Secchiaroli; página 42 (abajo) © Pierluigi/Reporters Associati & Archivi; página 43 (arriba) © Tazio Secchiaroli/David Secchiaroli; página 43 (abajo) © Norman Hargood;

página 44 © Foto de Jean-Claude Deutsch/Paris Match via Getty Images; página 45 © Keystone/Getty Images; página 46 (arriba) © Foto de Alfred Eisenstaedt/The LIFE Picture Collection/Getty Images; página 48 © Tazio Secchiaroli/David Secchiaroli; página 49 © Claudio Patriarca; página 50 (arriba) © Tazio Secchiaroli/David Secchiaroli; página 51 © Foto de Jack Garofalo/Paris Match via Getty Images; página 55 © Tazio Secchiaroli/David Secchiaroli; página 56 © Reporters Associati & Archivi; página 58 (arriba) © Foto de Kevin Winter/DMI/The LIFE Picture Collection/Getty Images; página 60 © Foto de Etienne George/RDA/Getty Images; página 61 (arriba) © Foto de Jean-Paul Aussenard/WireImage/Getty Images; página 61 (abajo) © Foto de Ernesto Ruscio/FilmMagic/Getty Images; página 62 © AP Photo/Eric Draper.

Las imágenes y los documentos de las páginas siguientes provienen del archivo de la familia: Loren Ponti, páginas 2, 3 (arriba), 4 (abajo), 5 (arriba), 8, 9, 10 (abajo), 11, 12, 13 (abajo), 15, 16 (abajo), 18 (abajo), 19, 20, 21, 24, 25, 26, 27 (arriba), 30 (abajo), 33 (abajo), 37 (abajo), 38, 39, 40, 46 (abajo), 47, 50 (abajo), 52, 53, 54, 57, 58 (abajo), 59, 63, 64.

El editor ha hecho todo lo posible por encontrar a los propietarios de los derechos de reproducción de las fotografías y queda a su disposición para satisfacer los royalties que pudieran corresponderles.

Índice onomástico

Adele, amiga de Sophia, 24-25
Agiman, Sophie, 221
Aimée, Anouk, 308
Alexander, Sasha, 343-344
Alfieri, Vittorio, 183
Altman, Robert, 180, 305, 307, 308-309
Altoviti, Antonio, 104
Andreotti, Giulio, 47
Annunziata, Peppino, 82
Armani, Giorgio, 310-313, 332
Armani, Roberta, 313
Armstrong, Louis, 111, 124
Arpino, Giovanni, 186
Astaire, Fred, 143
Austen, Jane, 124

Bacall, Lauren, 308
Bach, Johann Sebastian, 130
Baker, Chet, 111
Balenciaga, Cristóbal, 311
Balmain, Pierre, 240, 311
Bapst, Ruth (Ninni), 12, 99, 250-251, 259, 301, 314, 356
Barlacchi, Cesare, 69
Bartali, Gino, 118
Barthet, Jean, 311
Barzizza, Isa, 68
Basinger, Kim, 308
Bassani, Giorgio, 94, 104
Battaglia, Rick, 105
Beatles, The, 185, 240
Beethoven, Ludwig van, 130
Belafonte, Harry, 308
Belmondo, Jean-Paul, 172
Benigni, Roberto, 332-333, 345
Benvenuti, Leonardo, 207
Bergman, Ingrid, 150, 152, 218, 349
Bertoletti, Giulio, 52
Biagi, Enzo, 179, 191
Bianchi, Giorgio, 44
Bianchi, Regina, 208

Birri, Fernando, 98
Blanchett, Cate, 137
Blasetti, Alessandro, 64, 93-94, 95-98, 114, 116, 120, 124, 180
Blasetti, Mara, 95-96
Bloch, Phillip, 312
Bolognini, Mauro, 95
Bonnard, Mario, 44
Bordon, Furio, 332
Bosé, Lucia, 60, 62, 126
Bourdin, Lise, 110
Bova, Raoul, 335
Brambilla, Luisa, 148, 176, 217
Brandauer, Klaus Maria, 347
Brando, Marlon, 125, 229, 231-233, 235, 257
Braschi, Nicoletta, 333
Brazzi, Rossano, 140
Brecht, Bertolt, 185, 187
Brel, Jacques, 258
Bridges, Alan, 263
Brown, Eleonora, 171-172
Bruni, Sergio, 43
Bruscia, Ines, 113, 197, 198, 200, 227, 241, 260, 314
Bugliari, Anna Maria, 61
Burton, Richard, 260-262, 266, 267

Callas, Maria, 118, 326
Calvino, Italo, 186
Camerini, Mario, 64
Campanile, Achille, 94
Canale, Gianna Maria, 60
Cantarini, Giorgio, 333
Capitani, Giorgio, 180
Capra, Frank, 133
Carabella, Flora, 184
Cassel, Jean-Pierre, 308
Castellani, Renato, 207
Cat, The, *véase* Jones, Ray
Cavalieri, Lina, 118
Cecchi D'Amico, Suso, 94, 186
Cerruti, Nino, 311
Cervantes Saavedra, Miguel de, 257
Cetra, cuarteto, 94
Chaikovski, Piotr Ilic, 346
Champa, Jo, 345
Chaplin, Charlie, 187, 227-235, 257, 295
Chaplin, Oona (nacida O'Neill), 230, 233
Cher (Cherilyn Sarkisian), 308
Chiari, Walter, 68
Churchill, Winston Leonard Spencer, 264
Cifariello, Antonio, 137-138
Cipi, *véase* Ponti, Carlo Jr.
Clark, Mark Wayne, general, 31

Cocteau, Jean, 93, 349, 351
Comencini, Luigi, 69, 117
Continenza, Sandro, 94, 95
Cooper, Gary, 143
Coppi, Fausto, 118, 218
Cotillard, Marion, 336
Cruz, Penélope, 336
Crystal, Billy, 345
Cukor, George, 133, 155-156, 169, 294
Curtiz, Michael, 156

Dalla, Lucio, 302-303
Davis, Miles, 111
Day-Lewis, Daniel, 336-337
De Bernardi, Pietro, 207
De Carlo, Yvonne, 115
De Crescenzo, Luciano, 326
De Curtis, Liliana, 91
De Filippo, Eduardo, 88, 89, 191, 205, 207, 208, 209, 326, 328
De Filippo, Luca, 326
De Filippo, Luigi, 207
De Filippo, Luisa, 209
De Filippo, Peppino, 116, 186, 209
De Filippo, Titina, 205, 207, 208
De Laurentiis, Dino, 64, 104, 143, 183

De Luca, Erri, 351
De Santis, Giuseppe, 104, 108
De Sica, Christian, 209, 345
De Sica, Emilia, 209
De Sica, Manuel, 209
De Sica, Vittorio, 43, 47, 64, 81, 82-87, 88, 89, 94, 95. 96, 104, 110, 112, 114, 116, 117-119, 155, 166, 169-173, 183-184, 187, 189-190, 205, 207-209, 212-213, 224, 243, 255, 260, 262, 265-268, 304-305, 309-310, 345
De Watteville, Hubert, 199-200, 247, 249, 259
Del Duca, hermanos, 52
Del Poggio, Carla, 55
Dell'Anno, Paolino, 275-276
DeMille, Cecil B., 154
Dench, Judi, 336
Deneuve, Catherine, 184
Depardieu, Gérard, 347-348
Di Nello, Orlando, 217
Dietrich, Marlene, 191
Dior, Christian, 228, 311
Domingo, Plácido, 258
Dominguín, Luis Miguel, 126-127
Donizetti, Gaetano, 69
Douglas, Kirk, 155
Drake, Betsy, 133

Dunaway, Faye, 184
Duranti, Doris, 76

Ekberg, Anita, 186
Eliot, Thomas Stearns, 124
Ellington, Edward Kennedy (Duke), 111
Everett, Rupert, 308

Fallaci, Oriana, 181
Fellini, Federico, 55, 184, 186, 215, 331-332, 336, 346
Ferrari, Virgilio, 115
Ferré, Gianfranco, 308
Ferrer, Mel, 152, 153
Fiastri, Giuliana, 64, 217, 220-221
Fitzgerald, Ella, 33, 130
Flaiano, Ennio, 95, 104, 186
Foreman, Carl, 150-151
Forman, Miloš, 347
Fracassi, Clemente, 76
Franchina, Basilio, 104, 107-111, 197, 200, 221, 241, 248, 284-285
Freud, Sigmund, 258
Frings, Kurt, 264
Frost, David, 256
Furia, Giacomo, 87

Gabin, Jean, 267
Gable, Clark, 156
Ganis, Sid, 345
Garbo, Greta, 18, 19, 254, 293
García Márquez, Gabriel, 98
Gardner, Ava, 125, 130
Garinei, Pietro, 111
Gary, Romain, 236
Gassman, Vittorio, 68, 105
Gaultier, Jean Paul, 308
Gere, Richard, 310
Gerini, Claudia, 335
Germi, Pietro, 206
Gershwin, George, 124
Giannini, Ettore, 114
Giannini, Giancarlo, 326, 335
Giovannini, Sandro, 111
Girosi, Marcello, 143
Goddard, Paulette, 229
Grace Kelly, 126
Grant, Barbara (nacida Harris), 134
Grant, Cary (Archibald Alexander Leach), 123, 125, 128-136, 145-146, 148, 149, 152, 165
Grant, Jennifer, 134
Gualino, Riccardo, 64
Guerra, Tonino, 207
Guinness, Alec, 189, 236, 238, 347
Guttuso, Renato, 108

Hager, Leopold, 342
Hathaway, Henry, 141
Hayworth, Rita, 34, 127
Hepburn, Audrey, 152-153, 161
Hepburn, Katharine, 140, 293
Heston, Charlton, 186, 236
Hitler, Adolf, 268
Hohenstaufen, dinastía, 20
Holden, William, 149
Hopper, Hedda, 144
Hotchner, Aaron Edward, 321
Howard, Trevor, 149

Invernizio, Carolina, 54
Isabel II, reina del Reino Unido, 151

Jackson, Michael, 298
Job, Enrico, 328
Jones, Jennifer, 34
Jones, Ray (The Cat), 241-243

Kelly, Gene, 143
Kerr, Deborah, 49
Kidman, Nicole, 336
King, Martin Luther, 186
Koscina, Sylva, 62
Kramer, Stanley, 125-126

La Capria, Raffaele, 328
Ladd, Alan, 136
Lancaster, Burt, 105
Lattuada, Alberto, 55, 64, 68
Laurie, Piper, 161
Lawrence, Marc, 69
Lean, David, 263
Lemper, Ute, 308
LeRoy, Mervyn, 48, 74
Levi-Montalcini, Rita, 293
Liala (Amalia Liana Cambiasi Negretti), 54
Liszt, Franz, 18
Litvak, Anatole, 187
Livia, cocinera de Sophia, 99, 241
Lo Verso, Enrico, 352
Lollobrigida, Gina, 53, 60, 62, 66, 95, 115, 116, 117-118
Lombardo, Goffredo, 74-75, 199
Loy, Nanni, 29
Lucherini, Enrico, 211, 216
Lumet, Sidney, 155

Maggio, Giustina (Pupella), 208, 326
Magnani, Anna, 116, 155, 169, 174, 349-350
Majid, *véase* Tamiz, Majid
Malden, Karl, 328, 330-331

Mangano, Silvana, 68, 88, 90, 104-105, 111, 116, 183
Mann, Abby, 187
Mansfield, Jayne, 143-144
March, Fredric, 187
Marchesi, Marcello, 68
Marotta, Giuseppe, 84, 94, 187
Marshall, Rob, 336, 345
Martin, George, 240
Masina, Giulietta, 332
Mastroianni, Barbara, 184
Mastroianni, Chiara, 184
Mastroianni, Ida, 180
Mastroianni, Marcello, 89, 94, 95-97, 104, 114, 116, 120, 124, 179-185, 186, 189-191, 196, 207, 210, 212-213, 224, 255, 265, 267, 268, 269, 305-310, 326, 331-332
Mastroianni, Ottone, 183
Mastroianni, Ruggero, 182
Mattia, familia, 30
McDowell, Malcolm, 347
Mercader, María, 209, 267, 309-310
Mészáros, Andrea, 343, 344
Metha, Mehli, 342
Metha, Zubin, 342
Metz, Vittorio, 68
Milian, Tomas, 186
Miller, Arthur, 126

Minervini, John, 142
Molino, Walter, 52-53
Mollica, Vincenzo, 53
Monicelli, Mario, 186
Monroe, Marilyn, 126, 188-189
Montand, Yves, 94, 155
Morante, Elsa, 167
Moravia, Alberto (A. Pincherle), 94-95, 104, 143, 166, 167, 174, 175, 176, 187
Moro, Aldo, 180
Muccardi, Concetta, 191
Mussolini, Alessandra, 193-194, 208, 215, 328
Mussolini, Benito, Duce, 213, 269
Mussolini, Elisabetta, 215
Mussolini, Romano, 193, 213-215

Negulesco, Jean, 137-138
Newman, Paul, 236-237, 321
Ninni, *véase* Bapst, Ruth
Niven, David, 236
Noiret, Philippe, 236
Nuvolari, Tazio, 198

O'Neill, Eugene, 145, 230
O'Toole, Peter, 257-259, 347

Occhini, Giulia (dama Blanca), 218
Olivier, Laurence, 328
Orsini Natale, Maria, 334
Oury, Gérard, 155

Pacino, Al, 327
Page, Geraldine, 161
Palumbo, Vera, 54
Pampanini, Silvana, 69
Parise, Goffredo, 186
Parsons, Louella, 144, 147
Pasolini, Pier Paolo, 104, 108
Patellani, Federico, 62
Pavarotti, Luciano, 303
Pavone, Rita, 325
Peck, Gregory, 34, 189, 228, 236, 329-330
Pedersoli, Carlo (Bud Spencer), 49
Pender, Bob, 132
Perkins, Anthony, 145
Pertini, Sandro, 280, 289
Pica, Tina, 43, 116, 118
Piccioni, Piero, 111
Pierangeli, Anna Maria, 111, 170
Pinelli, Tullio, 186
Pirandello, Luigi, 266
Ponti, Alexandre (Alex), 64, 254, 341, 352

Ponti, Beatrice, 10-11, 342, 356
Ponti, Carlo, 10, 59, 62-64, 65-66, 72-74, 76, 103, 104-105, 106, 113-114, 123, 125-126, 133, 135, 138, 143, 145-146, 147-150, 154, 156-157, 162, 164, 168-170, 172-173, 175, 188, 195, 197-199, 205-208, 211, 215, 218-222, 247, 253-254, 255, 260, 263, 268, 270, 275-276, 302, 330, 333, 334, 341-342, 344, 345
Ponti, Carlo Jr. (Cipi), 12, 110, 134, 201, 215, 247-248, 252, 255-256, 257, 259, 260, 261, 262, 265, 278, 296, 298-299, 300, 317, 319, 329, 330, 341, 342, 344, 345, 352
Ponti, Edoardo, 12, 93, 110, 134, 201, 257, 259, 260, 262, 278, 296-299, 300, 302, 329, 330, 331, 341, 343-344, 345, 346, 347-352
Ponti, Guendalina, 64, 341, 352
Ponti, Leonardo, 11, 342, 356
Ponti, Lucia, 11, 342, 344, 355-356
Ponti, Vittorio, 11, 342, 355-357
Porter, Cole, 124
Power, Tyrone, 34, 127
Pratolini, Vasco, 94

Presley, Elvis, 258
Puzo, Mario, 300

Quinn, Anthony, 153-155

Rachelina, tía de Sophia Loren, 12
Rainiero III Grimaldi, príncipe de Mónaco, 126
Reda, Stefano, 55
Reed, Carol, 150
Reinhardt, Django, 111
Risi, Dino, 116-117, 180, 265, 304-305
Rissone, Giuditta, 209
Robbins, Tim, 308
Roberts, Julia, 307
Roccardi, Giovanni, 74
Rocchetti, Goffredo, maquillador de Sophia Loren, 145
Romanoff, Mike, 143
Rondi, Brunello, 186
Rondinella, Giacomo, 87
Rondinella, Luciano, 87
Rosi, Francesco, 196, 238
Rossellini, Renzo, 76
Rossellini, Roberto, 47, 64, 76, 108, 218
Rossi Drago, Eleonora, 69

Rota, Nino, 346
Rotunno, Peppino, 119
Ruet, Jacques, 190

Sapienza, Maria Paola, 111
Sartre, Jean-Paul, 187
Scalfaro, Oscar Luigi, 333
Scarlatti, Domenico, 130
Scarpetta, Eduardo, 92, 209
Scarpetta, Rosa (nacida De Filippo), 209
Schell, Maximilian, 187
Schneider, Romy, 186
Schuberth, Emilio, 151, 311, 329
Scicolone, Giuliano, 45
Scicolone, Giuseppe, 45
Scicolone, Maria, hermana de Sophia, 23-24, 30, 32, 33, 45, 46, 50, 55, 70, 72, 112, 114, 130, 142, 146, 152, 165, 187, 193, 195, 206, 208, 213-214, 221, 248, 270-271, 279, 320, 322-323, 328-329
Scicolone, Riccardo, padre de Sophia, 17, 19-21, 23, 45-46, 50, 70-71, 77, 146, 270-271
Scicolone, Sofia, abuela de Sophia, 17, 20, 26, 45
Scola, Ettore, 180, 268-270
Scotti, Tino, 68

Secchiaroli, David, 215
Secchiaroli, Tazio, 215-216
Sellers, Peter, 236, 239-240, 243
Serpe, Pino, 44, 53, 348
Shakespeare, William, 124
Sharif, Claire (nacida Saada), 238-239
Sharif, Omar, 189, 191, 196, 236, 238-239
Shaw, George Bernard, 124, 240
Signoret, Simone, 155, 349
Sinatra, Frank, 33, 124, 128, 130, 146, 258, 323
Soldati, Mario, 64, 104-106, 108, 114
Sordi, Alberto, 54, 94, 116
Sorvino, Mira, 347
Spain, Sarah, 123-124, 128
Spielberg, Steven, 333
Spinola, Matteo, 216
Stanwyck, Barbara, 143
Sticchione, señora, 29
Stoppa, Paolo, 88, 169, 186
Strasberg, Anna, 300
Strasberg, Lee, 300

Tamiz, Majid, 322, 324, 328-329
Tati, Jacques, 187
Taylor, Elizabeth (Liz), 49, 148, 260, 261-264

Taylor, Robert, 48, 49
Tebaldi, Renata, 69, 76, 118
Teresa de Calcuta (Agnese Gonxha di Bojaxhiu), 293
Tolo, Marilù, 216
Torén, Märta, 75
Torres, Martha, 303
Toscani, Fedele, 62
Toscani, Oliviero, 62
Totò (Antonio De Curtis), 88, 89, 90-92, 93-94, 209, 345
Travolta, John, 345
Trovajoli, Armando, 111-113, 186, 346
Truman, Harry Spencer, 281
Trussardi, Nicola, 308
Turturro, John, 300, 301-302

Ustinov, Peter, 236, 237

Valentino (V. Garavani), 311, 330
Valeri, Franca, 116-117
Valli, Alida, 64
Valli, Romolo, 186
Vallone, Raf, 105, 116
Vancini, Florestano, 104
Verde, Dino, 112
Verdi, Giuseppe, 75, 130
Vergani, Orio, 61

Víctor Manuel II, rey de Italia, 209
Vidor, King, 153
Villa, Claudio, 43
Villa, Pancho (Doroteo Arango), 154
Villani, Dino, 61
Villani, Domenico, (papá Mimì), 21-22, 23, 174
Villani, Dora, 21, 22, 34, 127, 174, 211-212, 279
Villani, familia, 21-22, 182
Villani, Guido, 21, 22, 30
Villani, Luisa, (mamá), abuela de Sophia, 17-18, 19-20, 21-23, 24, 25, 28, 32, 33, 41, 112, 163, 174, 236, 322, 326
Villani, Mario, 21, 22, 30, 32
Villani, Romilda (mamaíta), madre de Sophia, 18-21, 23, 24, 28, 30-31, 34, 40, 41, 43, 44-46, 47, 48, 50, 55, 60, 65, 76-77, 84-85, 89-90, 91, 112, 113, 142, 146, 152, 164, 165, 171, 208, 211-212, 236, 238-239, 271, 317-321
Visconti, Luchino, 47, 64, 108, 183, 186
Vita, Anna, 54
Vitali Marini, Palmira, 69

Wasserman, Dale, 257
Wayne, John, 138, 139-140
Wertmüller, Lina, 94, 180, 324-328, 335
Wood, Natalie, 161

Zampa, Luigi, 64
Zaranella, nodriza de Sophia Loren, 21
Zavattini, Cesare, 89, 169, 186, 187

Índice de películas

abismo entre los dos, Un, 187
África bajo el mar, 74, 75, 83, 137
Aida, 76, 92
Ana, 68, 69, 111
Arabesco, 228, 330
Arenas de muerte, 138, 139-141
Aurora, 296-297
Ayer, hoy y mañana, 111, 186, 189-191, 213, 228, 265

Boccaccio '70 (La rifa), 186, 189
Breve encuentro, 263, 267

caída del Imperio romano, La, 189, 238
Capri, 156, 193
Carrusel napolitano, 114
chica del río, La, 95, 103-106, 108, 112, 113, 115, 125, 166, 193, 197
Cid, El, 186, 193
Cintia (Houseboat), 147, 193
condenados de Alona, Los, 187
condesa de Hong Kong, La, 229-235
Cuori sul mare, 44

Deseo bajo los olmos, 145
Dos mujeres, 33, 111, 161, 166-174, 176, 185, 187, 193, 209, 213, 299, 330, 346
Dos noches con Cleopatra, 112

Entre extraños, 347-349
Era lui... Sì! Sì!, 68
Esa clase de mujer, 155
Escándalo en la corte, 156
Esclavas blancas, 69
esperamos en la galería, Los, 95

favorita, La, 69, 76, 83
Francesca, 334-335

girasoles, Los, 254-255, 265

Ha llegado el afinador de pianos, 69
hombre de La Mancha, El, 257

jornada particular, Una, 24, 111, 268-271, 276, 328, 351

ladrona, su padre y el taxista, La, 94, 96-97, 166, 351
Lady L, 236
llave, La, 149
Luces de varieté, 55, 68

Matrimonio a la italiana, 183, 206-207, 210-213, 215-216, 265, 299
Milano miliardaria, 68
millonaria, La, 240-241, 311
Miseria y nobleza, 92
mujer del cura, La, 265, 305

Nine, 257, 336
Nuestros tiempos, 93

Orgullo y pasión, 129, 133-134, 145
oro de Nápoles, El, 83-90, 95, 104, 106, 113, 115, 187
orquídea negra, La, 153, 154, 193, 318

Pan, amor y..., 95, 117-119, 305
pistolero Cheyenne, El, 155
Prêt-à-porter, 180, 306, 307-310
Pupa, Charlie y su gorila, 267

Quo vadis?, 47-49, 130

Sábado, domingo y lunes, 326-329
sei mogli di Barbablù, Le, 55, 91
Siempre hay una mujer, 196, 238
signo de Venus, El, 116, 305
sirena y el delfín, La, 135, 136-137
Sucedió así, 117
suerte de ser mujer, La, 116, 120, 124

Tototarzan, 55, 91

veredicto, El, 267
viaje, El, 263, 266-267
viuda indomable, La, 325
voto, Il, 44, 75
voz humana, La, 93, 349-353

Televisión

Dos mujeres, producción televisiva, 305
Madre coraje, producción televisiva, 303
Mi casa está llena de espejos, serie de televisión, 321
peregrino afortunado, El, serie de televisión, 299, 300-302
Sophia Loren, Her Own Story, producción televisiva, 321

Índice

Prólogo	9
1. El Palillo	15
2. El taller de los cuentos de hadas	37
3. El hombre ideal	57
4. «¿Quién es esa zagalilla?»	79
Intermedio	99
5. Mambo	101
6. Las rosas de Cary	121
7. Una madre de Oscar	159
8. «La dolce vita»	177
9. Matrimonios	203
Interludio	223
10. Estrellas	225
11. Llegadas y salidas	245
12. Diecisiete días	273
13. La sonrisa de Mona Lisa	291
14. Volviendo a casa	315
15. Voces	339
Epílogo	355
Créditos de las ilustraciones	359
Índice onomástico	361
Índice de películas	371

Algunos títulos imprescindibles de Lumen de los últimos años

Mañana | Olalla Castro
Una casa en La Ciudad | Ilu Ros
Federico | Ilu Ros
Notas desde el interior de la ballena | Ave Barrera
Las personas del verbo. Poesía completa | Jaime Gil de Biedma
Furor botánico | Laura Agustí
Residencia en la tierra | Pablo Neruda
Viaje al amor | William Carlos Williams
Gaudete | Ted Hughes
Cartas de cumpleaños | Ted Hughes
Los niños de altamar | Virginia Tangvald
Devociones. Poesía reunida | Mary Oliver
Ama de casa | Maria Roig
La aventura sin fin. Ensayos | T. S. Eliot
¿Por qué ser feliz cuando puedes ser normal? | Jeanette Winterson
Las naranjas no son la única fruta | Jeanette Winterson
La costurera de Chanel | Wendy Guerra
Lo mejor de Mafalda | Quino
Agosto es un mes diabólico | Edna O'Brien
El caso Rosy | Alessandra Carati
En caso de amor | Anne Dufourmantelle
Asesinato en la Casa Rosa | Arantza Portabales

Desde el amanecer | Rosa Chacel
Paul Newman. La biografía | Shawn Levy
Niágara | Joyce Carol Oates
Solo la esperanza calma el dolor | Simone Veil
Victorian Psycho | Virginia Feito
El aprendizaje del escritor | Jorge Luis Borges
Historia universal de la infamia | Jorge Luis Borges
Pelo de Zanahoria | Jules Renard
Identidad nómada | J. M. G. Le Clézio
Hay ríos en el cielo | Elif Shafak
Anatomía de un corazón | Antonia Bañados
El viejo en el mar | Domenico Starnone
La fiesta prometida. Kahlo, Basquiat y yo | Jennifer Clement
Confesiones de una adicta al arte | Peggy Guggenheim
Una traición mística | Alejandra Pizarnik
La vida según Mafalda | Quino
71 poemas. Nueva edición revisada | Emily Dickinson
El miedo | María Hesse
Luciérnaga (Premio Lumen de Novela) | Natalia Litvinova
Día | Michael Cunningham
Tu nombre después de la lluvia (Dreaming Spires 1) | Victoria Álvarez
Contra la fuerza del viento (Dreaming Spires 2) | Victoria Álvarez
El sabor de tus heridas (Dreaming Spires 3) | Victoria Álvarez
Cuando cae la noche | Michael Cunningham
Las siete | Rose Wilding
¿Quién anda ahí? | Quino
¡A mí no me grite! | Quino
¡Qué presente impresentable! | Quino
Mundo Quino | Quino

¡Yo no fui! | Quino
Potentes, prepotentes e impotentes | Quino
Gente en su sitio | Quino
Long Island | Colm Tóibín
Brooklyn | Colm Tóibín
Degenerado | Chloé Cruchaudet
Jane Austen investiga | Jessica Bull
Nada más ilusorio | Marta Pérez-Carbonell
Las olvidadas | Ángeles Caso
Universo Mafalda | Quino
Obra selecta | Cyril Connolly
22 largos | Caroline Wahl
El arte de llorar | Pepita Sandwich
Novelas | Flannery O'Connor
Gadir | Cristina Cerrada
Frida Kahlo. Una biografía (edición especial) | María Hesse
El gato que decía adiós | Hiro Arikawa
La reina de espadas | Jazmina Barrera
Crimen a bordo del SS Orient | C. A. Larmer
Céleste y Proust | Chloé Cruchaudet
Poesía completa | Anne Sexton
Augurios de inocencia | Patti Smith
El último apaga la luz. Obra selecta | Nicanor Parra
Un barbero en la guerra | María Herreros
Los ojos de Mona | Thomas Schlesser
Poesía completa | Ana María Moix
Los Escorpiones | Sara Barquinero
Almudena. Una biografía | Aroa Moreno Durán y Ana Jarén
Como de aire | Ada d'Adamo
Colección particular | Juan Marsé

Rabos de lagartija | Juan Marsé
Últimas tardes con Teresa | Juan Marsé
Si te dicen que caí | Juan Marsé
El embrujo de Shanghai | Juan Marsé
El cuaderno de Nerina | Jhumpa Lahiri
Crónicas del gato viajero | Hiro Arikawa
La trilogía de París | Colombe Schneck
Mistral. Una vida | Elizabeth Horan
Me llamo cuerpo que no está. Poesía completa | Cristina Rivera Garza
La tierra más salvaje | Lauren Groff
Los secretos de Oxford | Dorothy L. Sayers
El enigma Paco de Lucía | César Suárez
Todo queda en casa | Alice Munro
Cuentos reunidos | Cynthia Ozick
Cuentos completos | Katherine Anne Porter
Cuentos completos | Flannery O'Connor
Narrativa completa | Dorothy Parker
El arte de leer | W. H. Auden
El Club del Crimen | C. A. Larmer
Las brujas de Monte Verità | Paula Klein
Simone de Beauvoir. Lo quiero todo de la vida | Julia Korbik y Julia Bernhard
Días de fantasmas | Jeanette Winterson
La resta | Alia Trabucco Zerán
La librería y la diosa | Paula Vázquez
Diario de una bordadora | Srta. Lylo
Autobiografía de Irene | Silvina Ocampo
La promesa | Silvina Ocampo
Las desheredadas | Ángeles Caso

Este libro terminó
de imprimirse
en Madrid
en abril de 2025

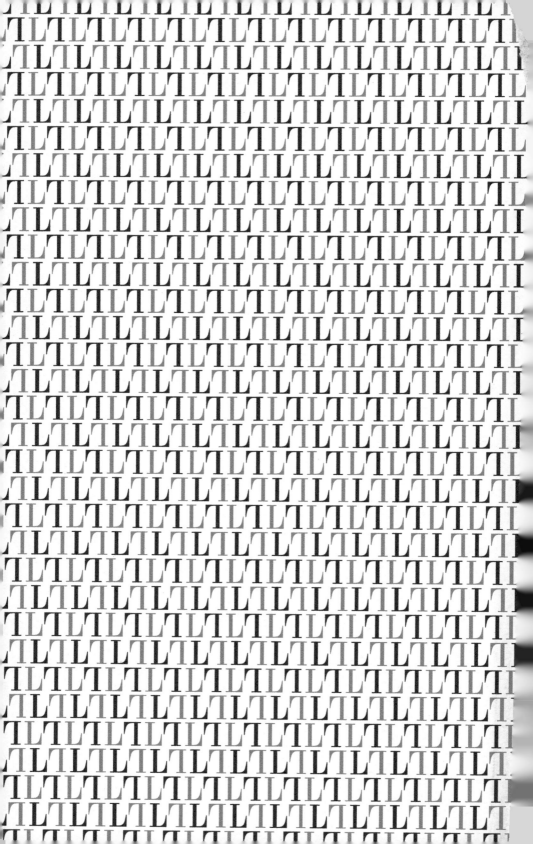